2020首届 THE FIRST
汉文化论坛
HAN CULTURE FORUM

两汉文化传承与发展

——首届汉文化论坛文集

本书编委会编

中国矿业大学出版社
·徐州·

图书在版编目（CIP）数据

两汉文化传承与发展：首届汉文化论坛文集 / 本书编委会编 . —徐州：中国矿业大学出版社，2023. 8

ISBN 978-7-5646-5928-8

Ⅰ. ①两… Ⅱ. ①本… Ⅲ. ①文化史—中国—两汉时代—文集 Ⅳ. ①K234. 03-53

中国国家版本馆 CIP 数据核字（2023）第 153439 号

书　　名 两汉文化传承与发展——首届汉文化论坛文集
编　　者 本书编委会
责任编辑 万士才
责任校对 张梦瑶
出版发行 中国矿业大学出版社有限责任公司
（江苏省徐州市解放南路　邮编 221008）
营销热线 （0516）83885370　83884103
出版服务 （0516）83995789　83884920
网　　址 http://www. cumtp.com　**E-mail:**cumtpvip@cumtp.com
印　　刷 徐州中矿大印发科技有限公司
开　　本 787 mm×1092 mm　1/16　**印张** 17　**字数** 330 千字
版次印次 2023 年 8 月第 1 版　2023 年 8 月第 1 次印刷
定　　价 50. 00 元

前　言

2020年10月17日，主题为“两汉文化传承与发展”的首届汉文化论坛在江苏徐州开幕。本次论坛由中共江苏省委宣传部、中国秦汉史研究会、中共徐州市委、徐州市人民政府共同主办。来自海内外的150余位文化名家、学术领袖、文旅精英齐聚彭城参加此次论坛。为期三天的论坛，不同学术背景的专家学者从多个维度、多个方面深入探讨了两汉文化蕴含的精神基因、精神标识、精神追求，形成了一系列学术共识，为推动世界级汉文化传承与旅游目的地建设，强化中心城市文化引领提供了有力支撑。

首届汉文化论坛与会的专家学者中有来自中国社会科学院、北京大学、清华大学、中国人民大学、复旦大学、南京大学等20多所高校及科研院所的教授、学者，也有国内外文旅行业领军人物、知名文化企业家，以及淮海经济区文旅界的有关代表。主论坛及五个分论坛从多方面揭示出两汉文化的生成、确立及影响，从文化原型、范式生成和价值特质等方面进行了深入探讨。本次论坛覆盖面大，涉及领域多，为探讨中华文化与两汉文化的关联找到了重要切点。与会学者围绕两汉文化的时代价值、现实意义、文旅融合等开展了广泛深入的对话交流，让我们对两汉思想文化、两汉风俗、两汉文学艺术、徐州汉文化的特色与贡献以及如何进一步推动两汉文化与文旅融合发展有了更加清晰更加深入的认知。因此，我们将本次汉文化论坛与会学者的学术成果和见解进行整理、编辑，选取有代表性的31篇文章，收录在这本专辑中，以发挥论坛的应有之义。

汉文化作为中华文明的瑰宝博大精深，凝聚着中华儿女灵魂深处的文化底蕴。我们将自觉扛起以文化人、以文培元、以文载道、以文聚兴的使命，用明德引领风尚，用传承升华价值，用交流促进融合，用精神激荡力量，使汉文化成为徐州文化品牌的鲜明底色，为开启现代化建设征程注入新的动能。

本书编委会

2023年8月

目 录

徐州汉文化、文旅融合研究

汉代历史文化研究

龙吟在故乡

——从《大风歌》到《盛京赋》

卜　键

中国对外文化集团副总经理，中国对外艺术展览中心总经理

中国是一个诗歌的国度，历史上有不少帝王同时也是诗人，各有作品传世。汉高祖刘邦算是诗人吗？不敢肯定，但一生写了四万多首的乾隆帝弘历肯定算是诗人了。一方面，从传播学的角度来讲，刘邦的《大风歌》虽只有三句，但影响力、知名度远在弘历的五部《御制诗文集》之上；而另一方面，网上对乾隆帝诗赋的议论大多浅薄，学界对这方面的研究也不足，我做过一些检索引用，深知其具有多重要的价值。如果要研究清代中叶的重大政治决策、重要战争的背景，研究清代的文化走向、人文地理，研究乾隆时期的君臣关系以及帝王心理学，都可以从乾隆帝的诗赋中得到很多启发。

本文试拈取乾隆帝第一次回乡祭祖时所作的一歌一赋，谈《大风歌》跨越历史、地域和族群的影响，并稍作比较。不当之处，请诸位批评。

一、“情至斯动”——丰沛的故乡情结

读《大风歌》，首先让人感动的是那种对丰、沛的故乡情结，那是一个游子回到家乡后、原本紧绷着的神经的暂时放松，是乡音乡情、亲人故人带给一个身心疲惫的帝王的欣慰喜悦。《史记·高祖本纪》云：

高祖还归，过沛，留。置酒沛宫，悉召故人父老子弟纵酒，发沛中儿得百二十人，教之歌。酒酣，高祖击筑，自为歌诗曰：“大风起兮云飞扬，威加海内兮归故乡，安得猛士兮守四方！”令儿皆和习之。高祖乃起舞，慷慨伤怀，泣数行下。谓沛父兄曰：“游子悲故乡。吾虽都关中，万岁后吾魂魄犹乐思沛……”①

这是在刘邦称帝后的第十二个年头，他在御驾亲征、平叛过程中顺道返乡，也是他生命进入倒计时的最后半年。叛乱尚未彻底敉平，刘邦就返回首都，原因很多，其中之一即身带箭伤。但他仍拐一个弯来到故乡，与亲朋相聚，击筑高歌，慨然起舞，感伤流泪，心情应是极其复杂的。乾隆帝的评价是“情至斯动，直己陈德”，

亦即到家乡后激情迸发，亲自登场酣歌劲舞，解析得很准确。

乾隆帝的《盛京赋》和《盛京筵宴世德舞辞》，也是返回故乡、感怀深切之下的即兴之作，与《大风歌》在时间上相隔1938年，而意绪相接。那是乾隆八年（1743年）七月初八，弘历奉皇太后从京师起驾东巡，经承德、内蒙古之地前往盛京；九月十六日起，依次往永陵、福陵、昭陵隆重祭祖，然后驻跸盛京；九月二十五日，御大政殿赐宴，作《盛京筵宴世德舞辞》；十月初一日，在凤凰楼前大宴宗室，发布《盛京赋》；次日回銮。他在盛京待了半个月，与刘邦在沛的时间差不多。

所谓"世德舞辞"，是弘历专为东巡盛京、宴集宗亲撰写的一组乐章，主题只有一个——缅怀祖宗之德。他在小序中说："乾隆八年秋，朕奉皇太后恭谒祖陵，还至盛京受朝锡宴。夫汉高过沛而歌大风，情至斯动，直己陈德，况予小子觐扬光烈，能无言之不足而长言之哉？爰作世德舞辞十章，章八句。"[②]明确陈述自己在抵达旧都、拜谒祖陵之际，想起了汉高祖返乡时写的《大风歌》，以及刘邦击筑而歌的忘情场景，追怀先祖创业艰难，心潮激荡，欲罢不能，将十节歌词一气呵成。

《清会典事例·乐部》载录了这部乐章，较少有人关注研究。乾隆帝的这部作品像一部史诗，韵节铿锵。如其反复写自己回乡祭祖的心情："元孙累叶，维祖之思。我西云来，我心东依。历兹故土，仰溯始谋"；"余来故邦，瞻仰桥山。慰我追思，梦寐之间"，情感真实挚切。至于追忆祖辈开创之艰，可以第四章为例："丕承太宗，允扬前烈。倬彼松山，明戈耀雪。以寡敌众，杵漂流血。惜无故老，为余详说"。[③]往事如烟，就连太宗朝之事已无人能说清楚了，这令弘历深感遗憾。

刘邦起于垄亩，在此之前也曾数次回到故乡，在这里娶妻生子，在这里召集子弟兵起事，在这里初尝部属背叛的滋味，也在这里几乎被敌人追上，慌张之际丢下一双子女。对帝王之举或不可以常理常情衡量，可在故乡让他深受感动的、所作《大风歌》最能打动人心的，还是人之常情。弘历的东巡略有不同，身为龙种，长于紫禁城，辽东只是其祖先的生存与拼搏之地，是他概念上的家乡。可他一旦踏上这片土地，身临太祖、太宗的陵墓，进入立国初年兴建的宫阙，即油然而生一种缅怀之情，同时也深感肩负之重。

这是乾隆帝的第一次东巡，其皇祖康熙帝曾有三次东巡，而其父皇雍正帝却没有来过。弘历显然认为这是一个缺憾，撰《盛京赋》时特地加以解释，他说：父皇在位期间，朝政面临全面改革，每日忙于批阅奏章、处理繁杂事务，又遇上准噶尔在青海和西域作乱，备极辛劳；加上父皇做皇子时，曾奉皇祖命拜谒祖陵，已经来过盛京，是以在位十三年中没能举行东巡之典。

祭祀，乃中华文化的重要组成部分。《左传·成公十三年》："国之大事，在祀与戎。”东巡的主要目的是谒陵，也兼有其他内容，如康熙二十一年(1682年)，康熙帝东巡至吉林，在松花江检阅水师，就是为用兵黑龙江、驱逐入侵的哥萨克作准备。

二、为君难——创业守成两不易

读《大风歌》和《盛京赋》，我们能感受到刘邦与弘历的浓浓乡情，很动人，却不宜仅停留在这个层面上。更重要或曰更有感染力的，个人认为应在于作品中家与国的合一，在于其强烈的家国情怀，也在于其流露出的焦灼、忧虑、牵念和期待。两人都是名垂青史的帝王，谁能说他们不自信呢？可我们分明能读出那种心里没底的感觉，尤其是《大风歌》的第三句，前面还在渲染自己的不世之功与荣归故里，一转而无尽苍凉。

“为君难”三字，见于《论语·子路》，是孔子在鲁定公问政时的回答。雍正帝对此感悟痛切，即位不久就亲书此三字，制成匾额，悬挂于他办理朝政的养心殿西暖阁，并命镌刻私玺一枚。他曾说：“皇考以大位付朕，朕念皇考四十五年顾复深恩，勉承大统。仰荷贻谋之重大，夙夜祗惧，不遑寝食，天下几务无分巨细，务期综理详明。朕非以此博取令名，特以钦承列祖开创洪基，仰体皇考付托至意，为社稷之重勤劳罔懈耳。古云：‘为君难。’若只图一身逸乐，亦复何难？惟欲继美皇考之治，则忧勤惕励，莫难于为君矣！”④刘邦不喜读书，不一定读过《论语》《孟子》，但其为开创大汉基业，经历过千难万险，自也不在话下；此时已得天下十二年，昔日部下封王封侯，仍是接连地扯旗造反，身为皇帝的他还得御驾亲征，战场上还会被流矢射中，也为“为君难”作了注脚。

“生年不满百，常怀千岁忧”，用以形容历史上那些有为之君，也很恰切。刘邦与弘历自然是各有各的忧虑，但又能构成一种双向互动的关系。作为开国皇帝，汉高祖想的是政权稳固与选择合适的继承人；作为继位之君，乾隆帝考虑的是如何守护祖宗打下的江山，光大帝业。清代的南巡、东巡都备受批评，讥为劳民伤财，实际上也有天子巡守、体察民情、识拔人才等意义。这次在盛京期间，乾隆帝登上讲武台大阅军伍，见盛京兵军容整齐、骑射精良，心情很喜悦，谕曰：“盛京乃我朝肇基之地，人心朴实，风俗淳厚。朕此次恭谒祖陵，巡幸至此，见其兵丁汉仗俱好，行围演武，均属熟练整齐。至其淳朴旧俗，百余年来未尝少失，朕甚嘉悦。国本攸关，最为紧要！”⑤他要求盛京将军与副都统等高官，不仅要抓好军事训练，也要兼理地方事务，关心民生，教育兵民，维护社会秩序，保持淳朴旧习，像爱护自家子弟一样惠爱旗人。

与历次东巡相同，弘历于途中也曾多次举行围猎，参加者有经行之地的蒙古王公，也有随扈的亲王贝勒等，多数人的表现令皇上严重不满。就在返京的前一天，乾隆帝御大政殿，赐随从王大臣等宴，发表了长篇谕旨，全是指责训斥，曰：

尔等得与朕在清宁宫内祭祀，皆祖宗所赐之福，亦系满洲之旧例也。今观满洲旧例，渐至废弛。且如怡亲王弘晓不佩小刀，是何道理？朕敬阅实录内载皇祖太宗谕曰："今宗室之子弟，食肉不能自割，行走不佩箭袋，有失满洲旧俗，后之子孙何所底止？"是太宗当时教训诸子，早念及后之子孙遗弃旧俗矣。况怡贤亲王昔时恪守制度，尔等之所共知，弘晓纵不顾祖宗成宪，独不念及乃父乎？……此次除庄亲王外，其余王等皆不能手格一兽，由不自奋勉习学所致，乃反以为从朕远行，致罹罪戾。又如朕食肉未毕，而诚亲王、和亲王便放碗匙默坐，惟达尔汉王俟朕食毕始放碗匙，方见遵循旧习。且满洲、蒙古、汉人，皆有一定之理。即以汉人文学而论，朕所学所知，即在通儒未肯多让，此汉人所共知者，亦由朕于书文、勤加披览、不染委靡之习故耳。尔等皆系太祖太宗一派子孙，乃至如此，朕心深为愧惕。嗣后尔等宜以朕今日教导之言，常如祖宗在天之灵亲临告诫，革除陋习，恪守旧章，以仰荷祖宗眷佑于奕禩，可不勉乎？可不慎乎？⑥

这番话是对王公贵戚与宗室人员讲的，可证弘历日常对臣下观察之细、要求之严。由赴宴时不佩带小刀，到围猎时晃晃悠悠、一无所获，再到宴席上不遵旧规，均一一指出，殷殷告诫，叮嘱他们要坚守传统，不忘满洲旧俗。

就在同一天，弘历写成了《盛京赋》，文中贯穿的，仍是对先祖创业艰辛的追述和缅怀：

盖尝考千古之兴替，稽百代之历数。拒符瑞之难谌，信仁义之堪守。斥逐鹿之蛊说，审神器之有授。乃知帝命不时，眷清孔厚也。不有开之，何以培之。不有作之，何以得之。夫其披荆棘，冒氛霾，历艰辛，躬利害，无嬗代之迹而受车书之来者，盖书所谓于汤有光，诗所谓民之攸归矣。⑦

而在全篇的最后一句，弘历表达了作为一个守成之君的态度，"敬之敬之，翼翼惴惴。于亿万岁，皇图永绵"，即深知江山得来不易，心中惴惴不安，举措小心谨慎。

三、畏天爱人——弘历的回应

《大风歌》的前两句是铺垫和蓄势，第三句才是重点，抒发郁积在心中的焦虑，留下一个新生帝国统治者的问号，那就是：得到政权后，怎样才可以使之长治久安？

这是奠定两汉四百余年帝基的汉高祖的疑问，是其耿耿于怀的心结和创痛，旧日的股肱之臣一个个称兵叛乱，又复依靠谁来捍卫国家呢？他还有一个更大的心病，那就是自知身体已难支撑太久，继承人的问题令他极为纠结。前朝的秦始皇何其强毅，就因为选错了继位者，逝后仅三载，庞大帝国便告崩解。前车之鉴，可不深虑乎？但在太子刘盈与爱子如意之间如何取舍，他也拿不定主意。而这些又不能发诸歌诗，不能对父老乡亲吐露，只得憋在心底。不如意事常八九，可与人言无二三。即便当朝天子也是如此。

比较起来，清廷从偏于一隅到定都北京，以不足十万满族男丁攻掠控制中原，面对的风险和压力要大得多。崛起时的满族是一个战斗民族，统治集团有强大的进取心和无时不在的危机意识，几代帝王惨淡经营，终于坐稳了江山。弘历说他的父皇雍正帝"日不暇给"，没有时间东巡祭祖，所说的也是实情。

作为古代文体的赋，《盛京赋》也是铺排渲染，颇不易读，大旨则见于卷首小序。乾隆帝如道家常，自说自话，其实也回应了汉高祖的千年之问，他说：

尝闻以父母之心为心者，天下无不友之兄弟，以祖宗之心为心者，天下无不睦之族人，以天地之心为心者，天下无不爱之民物。斯言也，人尽宜勉而所系于为人君者尤重。然三语之中，又惟以祖宗之心为心居其要焉。盖以祖宗之心为心则必思开创之维艰，知守成之不易，兢兢业业畏天爱人。⑧

阅读至此，不可能不联想到弘历父辈的皇位之争，兄弟阋墙，结成团团伙伙，无所不用其极，令晚年的康熙帝伤透了心。设若能知"以父母之心为心"，兄弟同心，各以聪明才智效力于国家将是一个怎样兴盛的局面？文中不言，其实也隐含对父皇雍正帝的批评，其在登基后残酷地对待几位兄弟，监押软禁，甚而逐出宗室，自也算不得"以父母之心为心"。

《盛京赋》是一篇大赋，立意高远，包容宏富。有人说是文臣代拟的，实在是不了解弘历，不了解他的学识和他的高傲。我曾经细读过他的《御制诗文集》，以诗纪事，同时写人，写自己的心情，很有阅读价值。乾隆八年（1743 年）的大清帝国存在的问题很多，黄河决口，米价上涨，流民闹事，官兵废弛，秘密会党滋蔓……而他的东巡往返超过四个月，"念祖宗缔构之艰难，思列圣燕贻之绵永""溯源报本，弥深追远之情"，意在对贵近大臣进行一次触及灵魂的传统教育。

我们常用"日新月异"来形容时代的变化，但人心和人性则相对稳定，看不出根本的差异。再回到汉高祖，其《大风歌》中蕴含的既有"祖宗之心"，也隐约可见"父母之心"，这也是《大风歌》最让人感动的地方，是其至今仍能引发共鸣之处。龙吟，可喻指君主的吟诵，两位相隔近两千年的帝王以其歌赋，进行了一次隔空对话。乾隆帝提出的"畏天爱人"，回应了汉高祖的世纪之问，而以刘邦的性格似乎做不到这一点，实际上弘历也远没有做到。

【注释】

① 司马迁：《史记选》，储欣选评，凌朝栋编，商务印书馆，2014，第23页。

② 《清高宗实录》卷二〇一，乾隆八年九月甲辰。

③ 《清会典事例》卷五三八，乐部一五，乐章，中华书局，1991。

④ 《清世宗实录》卷一八，雍正二年四月庚戌。

⑤ 《清高宗实录》卷二〇一，乾隆八年九月乙巳。

⑥ 《清高宗实录》卷二〇二，乾隆八年十月庚戌。

⑦ 《清高宗实录》卷二〇二，乾隆八年十月庚戌。

⑧ 《清高宗实录》卷二〇二，乾隆八年十月庚戌。

西楚的国家结构与秦汉之际彭城的政治地位

卜宪群
中国社会科学院古代史研究所所长，中国秦汉史研究会会长

《史记·货殖列传》载：“夫自淮北沛、陈、汝南、南郡，此西楚也。”“彭城以东，东海、吴、广陵，此东楚也。”公元前206年，项羽屠咸阳，杀子婴，烧宫室，掳掠而还戏下。之后，项王使人致命怀王。怀王曰：“如约。”所谓“如约”，是指楚怀王与诸将“先破秦入咸阳者王之”的盟约。项羽对此答复当然不满。于是，项羽遥尊怀王为义帝，但实际上按照自己的意志于戏下分封诸王。随后，诸侯王归国，项羽定都彭城。

项羽在彭城建立的西楚政权性质及其历史地位，以往探讨较少，且只以分封制的复活来概括，故西楚不过是十八诸侯王之一而已。我认为这一看法是不全面的。应当把西楚放到秦汉之际历史大变革中去考察。今天，我仅从西楚国家结构的角度谈谈自己的看法。

一、从“皆为郡县”到“六国复自立”

谈西楚的国家结构，需要从秦汉之际国家结构演变的大视角来分析。国家结构是指“国家的整体与部分，中央政权机关与地方政权机关组成关系的性质和方式”[①]，即“国家整体与组成部分之间的相互关系”[②]。秦汉之际，国家结构变动剧烈。

公元前221年，秦灭六国，建立了单一制的郡县制国家结构。统一后，秦统治者从各个方面论证了这种统一的合法性及其意义。如《史记·秦始皇本纪》所云“海内为郡县，法令由一统”“初并天下，罔不宾服”“六合之内，皇帝之土”“禽灭六王。阐并天下，甾害绝息，永偃戎兵”“殄熄暴悖，乱贼灭亡”“皇帝并宇，兼听万事，远近毕清”等。但实际上，战国时列国相互并立的国家观念以及分封制传统并没有完全被单一的郡县制国家观念所取代。

首先，秦统治阶级内部对采取什么样的国家结构本身即存在着不同的意见。如丞相王绾等建议：“诸侯初破，燕、齐、荆地远，不为置王，毋以填之。请立诸子，唯上幸许”“始皇下其议于群臣，群臣皆以为便”[③]“群臣皆以为便”，说明在秦廷高级官吏中，赞同分封的人也很多。来自齐国的博士淳于越更以“事不师古而

能长久者，非所闻也”的历史观为依据，从侧面力劝秦始皇“封子弟功臣”[④]，也反映了当时部分知识分子的国家结构理想。

其次，当时六国的政治势力、社会势力仍存，恢复列国并立的愿望依然十分强烈。

再次，统一的社会基础还不牢固，文化的地域性差异仍然十分突出。[⑤]

最后，秦的统治政策造成“天下苦秦”的客观形势。

上述因素的综合发展导致了秦的统一局面十分短暂，历史出现了向战国时代回归的典型特征，统一的国家结构也被“六国复自立”的局面所取代。

“六国复自立”是秦人站在秦统一国家立场上的说法。《史记·秦始皇本纪》载：“（二世被杀后赵高对诸大臣公子）曰：‘秦故王国，始皇君天下，故称帝。今六国复自立，秦地益小，乃以空名为帝，不可。宜为王如故，便。’立二世之兄子公子婴为秦王……受王玺。”赵高杀二世，系秦二世三年（前207年），说明此前六国已经“复自立”，如果加上公子婴为秦王“受王玺”，表明自公元前207年始，秦统一的国家结构已经不复存在。战国七国皆已自立。有学者称“此乃战国复活之正式宣告”[⑥]，甚确。细绎历史，“六国复自立”的历史实起自陈涉起兵后。

（一）楚的复国

秦灭楚后，楚地社会的反秦势力潜滋暗涨，十分汹涌。所谓“夫秦灭六国，楚最无罪”“楚虽三户，亡秦必楚”的说法，及项梁“阴以兵法部勒宾客及子弟”[⑦]，表明楚地之人在舆论和行动上早有复国的准备。我们可以看到秦末至少有五支起兵队伍是以复兴楚国为号召的：

陈涉、吴广。《史记·陈涉世家》载陈涉起兵后其徒属：“袒右，称大楚。”又云“陈涉乃立为王，号为张楚。”陈地三老豪杰亦云陈涉：“伐无道，诛暴秦，复立楚国之社稷，功宜为王。”[⑧]陈涉虽未立楚后，但他自立为王后，其政制建设基本沿袭楚制，[⑨]说明陈涉是以昔日楚国的影响力来号令天下的。

秦嘉。在陈涉影响下起兵的秦嘉“立景驹为楚王。”[⑩]景氏亦楚旧贵族。

葛婴。《史记·陈涉世家》云：“葛婴至东城，立襄彊为楚王。”

项氏。项氏“家世楚将”[⑪]，“有名于楚”[⑫]。陈涉失败后，项梁求楚怀王之孙心于民间，“立以为楚怀王，从民所望也”[⑬]。项氏在爵制、官制和地方行政制度上以楚制为蓝本。

刘邦。刘邦起兵之地本属西楚，起兵后初投楚王景驹，后投项梁。秦二世三年（前207年）楚怀王“以沛公为砀郡长，封为武安侯”[⑭]，说明刘邦起兵后不久即成为楚王领导下反秦队伍中的一支。刘邦初期的建制亦循楚制。

《史记·高祖本纪》曰："时立楚之后，故置官司皆如楚旧也。"[15]这几支起兵者与昔日楚地、楚人、楚国皆有密切关系，以楚的国家观念来号令天下，其目的是复兴楚国。

（二）赵的复国

秦王政十九年（前228年），秦兵入邯郸，赵亡。赵公子嘉率宗族奔代称代王。秦王政二十五年（前222年），王贲攻代，代亡。秦二世元年（前209年），即代亡后十二年，陈涉"令陈人武臣、张耳、陈余徇赵地"[16]。按秦灭赵后设邯郸郡，史不云邯郸郡而云"赵地"，显然是以战国政治地图来划分天下的。武臣至邯郸后，"自立为赵王，陈余为大将军，张耳、召骚为左右丞相"[17]。武臣所建制度不同于楚制是明显的。后武臣被杀，张耳、陈余求得六国赵王之后赵歇为赵王，因赵地、赵后而复赵国的政治格局基本形成。

（三）燕的复国

秦王政二十一年（前226年），王翦破燕，燕王北迁辽东，秦王政二十五年（前222年），王贲攻辽东，燕亡。[18]燕亡后十二年，赵王武臣为扩大地盘，遣故上谷卒史韩广将兵"北徇燕地"，"燕故贵人豪杰谓韩广曰：'楚已立王，赵又已立王。燕虽小，亦万乘之国也，愿将军立为燕王'。"在燕人的劝说下，韩广"乃自立为燕王"。[19]《史记·张耳陈余列传》云："韩广至燕，燕人因立广为燕王。"可见韩广在燕地自立为王与燕地旧势力的复国愿望相吻合。后项羽分封，徙韩广为辽东王，立燕将臧荼为燕王。

（四）齐的复国

秦王政二十六年（前221年），秦将王贲攻齐，得齐王建，齐灭。齐亡后十一年，在陈涉大军逼近齐地的情况下，狄人田儋（从弟田荣、田横）杀狄令，自立为齐王。《史记·田儋列传》云："田儋者，狄人也，故齐王田氏族也。"（儋击杀狄令后）云："诸侯皆反秦自立，齐，古之建国，儋，田氏，当王。"但田儋非旧王族。临济之战中，田儋战死，齐人闻田儋死，"乃立故齐王建之弟田假为齐王，田角为相，田间为将，以距诸侯。"[20]田儋以齐国的国家观念，并因齐国旧宗族势力复兴齐国。但最终齐人还是因齐王之后立新齐王，足见齐的国家观念在齐人心中远未消亡。

（五）魏的复国

陈涉起兵后，"令魏人周市北徇魏地"。"（市）欲立魏后故宁陵君咎为魏王。时咎在陈王所，不得之魏。魏地已定，欲相与立周市为魏王，周市不肯。使者五反，陈王乃立宁陵君咎为魏王，遣之国。周市卒为相。"[21]《史记·魏豹彭越列传》云：

“魏豹者，故魏诸公子也。其兄魏咎，故魏时封为宁陵君。秦灭魏，迁咎为家人。陈胜之起王也，咎往从之。陈王使魏人周市徇魏地，魏地已下，欲相与立周市为魏王。周市曰：‘天下昏乱，忠臣乃见。今天下共畔秦，其义必立魏王后乃可。’齐、赵使车各五十乘，立周市为魏王。市辞不受，迎魏咎于陈。五反，陈王乃遣立咎为魏王。”后魏咎在临济败亡，“楚怀王予魏豹数千人，复徇魏地。”“立豹为魏王。”[22]秦灭六国，贬其后，是一种政治行为，目的是防止他们在本土的复辟活动。陈涉起兵后，咎往从之，乃是企图借陈涉力量复国，意图甚明。但陈涉本非六国后，他自立而不立楚后，以及他不欲立魏咎为魏王，说明六国后的复国与张楚政权没有必然联系，而是当时社会的客观情形所驱使。楚怀王在魏咎死后再立魏豹，也是同样原因。

（六）韩的复国

秦灭韩，韩地复仇之风未灭。《史记·留侯世家》载张良云：“家世相韩，及韩灭，不爱万金之资，为韩报仇强秦，天下振动。”《史记·韩信卢绾列传》云：“韩王信者，故韩襄王孽孙也，长八尺五寸。及项梁之立楚后怀王也，燕、齐、赵、魏皆已前王，唯韩无有后，故（项梁）立韩诸公子横阳君成为韩王，欲以抚定韩故地。”后项羽分封，以韩王成“不从无功，不遣就国，更以为列侯”，但汉王刘邦复立信为韩王，将兵略韩地，项羽乃另立郑昌为韩王以距汉，信击败昌，“汉王乃立韩信为韩王，常将韩兵从”[23]。韩之复国是项梁欲因韩之旧王族平定韩地，以昔日韩国之影响团结韩地之人成就自己的事业。韩在六国中复国最晚。

从陈涉起兵至六国复国，前后不过一年。如果算上两年后秦帝降为秦王，则战国七国皆得以因故地、故族而复故国。七国之复国，使秦所宣扬和建立的统一的国家结构迅速瓦解，也使秦统一后所建立的国家秩序和社会秩序向战国回归。

从“皆为郡县”到“六国复自立”，国家结构发生了巨大变化，这个变化的本质特点是由统一的专制主义中央集权国家结构向分裂的专制主义中央集权国家结构转化，但不意味着向周制或宗法血缘贵族政治的复归。因为战国时列国本身已经建立起区域性的专制主义中央集权，我们不能证明，也没有证据能够证明，这些旧贵族在复国的疆域里实行的是早已被他们祖先所抛弃的旧制度。

二、“霸天下”：西楚的国家结构及其性质

秦末虽然出现七国复国的政治格局，出现了向战国历史复归的倾向，但在当时政治中占主导地位的是楚[24]，楚人的政治观念支配着当时国家结构的新走向。这是因为秦末起兵反秦的首发地在楚，楚地之人的反秦浪潮不仅声势浩大，而且力量最强，政治建制完整，具有鲜明的地域性特征。“且楚首事，当令于天下”[25]的政治理念与政治实践，使西楚认为拥有了支配天下的权力。但西楚既不承认六国后复国的合法性，又必须面对分裂割据的客观现实，因此西楚选择了“霸天下”的国家结构，试述之如下。

（一）秦汉之际楚地位的演变

认识西楚的性质，尚需从秦汉之际“楚”的演变开始。秦汉之际的楚，主要包括陈涉所建的“张楚”和怀王、项氏所建的“楚”两大阶段。陈涉所建张楚，严格来说只是一个政权，而不具备国家的特征，其政治建设不甚明了。但有如下特点：其一，陈涉起兵至陈后自立为王，取国号“张楚”，政治建设基本沿袭战国楚旧制，其以昔日楚国为号召意图甚明。[26]但陈涉并不代表楚旧贵族利益。其二，陈涉建立张楚政权后，所立有赵王、魏王，如前所述，皆非张楚政权的本意，而是客观形势使然。[27]其三，张耳、陈余在陈涉自立为王之前力劝陈涉“遣人立六国后”，并“据咸阳以令诸侯。诸侯亡而得立，以德服之，如此则帝业成矣”[28]，均遭陈涉拒绝，可见成就秦的“帝业”和恢复昔日六国后的权益，皆非陈涉的理想。但是从客观上看，张楚政权以“令于天下”的姿态“贺赵（王）”，立宁陵君为魏王，并以部下周市为相，[29]实已开秦汉之际分封制之先河，对之后楚国家结构的选择产生了重要影响。当然，陈涉所建立的张楚政权仍只是区域政治势力的代表，与其他诸侯国没有国家内部结构意义上的政治联系，这与西楚是不同的。

陈涉死后，怀王成为楚的代表。《史记·黥布列传》云：“项梁至薛，闻陈王定死，乃立楚怀王。”项梁立楚怀王，进一步明确了怀王之楚是战国之楚的复活，但就其性质来说，与其他自立的六国后没有本质区别。巨鹿之战后，这种情况出现变化，史云“楚兵冠诸侯”“项羽由是始为诸侯上将军，诸侯皆属焉”。[30]“诸侯皆属焉”，固然不能理解为楚对其他诸侯及其领地完全的政治上控制，但军事上的结盟及军事上的制约是肯定存在的。项羽的“上将军”非楚的“上将军”而是诸侯联军的“上将军”即是证明。迹象表明，项羽是在获得军事上的支配权并进入关中后，开始思考楚的国家结构。《史记·项羽本纪》云：项王使人致命怀王。怀王曰：“如约。”乃尊怀王为义帝。项王欲自王，先王诸将相。谓曰：“天下初发难时，假立诸侯后以伐秦。然身被坚执锐首事，暴露于野三年，灭秦定天下者，皆将相诸君与籍之力也。义帝虽无功，故当分其地而王之。”诸将皆曰：“善。”乃分天下，立诸将为侯王。[31]

这段文字往往被人忽视，其实这是一篇堪与高帝五年诏相比拟的重要文字，是楚灭秦取得天下支配权后的政治宣言，其中传达了这样一些重要信息：第一，“乃尊怀王为义帝”。[32]这表明项羽认为楚已不再是地域政治势力的代表，而是取代秦成为天下新的统治者。史料表明，尊怀王为义帝应当是当时各路诸侯的共同行为，[33]故义帝有号令天下的权力，项羽也是在这个正统名分下进行分封的。[34]第二，“天下初发难时，假立诸侯后以伐秦”。“初发难”，当指陈涉起兵。“假”，《说文》云：“非真也。”“诸侯后”，当指陈涉起兵后所立或自立的六国后，表明项羽否定了此前所立诸侯王的合法性，认为不过是“初发难”时的权宜之计。如今已“定天下”，楚已称帝，是天下正统的象征，必然要进行帝制下的重新分封，而只有这种分封才具有新的合法性。第三，“义帝虽无功，故当分其地而王之”。这表明项羽认为义帝不能推行秦的君主专制中央集权统治，只能采取分封式的国家结构，原因是义帝在灭秦的过程中“无功”，有功的是“将相诸君与籍”。第四，“乃分天下，立诸将为侯王”。这是表明新立侯王的合法性出自楚而非其他。

当然，名义上是义帝之下的分封，但实际上是项羽主持的。正如《史记·田儋列传》所云：“项羽既存赵，降章邯等，西屠咸阳，灭秦而立侯王也。”如果我们以上分析能够成立，足以说明项羽绝非我们想象的一介武夫。既尊楚帝又抑其权，项羽对灭秦后的楚实施何种国家结构有着深思熟虑的构想。

（二）“霸天下而臣诸侯”国家结构的建立

戏下分封后次年，即公元前205年，项羽徙义帝长沙郴县，又派衡山王、临江王击杀义帝。定都彭城的项羽使西楚成为替代义帝的新的政治中心。众所周知，由于项羽专权，义帝之楚不能形成中央集权君主专制，其国家结构是一种松散的联盟。但是如果认为楚与其所分封的诸侯国之间是一种没有任何联系、纯粹的国与国之间的关系，是与历史实际不相符的。迹象表明，楚虽实行分封制，但楚是在立怀王为帝以后，以“帝”的名义实行分封的。因此，楚对所立诸侯国拥有一定的主权。义帝被害后，这一主权由西楚继承下来。《史记·淮阴侯列传》云：项羽“霸天下而臣诸侯”，《史记·郦生陆贾列传》载陆贾云：“（项羽）自立为西楚霸王，诸侯皆属”，《汉书·高祖本纪》云：“天下共立义帝，北面事之”，都是说楚分封的王国与楚之间存在某种臣属关系，由于这种臣属关系与专制主义中央集权下的郡县制关系性质有别，[35]我们权把这种关系称作“霸天下”的国家结构关系。楚“霸天下”的国家结构主要有如下特色：

1．楚依据新的标准重新划分诸侯王国统属的领地

戏下分封义帝并不在场，主持分封的是项羽，范增参与了分封的谋划。故史云：“西楚主伯，项籍始，为天下主命，立十八王”[36]，“项羽王诸将之有功者”[37]。表面上看，这次分封是“计功割地，分土而王之”[38]，是以军功作为分封基本原则的，但实际上项羽是依据诸将与楚政治关系的远近，特别是与项羽集团关系的远近制

定分封原则的。[39] 如封先入关者刘邦为汉王，“王巴、蜀、汉中，都南郑”[40]，明显违背了义帝与诸侯之“约”，是为了防止刘邦与其争夺天下；封秦故将为三秦王，是以三秦王切断刘邦出汉中之路。所谓“王秦降将以距汉王”[41] 就是这个含意。刘邦虽属于楚集团，但由于与项羽在军事力量上存在巨大差异，故只能处在楚政治核心的外围，听从分配。对于陈涉起兵后所立诸侯后或诸侯，项羽基本采取的是分化、削弱其势力的措施。如徙魏王豹为西魏王，自己占有梁地，又在魏地另立殷王。将赵地分为代和常山二国。齐分为胶东、济北、齐三国。燕王韩广被徙为辽东王，燕将臧荼被立为燕王。韩王成在初封时“因故都，都阳翟”，但后因其“无军功，项王不使之国，与俱至彭城，废以为侯，已又杀之”。[42]

2．楚对所分封诸侯国拥有一定的主权

戏下分封确立了在义帝的名义下，项羽所实际拥有的“霸天下而臣诸侯”国家结构形式，这个结构是有实际内容的。细检史籍可以看出如下特征：

第一，楚拥有对其他诸侯国的征兵权。《史记·黥布列传》云：“汉二年（前205年），齐王田荣畔楚，项王往击齐，征兵九江，九江王布称病不往，遣将将数千人行。汉之败楚彭城，布又称病不佐楚。项王由此怨布，数使使者诮让召布，布愈恐，不敢往。”第二，对所立诸侯国有废立予夺之权。如韩王成以不从无功，“不遣就国，更以为列侯。乃闻汉遣韩信略韩地，乃令故项籍游吴时吴令郑昌为韩王以距汉”[43]，这是将韩王成的王权剥夺，而重新授予出身县令且与项籍有私人关系的郑昌。第三，在保持西楚霸主地位的同时，任何人不能轻易地打破这种由楚分封并称霸的格局。如刘邦出汉中东进时，项羽派武涉说齐王信曰：“天下共苦秦久矣，相与勠力击秦。秦已破，计功割地，分土而王之，以休士卒。今汉王复兴兵而东，侵人之分，夺人之地，已破三秦，引兵出关，收诸侯之兵以东击楚，其意非尽吞天下者不休，其不知厌足如是甚也。”[44] 项羽对刘邦的指责，正是说刘邦打破了这种格局。[45]

（三）楚“霸天下”的国家内部结构是郡县制

专制主义中央集权的缺乏决定了楚“霸天下”国家结构的形式是一种松散的分封制，但这种分封毕竟与周制的分封有本质的区别。从史料上来看，分封的各诸侯王，包括西楚在内的各诸侯国，其国家的内部结构实行的是郡县制行政管理，而非世卿世禄的贵族分封。《史记》《汉书》记载了楚汉之际汉将领的功劳，其中之一就是他们所灭郡县、俘获官员多少。《史记·傅靳蒯成列传》云：（歙）“从攻下邯郸。别下平阳，身斩守相，所将卒斩兵守、郡守各一人，降邺。从攻朝歌、邯郸，及别击破赵军，降邯郸郡六县。”《史记·樊郦滕灌列传》云：（商）“凡别破军三，降定郡六，县七十三，得丞相、守相、大将各一人，小将二人，二千石已下至六百石十九人。”[46]《史记·樊郦滕灌列传》云：（婴）“凡从得二千石二人，别破军十六，降城四十六，定国一，郡二，县五十二，得将军二人，柱国、相国各一人，二千石十人。”《汉书·樊郦滕灌列传》云：（哙）“定燕县十八、乡邑五十一……定郡六、县五十二，得丞相一人，将军十三人，二千石以下至三百石十二人。”这些郡县乡邑及官制，绝大多数属于昔日秦制，证明秦的郡县与职官制度，仍然是楚“霸天下”国家内部各诸侯国的行政建制。

楚虽称帝，但没有采取秦专制集权大一统的统治方式而采取“霸天下”的分封制也有内在原因。首先，如前所述，陈涉已开楚式分封制之先河，随后六国后纷纷自立，形成了十分复杂的局面。分土称王，不仅是六国后的企望，也是众多起兵者的希望。因此，楚如果要建立秦式的国家结构，就必须彻底消灭各诸侯王业已形成的割据形势，并改变战国分裂的历史影响在秦汉之际的发展惯性，这远非短时间可以完成的。其次，“霸天下而臣诸侯”国家结构体现的是项羽的思想。项氏虽立怀王并尊为义帝，作为楚法统的代表，但项氏，特别是项羽与怀王之间是强臣与弱主的关系，项羽并不想让怀王凌驾于自己之上，[47]而他自己暂时又不具备替代楚义帝的政治环境，因此，对项羽来说，要保证自己的军事实力、政治地位不被义帝所夺，实行分封制，架空义帝，以自身的实力称霸诸侯，远比建立统一的高度集权的专制体制更为适合。再次，这种“霸天下”的国家结构决定了取代秦的楚是一种松散的封国联盟，封国之间，中央和地方之间缺乏必要的政治联系。[48]但是也要看到，“霸天下”的国家结构的形成，毕竟把秦汉之际分裂的国家形态向统一专制主义中央集权的国家形态推进了一步。

楚虽然是一个松散的国家，但不能完全否认楚替代秦及诸侯后所建立的国家性质，楚及其分封的诸国与六国后的“自立”在国家形式上不能相提并论。汉初出现从政治上、制度上重楚的倾向，如司马迁立《秦楚之际月表》，明确表示楚是替代秦而立的。张家山汉简《奏谳书》云：“媚曰：故点婢，楚时去亡，降为汉，不书名数”，以及“皆故楚爵，属汉以比士。非诸侯子”等记载[49]，都是把楚视为一个时代，把由楚入汉的人与其他诸侯国人区别开来。[50]学者论汉初重楚多从法统的角度，认为刘邦集团本由楚人、楚地而来，故汉初重楚，这当然是不错的。但应当还有更深刻的原因，因为从制度层面来看，秦、楚、汉也是三个国家政权形式的前后演变，汉初否认其他诸侯国的合法性而独重楚，是因为楚曾经以国家的形式替代秦，而其他诸侯或属于“自立”，或属于楚国家内部结构的一部分。

三、结论：秦汉之际彭城的政治地位

秦汉之际，风起云涌。秦统一的国家结构瓦解，咸阳丧失政治中心地位。其后，政权分立，政治中心不断转移，呈现出此起彼伏的局面。大体上，经历了以陈为核心的“张楚”政治中心，以六国故地为核心的政治中心，以盱眙（后迁彭城）为核心的楚怀王政治中心，以彭城、郴县为核心的义帝政治中心，以彭城为核心的西楚政治中心等。其中，以彭城为核心的政治中心最具代表性。

首先，秦亡后，以陈为政治中心的“张楚”政权虽然具有一定政治号召力，但“张楚”不具备一个国家的特征是明显的。六国后虽然复国，但同样也只是区域政治势力的代表，很难说具备了独立国家政权的特征。六国后分裂力量的存在，政治中心不稳定与缺乏统一领导，致使反秦力量屡遭失利，如临济之战与定陶之战。

其次，在此形势下，项梁等立楚怀王起到了凝聚各路义军力量，形成统一政治中心的作用。怀王初都盱眙（秦二世二年，即公元前208年），旋迁彭城（秦二世三年，公元前207年），彭城成为反秦政治中心。怀王委派宋义、项羽、范增救赵，刘邦伐秦，与诸将约“先入定关中者王之”等重大决策，应是在彭城制定的。巨鹿之战后，项羽的军事优势凸显，军事优势推动政治优势的发展，彭城的政治中心地位进一步加强。项羽入关后，尊怀王为义帝，分封诸王，彭城成为实际政治中心。义帝死后，西楚定都彭城，尽管项羽没有称帝，但彭城仍发挥着政治中心的作用。

最后，从公元前207年至公元前202年，彭城成为秦汉之际中国时间最长、相对最稳定的政治中心。尽管有许多不足，但义帝的楚与项羽的西楚，具备了一定的国家政权特征。如果我们把这一历史放在秦汉之际的过程中看，西楚毕竟将秦亡后国家结构瓦解、政权分裂的局面，朝着中央集权的方向推进了一步，为汉的再造统一，奠定了基础。彭城的这一历史政治地位，我们不能忽视。

【注释】

① 王松、王邦佐：《政治学》，高等教育出版社，1991，第46页。

② 吴家麟：《宪法学》，群众出版社，1992，第147页。

③ 司马迁：《史记》卷六《秦始皇本纪》。

④ 司马迁：《史记》卷六《秦始皇本纪》。

⑤ 关于这一点，陈苏镇在《汉代政治与〈春秋〉学》一书第一章中有系统的论述，参见陈苏镇：《汉代政治与〈春秋〉学》，中国广播电视出版社，2001，第1–119页。胡宝国在《汉唐间史学的发展》一书中说：“政治上结束战国是在秦代，而从文

化上看，战国还远未结束。”参见胡宝国：《汉唐间史学的发展》，商务印书馆，2003，第215页。

⑥ 李开元：《汉帝国的建立与刘邦集团：军功受益阶层研究》，生活·读书·新知三联书店，2000，第75页。

⑦ 司马迁：《史记》卷七《项羽本纪》。

⑧ 司马迁：《史记》卷四八《陈涉世家》。

⑨ 关于秦汉之际楚制的复兴与影响，请参见田余庆的文章《说张楚：关于“亡秦必楚”问题的探讨》，《历史研究》1989年第2期，第134–150页；卜宪群的文章《秦制、楚制与汉制》，《中国史研究》1995年第1期，第45–53页。

⑩ 司马迁：《史记》卷四八《陈涉世家》。

⑪ 班固：《汉书》卷三一《陈胜项籍传》。

⑫ 司马迁：《史记》卷七《项羽本纪》。

⑬ 司马迁：《史记》卷七《项羽本纪》。

⑭ 司马迁：《史记》卷八《高祖本纪》。

⑮ 司马迁：《史记》卷八《高祖本纪》。

⑯ 司马迁：《史记》卷四八《陈涉世家》。

⑰ 司马迁：《史记》卷四八《陈涉世家》。

⑱ 司马迁：《史记》卷六《秦始皇本纪》。

⑲ 司马迁：《史记》卷四八《陈涉世家》。

⑳ 司马迁：《史记》卷九四《田儋列传》。

㉑ 司马迁：《史记》卷四八《陈涉世家》。

㉒ 司马迁：《史记》卷九〇《魏豹彭越列传》。

㉓ 司马迁：《史记》卷九三《韩信卢绾列传》。

㉔ 田余庆：《说张楚：关于“亡秦必楚”问题的探讨》，《历史研究》1989年第2期，134–150页。

㉕ 司马迁：《史记》卷四八《陈涉世家》。

㉖ 据《史记》卷四八《陈涉世家》，陈涉密谋起兵的号召之一是“诈称公子扶苏”，但陈涉后来并未坚持这一号召。

㉗ 李开元将胡亥、襄强、韩广皆归入“陈涉复国建王期”（李开元：《汉帝国的建立与刘邦集团：军功受益阶层研究》，生活·读书·新知三联书店，2000，第78页），其实都与陈涉政权无关。又秦去帝号称王者并非胡亥，而是子婴。

㉘ 司马迁：《史记》卷八九《张耳陈余列传》。

㉙ 司马迁：《史记》卷四八《陈涉世家》。

㉚ 司马迁：《史记》卷七《项羽本纪》。《史记》卷八《高祖本纪》云："及项羽杀宋义，代为上将军，诸将黥布皆属，破秦将王离军，降章邯，诸侯皆附。"又《史记》卷九一《黥布列传》云："楚兵常胜，功冠诸侯。诸侯兵皆以服属楚者，以布数以少败众也。"均是证明巨鹿之战后楚对其他诸侯的军事支配权。

㉛ 司马迁：《史记》卷七《项羽本纪》。

㉜ 按：秦末由于六国后的复国，"帝制"出现危机，但恢复帝制的企图仍然未绝，如张耳、陈余劝陈涉称帝，项羽尊怀王为帝，又《史记》卷九一《黥布列传》云："欲为帝耳。"这些都是刘邦恢复帝制的基础。究其根本，乃是战国以来，建立统一的专制主义中央集权的帝制是历史发展的客观要求。

㉝ 吴非在《楚汉帝月表》中立《楚义帝本纪》，亦云："楚义帝者，以诸侯推尊为共主，而奉命由王称帝，故义之"。孙德谦等在读《楚汉帝月表》后《跋》中，对怀王（义帝）为天下共主之事实多有论证，可参看（梁玉绳等：《史记汉书诸表订补十种》上册，中华书局，1982，第115、120–126页）。

㉞ 田余庆在《说张楚：关于"亡秦必楚"问题的探讨》一文中云："项羽不会自安于长久地与诸侯王并立，不会眼看着业已空出的帝位而毫不动心。所以他除了在分封诸侯王中隐伏心机以外，还有其他一些动作。第一步，他把楚怀王升格为楚义帝，以楚帝代替秦帝的法统地位，并就此承认帝业的合法性。"（田余庆：《说张楚：关于"亡秦必楚"问题的探讨》，《历史研究》1989年第2期，第134–150页）按：田先生对项羽的心态以及秦、楚帝法统的交替分析都十分精辟。但项羽是尊怀王为义帝在前，分封诸侯王在后。

㉟ 《史记》卷九一《黥布列传》载汉三年刘邦败于彭城，欲劝说九江王英布"发兵倍楚"，随何至淮南曰："汉王使臣敬进书大王御者，窃怪大王与楚何亲也。"淮南王曰："寡人北乡而臣事之。"随何曰："大王与项王俱列为诸侯，北乡而臣事之，必以楚为强，可以托国也。"九江王英布说"臣事之"，是指他的王国是由楚分封而来的，故应当臣属于楚。随何认为，英布与项羽俱列为诸侯，地位是平等的，英布之所以对楚称臣并不是因为他们之间有君臣关系，而是因为实力上的强弱关系。实际上，项羽之所以能够"霸天下而臣诸侯"，既有楚帝在法统上处于诸侯王之上的因素，又有项羽军事实力上的因素。

㊱ 司马迁：《史记》卷一六《秦楚之际月表》。

㊲ 司马迁：《史记》卷一六《秦楚之际月表》。

㊳ 司马迁：《史记》卷八《高祖本纪》。

㊴ 司马迁：《史记》卷九二《淮阴侯列传》。
㊵ 司马迁：《史记》卷七《项羽本纪》。
㊶ 班固：《汉书》卷三九《萧何传》。
㊷ 司马迁：《史记》卷七《项羽本纪》。
㊸ 司马迁：《史记》卷九三《韩信卢绾列传》。
㊹ 司马迁：《史记》卷九二《淮阴侯列传》。
㊺ 史书记载刘邦东进是争天下，如《史记》卷九二《淮阴侯列传》“必欲争天下”“今东乡争权天下”云云，都是指与楚争天下。
㊻ 司马迁：《史记》卷九五《樊郦滕灌列传》。
㊼ 史书曲折反映了怀王与项氏之间不和谐的关系，《史记》卷七《项羽本纪》记载怀王立后，以陈婴为楚上柱国，后以共敖为柱国。楚徙彭城后，怀王“并项羽、吕臣军自将之。以吕臣为司徒，以其父吕青为令尹。以沛公为砀郡长，封为武安侯，将砀郡兵”，置宋义“为上将军”，似乎没有给项氏在中央留下任何重要职位，项梁为武信君史云“自号”，均说明非怀王所立，怀王对项氏有所防范。
㊽ 李开元对项羽分封的特点也有较透彻的分析，可参见李开元所著《汉帝国的建立与刘邦集团：军功受益阶层研究》一书。
㊾ 张家山二四七号汉墓竹简整理小组：《张家山汉墓竹简（二四七号墓）》，释文修订本，文物出版社，2006，第92、99页。
㊿ 如《史记》卷一八《高祖功臣侯者年表》在记载汉初功臣时许多人都有一个“入汉”时间与入汉前后职务变化的问题，如陈平“以故楚都尉，汉王二年初从修武”，丁复“以赵将从起邺，至霸上，为楼烦将，入汉”，蔡寅“以魏太仆三年初从”，卢卿“以齐将汉王四年从淮阴侯起无盐”，冯解“以代太尉汉王三年降，为雁门守”。但《史记》不立“秦齐”“秦赵”“秦魏”之际月表而独立《秦楚之际月表》，显然是把他们包括在楚的时代范围内。所谓“楚时”“故楚”都是以楚作为这个时代的标志。班固云“楚汉之际，豪杰相王”（班固：《汉书》卷三三《魏豹田儋韩王信传》），也是以楚作为汉建立前国家地位的象征。

两汉文化在宋代的现实关照

——略谈司马光的汉代史论

曹家齐
中山大学历史学系副院长、教授

两汉是中国数千年文明史上最具标志性的历史时期，对此后两千年来中国文化传统的形成和历史演进的方向产生了非常深刻的影响[①]，其历史文化更在不同历史时期展现出不同的风采魅力，彰显出后世对于两汉历史文化的解读与现实关照。宋朝处于中国历史上多个政权并存的时期，宋朝不仅在外部始终面临着其他政权造成的军事压力，而且在内部亦一直存在着变法、党争、财政紧张等政治难题。与此同时，这一时代又呈现出经济与文化的空前发达，可以说是一个忧患与繁荣并存的时代。面对这一系列的新势态，宋朝君臣为实现内外秩序之安定，将现实问题诉诸历史，寻求历史之借鉴亦格外突出。故宋代史学空前繁荣，无论是前代史之编撰，还是当代史之纂修，甚或是新史体的创立，都涌现出伟大而影响深远的史学著作。其中北宋司马光的《资治通鉴》无疑是最具代表性的一部史著。其对前代史之叙述，皆可视为不同时代之历史在宋代的现实关照。然细读该书，可以看出，汉代历史文化在其中的重要分量，其中之史论，不仅反映出作者司马光的史学观点，更能折射出汉代历史文化在宋代，特别是北宋时期的现实关照。然学界论及《资治通鉴》及司马光史论者不少，惜未能就其中之汉代史论深究的实。今不揣谫陋，略作申述。

一

北宋时期的司马光（1019—1086）是中国古代历史上最具影响力的史学家之一，其著作《资治通鉴》既是一部伟大的编年体通史，亦是一部影响深远的帝王学教科书。该书编撰的目的是“鉴前世之兴衰，考当今之得失，嘉善矜恶，取是舍非，足以懋稽古之圣德，跻无前之至治，俾四海群生，咸蒙其福”[②]和“穷探治乱之迹，上助圣明之鉴”[3]。故作为帝王学教科书更能体现此书的主旨和特点。

《资治通鉴》作为编年体通史，记事上起周威烈王二十三年（前403年），下迄后周显德六年（959年），共记战国至五代1362年的历史。作为编年体通史，按年月日记事、连续不断，是其基本的撰述方式，但因其主要目的是为帝王提供一部历史教科书，故对史事详略选择的目的性还是比较突出的。1300多年中，汉、唐作为两个号称大一统的王朝，其史事无疑是司马光在《资治通鉴》中叙述的重点。全书294卷，《汉纪》卷帙60卷，《唐纪》更达81卷。汉、唐两代纪事相比，前略后详，自是能体现一般史书记事详近略远之特征，但若看司马光表达自己对史事之论断观点的“臣光曰”部分，则不尽如此。《汉纪》60卷，有“臣光曰”40篇，约占“臣光曰”总数118篇的三分之一；而《唐纪》81卷，仅有“臣光曰”25篇，只是总数的约五分之一，少于《汉纪》甚多。足见司马光在为皇帝提供历史借鉴方面，对汉代历史最为重视。

《资治通鉴》之《汉纪》部分虽是刘攽（1023—1089）帮助收集史料、撰成长编，但最后删削定稿则是司马光亲力而为，故内容的选择、叙述的逻辑，特别是其中的“臣光曰”，集中体现了司马光对汉代历史的认识和论断。其中既有整体性认识，亦有对具体人物和史事的评论。史学家胡三省（1230—1302）评价《资治通鉴》的现实功用称：“为人君而不知《通鉴》，则欲治而不知自治之源，恶乱而不知防乱之术。为人臣而不知《通鉴》，则上无以事君，下无以治民。为人子而不知《通鉴》，则谋身必至于辱先，做事不足以垂后。乃如用兵行师，创法立制，而不知迹古人之所以得，鉴古人之所以失，则求胜而败，图利而害，此必然者也。”[4]这个评价主要就是从《资治通鉴》“臣光曰”讨论的重点出发的。而这些方面在《汉纪》部分的“臣光曰”中体现得最为充分。

在司马光的思想中，儒家修身立德的观念是其政治立场的出发点。宋仁宗嘉祐六年（1061年），时任知谏院的司马光“上疏论修心之要三：曰仁，曰明，曰武；治国之要三：曰官人，曰信赏，曰必罚”。并称：“臣获事三朝，皆以此六言献，平生力学所得，尽在是矣。”故其主张一国之君首先要以“仁”“明”“武”为标准进行修心，但其在治国之术上则仍不自觉地属意于具有法家思想特征的“官人”“信赏”“必罚”理念，以及由此形成的国家长治久安。司马光的这一政治思想，在《资治通鉴》中《汉纪》的史论中，体现得尤为充分。

二

立足于忧患不断的北宋之世，司马光显然甚为追慕两汉四百年的历史功业。

对汉代功业之成就，司马光首先归因于汉代君主所秉持的君道，故对奠定此基业的两汉开国君主的谋略甚为肯定。如《资治通鉴》卷一一“汉高帝五年五月”：

高祖起丰、沛以来，罔罗豪桀，招亡纳叛，亦已多矣。及即帝位，而丁公独以不忠受戮，何哉？夫进取之与守成，其势不同。当群雄角逐之际，民无定主；来者受之，固其宜也。及贵为天子，四海之内，无不为臣；苟不明礼义以示之，使为臣者，人怀二心以徼大利，则国家其能久安乎！是故断以大义，使天下晓然皆知为臣不忠者无所自容；而怀私结恩者，虽至于活己，犹以义不与也。戮一人而千万人惧，其虑事岂不深且远哉！子孙享有天禄四百余年，宜矣！[⑤]

对于两汉的长治久安，司马光还认为是教化与风俗的作用。例如在《资治通鉴》卷六八“建安二十四年末”称：

教化，国家之急务也，而俗吏慢之；风俗，天下之大事也，而庸君忽之。夫惟明智君子，深识长虑，然后知其为益之大而收功之远也。光武遭汉中衰，群雄糜沸，奋起布衣，绍恢前绪，征伐四方，日不暇给，乃能敦尚经术，宾延儒雅，开广学校，修明礼乐。武功既成，文德亦洽。继以孝明、孝章，遹追先志，临雍拜老，横经问道。自公卿、大夫至于郡县之吏，咸选用经明行修之人，虎贲卫士皆习《孝经》，匈奴子弟亦游太学，是以教立于上，俗成于下。

正因为如此，司马光认为：

以魏武（按：指曹操）之暴戾强伉（按：非人君之武的意思），加有大功于天下，其蓄无君之心久矣，乃至没身不敢废汉而自立，岂其志之不欲哉？犹畏名义而自抑也。[⑥]

光武帝刘秀亦因推行教化、重用忠厚之臣，而成为司马光非议最少的汉代皇帝。

尽管如此，司马光却不认为汉朝是最为理想的治世。他认为最为理想的治世还是三代，称：

汉之所以不能复三代之治者，由人主之不为，非先王之道不可复行于后世也。夫儒有君子，有小人。彼俗儒者，诚不足与为治也，独不可求真儒而用之乎？稷、契、皋陶、伯益、伊尹、周公、孔子，皆大儒也。使汉得而用之，功烈岂若是而止邪！[⑦]

在此前提下，司马光对汉武帝的功业不以为然，认为汉武帝是“穷奢极欲，繁刑重敛，内侈宫室，外事四夷，信惑神怪，巡游无度，使百姓疲敝，起为盗贼，其所以异于秦始皇者无几矣”。但又认为“秦以之亡，汉以之兴者，孝武能尊先王之道，知所统守，受忠直之言，恶人欺蔽，好贤不倦，诛赏严明，晚而改过，顾托得人，此其所以有亡秦之失而免亡秦之祸乎”[⑧]。

三

对汉代臣僚的评论，司马光的“臣光曰”重点在于事君之道，但也非常推崇作为大臣能够立身以智、进退有时。其中最为推崇的是张良，张良不仅善于进谏，而且甚知谦退。如《资治通鉴》卷一一“汉高帝六年三月”云：

上已封大功臣二十余人，其余日夜争功不决，未得行封。上在洛阳南宫，从复道望见诸将，往往相与坐沙中语。上曰：“此何语？”留侯曰：“陛下不知乎？此谋反耳！”上曰：“天下属安定，何故反乎？”留侯曰：“陛下起布衣，以此属取天下。今陛下为天子，而所封皆故人所亲爱，所诛皆平生所仇怨。今军吏计功，以天下不足遍封。此属畏陛下不能尽封，恐又见疑平生过失及诛，故即相聚谋反耳。”上乃忧曰：“为之奈何？”留侯曰：“上平生所憎、群臣所共知，谁最甚者？”上曰：“雍齿与我有故怨，数尝窘辱我。我欲杀之，为其功多，故不忍。”留侯曰：“今急先封雍齿，则群臣人人自坚矣。”于是上乃置酒，封雍齿为什方侯。而急趋丞相、御史定功行封。群臣罢酒，皆喜，曰：“雍齿尚为侯，我属无患矣！”

叙完此段史事，司马光发表议论称：

臣光曰：张良为高帝谋臣，委以心腹，宜其知无不言。安有闻诸将谋反，必待高帝目见偶语，然后乃言之邪？盖以高帝初得天下，数用爱憎行诛赏，或时害至公，群臣往往有觖望自危之心，故良因事纳忠以变移帝意，使上无阿私之失。[⑨]

后来张良主动请求离开朝廷，从赤松子游。司马光对此评论称：

夫生之有死，譬犹夜旦之必然；自古及今，固未尝有超然而独存者也。以子房之明辨达理，足以知神仙之为虚诡矣；然其欲从赤松子游者，其智可知也。夫功名之际，人臣之所难处。如高帝所称者，三杰而已。淮阴诛夷，萧何系狱，非以履盛满而不止耶！故子房托于神仙，遗弃人间，等功名于外物，置荣利而不顾，所谓明哲保身者，子房有焉。[⑩]

对韩信、霍光等，司马光虽肯定其忠直有加、功勋卓著，却认为有失作臣子的智慧和分寸。如论韩信称：

世或以韩信为首建大策，与高祖起汉中，定三秦，遂分兵以北，禽魏，取代，仆赵，胁燕，东击齐而有之，南灭楚垓下，汉之所以得天下者，大抵皆信之功也。观其距蒯彻之说，迎高祖于陈，岂有反心哉！良由失职怏怏，遂陷悖逆。夫以卢绾里闬旧恩，犹南面王燕。信乃以列侯奉朝请，岂非高祖亦有负于信哉！臣以为高祖用诈谋禽信于陈，言负则有之；虽然，信亦有以取之也。始，汉与楚相距荥阳，信灭齐，不还报而自王；其后汉追楚至固陵，与信期共攻楚而信不至。当是之时，高祖固有取信之心矣，顾力不能耳。及天下已定，则信复何恃哉！夫乘时以徼利者，市井之志也；酬功而报德者，士君子之心也。信以市井之志利其身，而以君子之心望于人，不亦难哉！是故太史公论之曰：假令韩信学道谦让，不伐己功，不矜其能，则庶几哉！于汉家勋，可以比周、召、太公之徒，后世血食矣！不务出此，而天下已集，乃谋畔逆；夷灭宗族，不亦宜乎！⑪

萧何亦是汉初三杰之一，司马光称赞其功，却对其一些作为颇有贬损。如汉高帝七年二月，刘邦回到长安，萧何为其修建未央宫。刘邦见其壮丽，非常生气，对萧何说：天下匈匈，苦战数岁，成败未可知，是何治宫室过度也？萧何回答说：天下方未定，故可因以就宫室，且夫天子以四海为家，非壮丽无以重威，且无令后世有以加也。刘邦听了便高兴了。司马光在叙述此段史事后，发议论称：

王者以仁义为丽，道德为威，未闻其以宫室填服天下也。天下未定，当克己节用以趋民之急；而顾以宫室为先，岂可谓之知所务哉！昔禹卑宫室而桀为倾宫。创业垂统之君，躬行节俭以训示子孙，其末流犹入于淫靡，况示之以侈乎！乃云“无令后世有以加”，岂不谬哉！至于孝武，卒以宫室罢敝天下，未必不由酂侯启之也！⑫

除了为臣之道，司马光在《汉纪》部分还论及为子之道。其中最有代表性的是对汉惠帝的评论：“为人子者，父母有过则谏；谏而不听，则号泣而随之。安有守高祖之业，为天下之主，不忍母之残酷，遂弃国家而不恤，纵酒色以伤生！若孝惠者，可谓笃于小仁而未知大谊也。”⑬

除评论君臣子之道外，司马光的“臣光曰”还对具体人事的是非发表见解。当然，相关见解并不仅见于“臣光曰”，很多还体现在对具体史实的选择性叙述中。这些都能看出司马光对汉代历史的理解，以及将汉代君臣事迹作为君王历史鉴戒素材的突出表现。

司马光的主要政治生涯处于北宋的仁宗、英宗、神宗三朝，其生命的最后十几年，正是北宋历史的重要转折期。宋神宗任用王安石等推行变法，使北宋的多项制度及政治风气都发生了变化。而司马光作为变法的反对者，有着自己对于君主的期许及对理想政治的追求。惜其意愿无法与神宗遇合，唯倾心力于撰修史著，希冀对君上有所鉴戒。故其修撰《资治通鉴》，不仅在于实现一位史家的宏伟抱负，亦深寓对于时事的忧虑与关怀。《资治通鉴》对于史实的剪裁和“臣光曰”中的价值立场，特别是对汉朝皇帝用人方面的评论，很多都折射出他所身处的北宋社会现实及其个人政治诉求，体现出汉代历史文化在当时的现实关照。《资治通鉴》

对后世影响深远，司马光的汉代史论，亦在一定程度上影响着后人对汉代历史和文化的理解与认识。当然，这些也是《资治通鉴》其他部分所共有的特征。

【注释】

① 王子今：《秦汉时期的历史特征与历史地位》，《石家庄学院学报》2018 年第 4 期，第 42–48 页。

② 司马光：《进〈资治通鉴〉表》，见吕祖谦《宋文鉴》卷六五。

③ 司马光：《温国文正公文集》卷五七《谢赐〈资治通鉴〉序表》。

④ 胡三省：《新注资治通鉴序》。

⑤ 司马光：《资治通鉴》卷一一，汉高帝五年五月。

⑥ 司马光：《资治通鉴》卷六八，建安二十四年末。

⑦ 司马光：《资治通鉴》卷二七，甘露元年正月。

⑧ 司马光：《资治通鉴》卷二二，后元二年正月。

⑨ 司马光：《资治通鉴》卷一一，汉高帝六年三月。

⑩ 司马光：《资治通鉴》卷一一，汉高帝五年五月。

⑪ 司马光：《资治通鉴》卷一二，汉高帝十一年冬。

⑫ 司马光：《资治通鉴》卷一二，汉高帝七年二月。

⑬ 司马光：《资治通鉴》卷一二，汉高帝十一年。

弘扬汉文化优秀传统，建设徐州大都市文化圈

陈书录
南京师范大学文学院教授

一、徐淮文化的特征

汉文化又称为“楚汉文化”或“徐淮文化”。“千古龙飞地，令人感废兴。”（王偁《宿沛县泗亭驿》）汉代开国皇帝刘邦是从徐州的沛县走出来的，东汉第一个皇帝刘秀的祖籍在徐州。徐州又是汉代分封国楚国的治所，西汉时在徐州共封了12代楚王；东汉重设分封国楚国，至第二代改封彭城国，也传了6代。还有项羽的籍贯为下相，在今宿迁市的西南，他曾建立西楚国，号称西楚霸王。可见，汉代徐州一带是汉文化（楚汉文化）的发祥地、繁荣地，因而有人将徐淮文化称为“楚汉文化”或“汉文化”。从地域角度来看，汉文化（徐淮文化），指徐州、淮安、宿迁等地区的传统文化，既有一定的地域性意义，又有全国性（特别是两汉）意义，也是打造世界级汉文化传承与创新基地的宝贵资源。

徐淮文化（汉文化）历史悠久，以新石器时代的青莲岗文化、大墩子文化乃至距今约5万年前下草湾新人文化为源头，本土的东夷文化以大彭氏族方国文化、徐夷方国文化为子系统。春秋以来，楚文化逐步东移，成为江淮乃至淮北地区文化的主流。从楚汉相争到刘邦建立西汉王朝，汉文化传统形成雏形。后来，进一步与徐淮本土文化整合，并吸收周边文化如齐鲁文化等，汉文化的传统逐步定型并不断发展，成为江苏乃至中华文化中一个颇有特色的区域文化。

徐淮文化（汉文化）以徐州方言为语言文化特征。徐州地区流行着一句谚语“南蛮北侉，徐州炼渣”，一般北方人称南方人为“蛮子”，而南方人称北方人为“侉子”，“炼渣”是不南不北的意思。徐州地处淮北，历史上南北朝廷往往以淮河为界，因而徐州方言多受中原和齐鲁方言的冲击，这就使得徐州方言既体现着北方人的粗犷和直白，也具有南方人的细腻和含蓄。也就是说，粗狂而又细腻，直白而又含蓄，是徐州方言的风格特征。徐淮文化（汉文化）有语言文化方面的特征，也有心态文化及行为文化方面的特征。

（一）不屈不挠的斗争精神

徐淮地区处在淮、泗、沂、沭诸河流域的下游，素有“洪水走廊”之称。金代黄河夺泗入淮以后，数百年间水患不断。千百年来在与洪水作斗争的过程中，培育了徐淮地区人民不屈不挠的斗争精神，徐州的苏堤、黄楼，淮安的镇淮楼等，都是徐淮人民抗洪斗争历史的见证。北宋熙宁十年（1077 年），苏轼由密州（今山东诸城）调任徐州知府。不久，黄河在澶州（今河南濮阳）决口，洪水冲到徐州城下，苏轼率领五千多民工加固旧堤。徐州军民万众一心，奋战洪水，使黄河回归故道，终于避免了一场洪水灌城的惨祸。苏轼组织军民又在徐州城东门阻挡洪水的要冲之处建造两层高楼，取名“黄楼”。苏轼有《九日黄楼作》诗，清代查慎行注云：太守苏公守彭城之明年，既治河决之变，民以更生，又因修缮其城，作黄楼于东门之上，以为水受制于土，而土之色黄，故取名焉。

（二）重义质朴的性格特征

《史记·货殖列传》说徐地人“矜己诺”，《隋书·地理志》说彭城（徐州）一带的人“挟任节气，好尚宾游”，正是重义质朴之风的表现。《史记·管晏列传》中有记载：“管仲曰：‘吾始困时，尝与鲍叔贾，分财利多自与，鲍叔不以我为贪，知我贫也。’”由此而流传着“管鲍分金”的故事。相传在春秋时期，管仲、鲍叔牙在徐淮地区的盱眙一带经商，有一天两人在路上共同发现了一根金条，就坐下来等候失主，直到天黑仍无人前来认领。鲍叔牙便将金条截成一长一短两块，将长的一块给管仲，说：“汝家穷，当多得。吾富足，当得少之。”管仲叹道：“生我者父母，知我者鲍子也。”最后，他俩都没有要那金条，而是主动将金条分送给附近村庄的老百姓。当地百姓为了纪念管仲、鲍叔牙的情谊，建立了“管鲍分金亭”，这是徐淮人有情有义、重义质朴性格的一个缩影。

（三）善用智谋的策士风范

“汉初三杰”——韩信、萧何、张良是其典范。韩信（？—前 196 年），秦末汉初淮阴（今江苏淮安）人，经萧何极力推荐，被刘邦拜为大将。从此，他用智谋创造了一个又一个辉煌的战例：明修栈道，暗度陈仓，还定三秦；北伐魏赵，背水布阵，连战连捷；降燕击齐，水淹龙且，拒楚扶汉；垓下灭项，成就大业，成为名副其实的一代“兵仙”。萧何（？—前 193 年），沛郡丰邑（今属江苏徐州）人。在楚汉相争中，他力劝刘邦称王关中，养精蓄锐，广罗人才，建立根据地。成为汉王刘邦的丞相后，知人善任，唯才是举，“萧何月下追韩信”成为千古美谈。张良（？—前 186 年），因结交刺客刺杀秦始皇而被追捕，藏身于下邳。他在楚汉相争中屡出奇谋，刘邦赞赏他“运筹策帷帐之中，决胜于千里之外”。

（四）健康长寿的养生理念

徐州古称彭城，传说尧时封彭祖在此，为大彭氏国，徐州称“彭城”便是从此开始的。相传，彭祖名铿，为颛顼玄孙，生于夏代，至于殷末时已七百六十七岁（一说八百岁），人们以他为长寿的象征。屈原《楚辞·天问》中有云：“彭铿斟雉，帝何飨？受寿永多，夫何久长？”意思是说彭祖善做雉羹（鸡汤），能事奉帝尧，帝尧一边赞美一边享用。彭祖活了八百岁还不满足，还要问寿命为何不能长久。《楚辞·天问》王逸注中提到彭祖能做一手好菜，烹调的鸡汤味道鲜美，尧品尝后大为赞赏，便把彭城封给了他。彭祖的“雉羹之道”逐步发展成为“烹饪之道”，雉羹是我国典籍中记载最早的名馔，被誉为“天下第一羹”。晋代葛洪的《神仙传》还为彭祖立传，说他“少好恬静”“唯以养生治身为事”“善于补养导引之术”。彭祖通过摄养术、导引术、服气术、烹调术、房中术等以达到修身养性、健康长寿的目标。这位彭城之祖，在徐淮地区颇有影响，唐代以后乃至今天尚有彭祖井、彭祖庙、彭祖像等文化遗存。唐代皇甫冉《彭祖井》诗云：上公旌节在徐方，旧井莓苔近寝堂。访古因知彭祖宅，得仙何必葛洪乡。传说中彭祖所创的雉汤、云母羹、羊方藏鱼、麋鱼鸡等名羹名菜流传至今。徐州人继承彭祖“以食养生”的理念，比如在三伏天吃伏羊，举办“彭城伏羊节”等民俗活动，民间有“彭城伏羊一碗汤，不用神仙开药方”的说法，健康长寿的养生理念在民俗活动中不断推广。

（五）气魄雄伟、尚武强悍的楚汉雄风

徐淮以南属于维扬文化区、宁镇文化区和吴文化区，西南属于荆楚文化区，北部属于齐鲁文化区，西部属于中原文化区，周边的多元文化有利于徐淮文化的开放和融合。宋代苏轼在徐州知府任上，所作《九日黄楼作》中有云“诗人猛士杂龙虎，楚舞吴歌乱鹅鸭”。刘邦《大风歌》中有“安得猛士兮守四方”之句，显然，“猛士杂龙虎”象征楚汉（徐淮）雄风。项羽曾经以彭城（今徐州）为都城自立为西楚霸王。当时徐淮的相当一部分地方属于西楚。“夫自淮北沛、陈、汝南、南郡，此西楚也。其俗剽轻，易发怒。”（《史记·货殖列传》）项羽是“剽疾”型的英雄人物，其《垓下歌》中有“力拔山兮气盖世”之句。显然，徐淮文化的主要特征是以英雄主义为主流的“楚汉雄风”。

又如，徐州汉画像石凝重古朴，奔放粗豪，是“一部绣像的汉代史”。徐州狮子山楚王陵和汉兵马俑，剽悍骁勇，气魄雄大，展示了2000多年前的楚汉雄风。其中汉代的兵士，脸形宽厚，前额平阔，神情持重，表现出英武的性格。汉代的马俑，眼睛似铜铃一般，神采奕奕，双耳耸竖，状似削竹，鼻骨隆突挺直，筋骨暴强。

浑圆的腹部，劲健的四肢，弧形的嘴唇，无不表现出战马剽悍骁勇的勃勃生气，也是“楚汉雄风”的生动体现。

“千古兴亡争战地，莫将蕞尔视徐州。”（叶道源《彭城杂咏》）自古以来，发生在徐州的战争，有记载的就多达200余次，徐州成为兵家必争之地。楚汉相争之中，相传韩信进攻项羽时，在位于徐州北部的九里山下设下“十面埋伏”，与楚军展开决战。三国时群雄割锯，徐州是反复争夺之地，“九里山前作战场，牧童拾得旧刀枪”（《水浒传》第四回）。晋末两次北伐，徐州是发起攻击的前沿阵地。元末明初朱元璋攻打徐州北取中原。民国时期，蒋、冯、阎新军阀中原大战，中日台儿庄大战，都是以徐州为中心。解放战争时期，在以徐州为中心的淮海大地，进行了一场举世闻名的淮海战役。

尚武强悍的精神作为楚汉文化的一种特质，蕴含在徐淮地域文化中各个领域。彭城是中华武术发祥地之一。民间戏曲如柳琴戏、淮海戏、泗州戏等，都属于“拉魂腔”系列，粗犷浑厚，声势壮大。梆子戏等传统剧目中多有《战洛阳》《战洪州》《佘太君发兵》等尚武征战的故事，伴随着高亢雄浑的唱腔传遍徐淮大地。又如饮食文化，在宿迁的宾馆筵席上有“霸王汤”，在徐州的两汉菜系中有“十面埋伏”。这里还有爱饮烈性酒、喜食辣味食物之风。炒鸡，要多加辣椒，名叫“辣子鸡”；做汤，也要辣乎乎的，名叫“辣汤”，所谓“一碗羊肉汤，半碗辣椒油”。

当然，徐淮文化（汉文化）中也有另类的色调乃至负面的因素，比如传说汉高祖刘邦既有草莽习气，又有流氓习气。徐淮人看重自己的承诺，好尚宾游，热情待客，好吃狗肉，好喝白酒，但性格急躁，轻悍好斗。然而，老百姓的性格豪爽耿直，多快人快语，还是最为突出的方面。

二、徐州大都市文化圈的建设

徐州大都市文化圈的建设既要保持汉文化的特色，又要优化与强化特色，在特色文化创新中建设楚汉雄风与现代文明交相辉映的、有强大竞争力和辐射力的徐州大都市文化圈，努力融入并推进长三角文化创新。

（一）多元交汇战略

徐州处在苏、鲁、豫、皖接壤处，处于中原文化、齐鲁文化、楚文化、吴越文化等多元文化交汇区，广泛接受不同区域文化的渗透。因而，在推进徐州大都市文化圈的建设中，应该采用多元文化交汇的战略，博采广纳，融会贯通。当然，在多元文化的融合中仍然要注重强化“汉文化”的特色。同时，应该注意到徐州大都市文化圈之中，虽然已经明确以徐州市为中心，但徐州市与该文化圈中的连云港市、宿迁市、淮安市、盐城市均为省辖市，在行政上同级，其文化辐射主要是“一点多线型”，即中心城市徐州以多条辐射线分别向连云港、宿迁市、淮安市、盐城市等多个“点”扩大影响。这与苏锡常、南京大都市文化圈同中有异。共同的是建设长三角大文化圈，不同的是苏锡常大都市文化圈以苏州市、无锡市、常州市为中心，这个中心是“三点一线型”的，它们的影响是相互渗透，相互推动的。南京大都市文化圈以南京市为中心，南京市是江苏省省会，是全省的政治、行政中心，其对该文化圈中镇江市、扬州市、泰州市的影响，不仅是文化辐射，而且有政治与行政权力作用等。因而，对于“一点多线”辐射线型的徐州大都市文化圈，应该相对突出“多元交汇”的战略。这也比较符合徐州大都市文化圈中文化景点分布的状况。例如彭祖文化遗址、狮子山楚王陵和汉兵马俑、云龙山汉画像石馆、刘邦故里和歌风台等在徐州市境内；项王故里、洋河酒文化景区等在宿迁市境内；吴承恩故居、明祖陵等在淮安市境内；李汝珍故居、《西游记》与花果山文化景区等在连云港市境内，而且连云港又是丝绸之路经济文化带的桥头堡；陆公祠（明代嘉靖年间为纪念宋末民族英雄陆秀夫所建）、宋曹故居建筑文化景区等在盐城市境内，而盐城又处处散发着浓郁的海盐文化。各市境内多种文化景点的交汇，将大大丰富徐州大都市文化圈的内涵。

（二）重点扶持战略

文化圈的建设，既要靠内部潜力的发掘，又要靠外部力量的推动。后者之中，上级政府的引导与支持十分重要。江苏省应该加大扶持徐州大都市文化圈建设的力度，在政策与资金上倾斜，帮助徐淮地区在科教强市、文艺强市、文化产业建设等方面有所作为，鼓励后来居上，在21世纪前期建成融楚汉文化与现代文明于一体的特色鲜明的徐州大都市文化圈，在文化竞争力上登上新台阶。

我们必须以勇于开放的精神，既吸收西方文化中对汉文化、中华民族文化有用的精华，又弘扬汉文化、中华民族文化的优良传统，使汉文化、中华民族文化在与外来文化的交融中获得新的发展机遇，力争在21世纪前期顺利实现汉文化、长三角文化、中华民族文化的现代化，打造世界级汉文化传承与创新基地，构建长三角文化传承与创新的又一个高地，以强大的精神动力和强有力的智力支持推进“两个率先”的实践，谱写好“中国梦”的徐州大都市文化圈的新篇章。

汉魏六朝赋体源流批评论

党圣元

全国马列文艺论著研究会会长

赋是兴盛于两汉时期的一种新文体，关于其源流的辨别成为两汉魏晋南北朝时期文学批评的一个重要话语。批评争论的主旨是围绕诗骚关系和文体辨析这两个方面展开的，后者，就是文体辨析，实际上又是前者的一个延伸，也就是以《诗经》为代表的儒家诗教原则和以新兴的文体辞赋为代表的新的文学精神，这两种文学价值观之间的冲突和磨合。汉魏六朝赋体源流批评留下来大量的批评史料，反映了当时一些重要的、有代表性的文学思想和文体观念。

从历史材料来看，较早对赋作文体辩源的是班固。早先目录学家刘歆曾经“总群书而奏《七略》”，班固的《汉书·艺文志》是在《七略》的基础上“删其要”而成的，因此班固对于赋体源流的意见应该说部分包含了刘歆的看法。班固对赋体源流的看法主要体现在《汉书·艺文志》和《两都赋序》之中。在《汉书·艺文志》中有“不歌而诵谓之赋”这么一个定义。在《两都赋序》中，班固有“赋者，古诗之流也”这样一个判语。

如果把班固在《汉书·艺文志》和《两都赋序》中的这两段文字合而观之，可以看作是班固的一篇赋体源流论。他认为《诗经》中的篇什都可以合乐歌唱，但当时诸侯卿大夫在外交场合互相“揖让”之时，为了“以微言相感”而“谕其志”，往往“不歌而诵”，即赋诗。战国时期，虽然聘问歌咏、赋诗言志之风不流行了，但一些“失志”之士为了谕其“罹谗忧国”之“志”，“皆作赋以讽”，比如荀子、屈原等人，由此而产生了第一批“贤人失志”之“赋”。到了汉代，赋体大兴，赋家迭出，如枚乘、司马相如、扬雄等，但这时的“赋”和荀子、屈原等人的“贤人失志之赋”比较，已经是“竞为侈丽闳衍之词，没其风谕之义”，故已大失“古诗之义”。总之，班固认为赋是袭古代“不歌而诵”的诵诗方法发展而来的脱胎于《诗经》的一种文体，其可以“抒下情而通风谕”“宣上德以尽忠孝”，为“润色鸿业”之具，故堪称是“雅颂之亚”。所以，班固为赋体所下的定义就是“不歌而诵谓之赋”“赋者，古诗之流也”。

班固对赋的形式和体制、思想原则也作了一些源流方面的考辩，并且对战国以来赋的创作情况进行了描述。所谓“不歌而诵谓之赋”一语，实际上是征引了古语，他的意思是说赋是由古代的赋诗发展演变而来的，特点是“不歌而诵”。所谓“赋”为“古诗之流”，此处之“流”与《汉书·叙传》中“刘向司籍，九流以别”的“流”，我认为都指的是“文体”。班固在这个地方使用“流”这个字包含其他方面的意思，认为赋沿用了古诗表现形式上的某些特点，保留了古诗的讽谏之义、恻隐之情，甚至保留了“风”的余韵。班固为赋所下的这两个定义，尽管着眼点不同，但是意思一致，分别从两个方面指出了赋与《诗经》在文体上的渊源关系，表明了赋是古代诵诗和“六义”之“赋”的直接演变。这个见解就阐明赋体受《诗经》的影响而言自有其合理的一面。另外，这两个定义更多显露了他对作为文体的“赋”和作为诗义之“赋”在意义上的混淆不清，因此他并没有清楚地划分开赋和《诗经》在文体上的界线。

原因在于班固论赋体的文体的源流，着眼点主要在于赋的功能，他没有自觉地认为“赋”是一种“与诗画境”的新兴的文体。他说赋为古代诵诗的演变发展，为“古诗之流”，除了指明赋体在形式体制上的某些特征外，更主要的在于要为赋与《诗经》在思想和功利方面建立一种直接的承接关系，认为赋必须像汉儒的意识观念中的《诗》一样，为统治阶级尽“风谕”之职，使赫赫帝业“著于后嗣”，以成为“雍容揄扬”的三代“颂声”之继响。因此，《文选》注者李善在“赋者，古诗之流也”下边的注语是“《毛诗序》曰：诗有六义，二曰赋。故赋为古诗之流也，诸引文证皆举先以明后，以示作者必有所祖述也”。

这样也说明班固认为赋是古诗之流，他自己创作写赋是为了“祖述”古人为诗“风谕”而作《两都赋》，“以极众人之所眩曜，折以今之法度”。这个显露出他的文体观念和他的批评观念中“宗经”的思想特点。班固还把“颂”和“赋”作为同义词，比如他把赋体也称为“颂”，或者“赋颂”两个连起来用。《汉志》的《诗赋略》中，在“杂赋”目下列有“杂行出及颂德赋二十四篇”，另外汉代“赋”和“颂”在名称上有时候往往是可以互换使用，这种情况比较普遍。比如司马相如的《大人赋》也被称为《大人之颂》，王褒的《洞箫赋》又称《洞箫颂》，王充在《论衡》中经常出现把“赋”和“赋颂”混淆的情况。以“辞”或“辞赋”为赋体的名称，这种情况在《史记》中也出现了，比如司马相如本传中即有“景帝不好辞赋”云者。在中国文体分类学上，“辞”的文体意义并不确定，后来一般指“楚辞”，也就是“骚体”，但是在班固的文体观念中还属于辞赋不分，因此往往称屈原的作品也为赋，比如《汉书·艺文志》中有“屈原赋二十五篇”，这个大约是由于骚和赋相较于诗均属于“不歌而诵”的行列，因此看为统一的。在文体上，将骚、赋分体而立的是昭明太子萧统的《文选》。

班固认为“赋是古诗之流”，在其后众家都援此说，比如杨德祖、皇甫谧、挚虞等。

关于赋体源流，刘勰的批评是比较全面而准确的。《文心雕龙》中专门设了《诠赋》一篇，对赋的文体演变和特征作了比较详尽和准确的说明。

刘勰论赋体源流一共分为三个部分。首先，刘勰注意到了赋和《诗经》的关系，认为赋体的起源与作为诗的写作方法之一的“赋”及古代的赋诗有联系。其次，刘勰和班固等人不同的是他不但认识到了“赋自诗出”，就是赋是从《诗经》中脱胎而来的，而且还认识到了楚辞对赋体的兴起也有极大的影响，甚至正因为受到楚辞的影响才使赋最终与诗“分歧异派”，独成一体。最后，关于赋体演变成熟的标志问题，刘勰认为《诗经》之“赋”法和古代赋诗以及屈原伟辞奇丽、声貌齐美、品物毕图的创作为赋体的产生积累了足够的艺术经验，正是在这种艺术经验积累的前提下，“荀结隐语，事数自环；宋发巧谈，始实淫丽”，产生了新文体赋。荀子、宋玉两个人的创作具有分界线的意义，他们的创作基本上奠定了赋体文学最初的特征，是赋体文学的开山之作。

因此，对荀子、宋玉以后的赋体发展刘勰大体上勾勒出一个轮廓，这里不详细说了。

总的来说，刘勰阐述的赋体源流，除个别情况，比如赋体产生同时也应该受到先秦散文、先秦纵横家以及民间文学的影响等他没有涉及，除此以外是非常全面的。从刘勰的论述可以看出他注意从发展的眼光看问题，认识到了作为一种文体的产生和社会、和文学本身发展之间复杂的联系，更可贵的是，刘勰提出了赋是一种独立的“与诗画境”的文体，所以也就没有再沿用所谓赋为“古诗之流”的模棱两可的说法。在论述方法上，刘勰论赋体的源流也和他论其他的文体一样，首先，“释名以章义”，说明赋的定义，紧接着他论赋与诗、骚的区别；其次论赋体的正式产生，是什么时候产生的、形成的；再次，“原始以表末”，论述赋的沿革；最后，“选文以定篇”，举出有代表性的作品以说明赋体的特点。因此，他对赋体的批评方法、步骤和层次是非常周密的，他的这种文体批评的方法在今天我们研究中国古代文体观念、文体形态的时候也有值得借鉴的地方。

汉代重农文化策略及其积极作用

惠富平
南京信息工程大学科学技术史研究院教授

两汉时期，地域经济发展很不平衡，各地风俗习惯差异较大，为了保障国家财政来源，应付人口增长的压力，政府将以重农务本作为治国理念，利用经济、法律及文化等各种政策措施实行风俗教化，扶正祛邪，发展农业生产。其中文化策略包括帝王亲耕、祭祀农神、禁绝淫祀、实施乡村教化、建立农业技术革新与推广体系等多方面的内容，由此加强了儒家礼仪及农本思想的传播，促进了农业文明的发展。本文主要阐述汉代以农本为基调的文化政策措施，探讨风俗教化与农业发展的关系，期望能对汉文化的传承与利用有所裨益。

一、颁行籍田与祭祀礼仪

（一）帝王亲耕

从文景时期开始，西汉政府就认识到农业对保障国家财政及维持社会稳定具有基础性作用，多次颁布重农诏令，制定一系列发展农业生产的方针政策，形成“农为国本”的治国理念。此外，汉代帝王还行籍田之礼，劝农务本，由此引起全社会对农业生产的重视。

籍田又称“亲耕”，源于西周时期，是一种象征性的帝王亲耕仪式，每年春季举行，以表示重视农耕，劝勉老百姓不违农时，勤于稼穑。周宣王时，“不籍千亩”，籍田之礼一度废弃。汉文帝致力于恢复和发展农业经济，多次倡导“导民之路，在于务本”，并率王公百官亲耕，重开籍田之礼。汉文帝诏曰：“夫农，天下之本也，其开籍田，朕亲率耕，以给宗庙粢盛。”[①]汉景帝曰：“农，天下之本也。黄金珠玉，饥不可食，寒不可衣……其令郡国务劝农桑。”至汉武帝时，宣教“农本”意识的籍田礼已成定制。根据《史记》《汉书》等史书统计，两汉皇帝亲耕的记载有 14 条，从汉文帝一直延续到汉献帝，体现出两汉政府对农本文化的重视。

据记载，汉代实行的天子籍田礼仪于每年开春举行，地点一般在京郊的籍田内，并有一套规范的程序：“正月始耕。昼漏上水初纳，执事告祠先农，已享。耕时，有司请行事，就耕位，天子、三公、九卿、诸侯、百官以次耕。力田种櫌讫，有司告事毕。是月，令曰：‘郡国守相皆劝民始耕，如仪。诸行出入皆鸣钟，皆作乐。其有灾告，有他故，若请雨、止雨，皆不鸣钟，不作乐。’”[②]籍田仪式结束后，各地郡县官员也开始颁布春令，督促农民及时耕种，形成“班春”制度，以便传播重农文化，落实农本政策，制定当地农业发展的具体措施。

总之，汉代的籍田仪式是重农观念融入国家典礼的表现，不仅营造出重农劝耕的文化氛围，也传达出“农为国本”的政策思想，一直为后世所承袭和利用。

（二）祭祀农神

汉代铁犁牛耕等农业新技术的推广，使得农业生产力水平空前提高，但人们认识和干预自然的能力依然有限，难免对农耕活动中遇到的各种灾异现象产生神秘感和恐惧感，并希望借助神灵的力量予以消除。加之受到当时天人感应思想以及前代祈谷报赛传统的影响，因而常举办祭祀农神，祈求风调雨顺、庄稼丰收的活动。

汉代人祭祀的农神有多种类型，包括神农炎帝、后稷、土地神、蚕神、谷神、雨师和风伯等。值得注意的是，上古以来就形成的农神祭祀活动，到了汉代成为统治者强化农本意识的教化手段。政府在各地广立社稷和灵星祠，以官方规制的祭祀形式，对民间神灵、信仰内容和祭祀形式加以引导和干预。《后汉书·礼仪志上》刘昭注引《汉旧仪》云：“春始东耕于籍田，官祠先农，先农即神农炎帝也。”可见天子亲耕时，要祭祀神农炎帝。后稷是周人始祖，擅长农耕，汉人对敬祭后稷神的活动特别重视。《后汉书·祭祀志下》载：“汉兴八年，有言周兴而邑立后稷之祀，于是高帝令天下立灵星祠。言祠后稷而谓之灵星者也，以后稷又配食星也。……舞者用童男十六人。舞者象教田，初为芟除，次耕种、芸耨、驱爵（雀）及获刈、舂簸之形，象其功也。”即灵星舞看起来就像在教人农作，模拟的是清理土地、耕种、除草、驱赶鸟雀，以及收割、舂谷簸糠等农事活动。祭祀农神后稷的仪式，配合表现各种农业生产活动的灵星舞，对强化乡村社会的农本意识有积极影响。据考证，四川省德阳市曾出土汉代农耕画像砖，图中六个舞者装束整齐，前四人挥扬长条弯形工具，后二人执筐跟进，动作协调，步伐一致，表现的应是汉代灵星舞中作物收获的场面。[③]

土地神和谷神即社稷神，秦汉时社稷已转化为国家的象征，“社”也成为在政府引导下，民间百姓敬拜诸神的主要场所。《风俗通义·祀典》引《孝经援神契》云：“社者，土地之主。土地广博，不可遍敬，故封土以为社而祀之，报功也”“稷者，五谷之长。五谷众多，不可遍祭，故立稷而祭之”。汉高祖立国次年，即令各县立公社，祭祀上帝及天地山川诸神。政府还对祭祀官员、用牲标准以及祭祀月份作出规定："郡县置社稷，太守、令、长侍祠，牲用羊、豕""二月、八月及腊，一岁三祠，皆太牢具，使有司祠"。[④]从中可以看出，二月是春耕开始的日子，八月份是粟谷收获的季节，腊月是农闲时节，但要为来年的农耕活动作好准备。

崔寔《四民月令》以月令形式记述了东汉洛阳地区农家一年四季的农业生产与生活，正月、二月、八月及腊月等月份的祭祀活动穿插其中，目的在于祈求先祖和农业诸神保佑家庭平安、风调雨顺以及粮食丰收，乡村民众的信仰明显是与其农本观念紧密联系的。

（三）禁绝淫祀

汉代官方祭祀有专门的礼仪制度，而民间祭祀则被医巫卜筮们掌控。那些不合礼制的非官方、非正统祭祀，一般被称作"淫祀"。《盐铁论·散不足》载贤良语："今世俗宽于行而求于鬼，怠于礼而笃于祭……是以街巷有巫，闾里有祝。"神灵崇拜、禳灾纳福是汉代民众日常生活的重要组成部分，而不少巫祝依托鬼神，欺骗恐吓老百姓，牟取钱财，政府明令禁止和破除。《汉书·平帝纪》记载，元始元年二月诏"班教化，禁淫祀"。《汉书·郊祀志上》在论及祭祀礼制时说："各有典礼，而淫祀有禁"。

汉代中原地区农业发达，社会文明程度较高，而江、淮、楚、越等地"信巫鬼，重淫祀"。[⑤]淫祀泛滥的地方，巫祝或杀牛祭神，或为山神河伯娶妻，恃祀挟财，民众深受其害，"财尽于鬼神，产匮于祭祀"。于是，打击淫祀活动就成为地方官执政的一项重要任务。《后汉书·第五伦传》记载："会稽俗多淫祀，好卜筮。民常以牛祭神，百姓财产以之困匮……前后郡将莫敢禁。伦到官，移书属县，晓告百姓。其巫祝有依托鬼神诈怖愚民，皆案论之。有妄屠牛者，吏辄行罚。民初颇恐惧，或祝诅妄言，伦案之愈急。后遂断绝，百姓以安。"大意是说，会稽郡常常杀牛祭神，导致耕牛缺乏，民穷财匮，先后几任郡长官都不敢禁止。第五伦到任以后，给各属县发布文书，并告知老百姓，凡是巫祝有依托鬼神，以诈术恐吓愚昧百姓者，都要捉拿问罪。胡乱杀牛的人，官吏要立即给予处罚。民众开始时都很恐惧，有的巫祝胡言乱语地加以诅咒，第五伦却追查得更紧。后来淫祀逐渐断绝，百姓才得以安定下来。

《后汉书·宋均传》也记载，建武间宋均调补辰阳（今湖南省怀化市辰溪县）长，针对当地"少学者而信巫鬼"的风俗，设立学宫，禁绝淫祀，民众得以安宁。后来宋均升任九江太守，发现浚遒县（今安徽省合肥市肥东县一带）有众巫每年都选取老百姓的子女为山神招婿娶妻，危害严重，当地官员一直不敢禁止。宋均就下书说："自今以后，为山娶者皆娶巫家，勿扰良民"，终于禁绝了这一恶俗，恢复了民众的正常生活。

二、实施风俗教化

这里所讲的“风俗”即通常所理解的一个地方长期形成的风尚、习惯，它从文化形式上体现出各地经济结构和生产发展水平的差异，所谓“百里不同风，千里不同俗”。《史记》《汉书》中都有论述各地风俗的文字，《汉书·地理志》中说：位于漳河与黄河间之大都会邯郸，北与燕、琢相接，南与郑、卫紧邻，各地风俗交汇于此，其民大多不把作奸犯科当回事；今晋北地区的钟、代、石、北诸州，靠近胡地，民众耳闻目濡，浸淫成风，好为奸诈，不事农商；今河北地区的赵、中山一带，地薄人众，因当年封王长期在沙丘淫乱，遗民犹在，男人至今喜欢相聚游戏，以掘冢盗墓为业，女子则以游媚富贵为荣。凡此种种，都显示了秦汉时期一些地区风俗的浇薄与侈靡，这显然不利于经济发展和社会安宁。

从相关文献记载来看，汉代的风俗教化主要包括两方面的内容：一是改变乡村社会原有的采猎生活习俗，推行儒家礼仪，传播农耕文化；二是采风问俗，考核地方官吏政绩优劣。就前者而言，风俗有地域差别，也有美恶厚薄之分，汉王朝通过地方官吏考核系统，督促其整齐和改善中原地区以及“化外之地”的乡村风俗。战国时期的《吕氏春秋》中说：“民农则朴，朴则易用，易用则边境安，主位尊。”汉代显然继承了这一为政思想，欲通过重农务本改善风俗，保持民风淳朴，进而将其与维护政治稳定联系起来。

《汉书·食货志》载贾谊论曰：“今殴民而归之农，皆著于本，使天下各食其力，末技游食之民转而缘南亩，则畜积足而人乐其所矣。”董仲舒强调风俗礼教对国家治理的重大意义，认为应改变秦以来形成的贪狠薄恶习俗，承天意以行儒家之王道，具体措施包括“立太学以教于国，设庠序以化于邑，渐民以仁，摩民以谊，节民以礼，故其刑罚甚轻而禁不犯者，教化行而习俗美也。”“南面而治天下，莫不以教化为大务。”董仲舒还说：“夫为国，其化莫大于崇本。”[⑥]“本”即孝悌、衣食、礼乐。[⑦]汉武帝采纳了董仲舒的建议，但相关文化政策到了西汉后期才有所实施。受重农文化政策的影响，将移风易俗与劝课农桑相结合，成为地方官吏为政的重要使命。

汉景帝末年，蜀郡太守文翁针对当地偏僻落后的状况，首先注重教育和人才培养，选派小吏到京城长安学习，结业回归后，择优录用提拔；在成都兴办地方“官学”，招收下属各县子弟前来学习，入学者免除徭役，学问高的用来增补郡县官员的空缺，学问稍次的担任孝弟、力田，并经常选用一些学生跟随他到各地巡查和宣传教化法令，使蜀地的学风民俗得到了很大改善。班固在《汉书》中评论说：

“至今巴蜀好文雅，文翁之化也”。此外，文翁主持兴修水利，扩大都江堰灌区，发展农业生产，使蜀郡出现了“世平道治，民物阜康”的局面。如果说李冰治水使蜀地成为水旱从人的天府之国，文翁化蜀则使蜀地跨入全国文化发展的前列。

汉宣帝时，龚遂任渤海太守，他发现齐俗奢侈，好末技，不田作，乃躬率以俭约，劝务农桑。老百姓有持刀带剑的，龚遂就让他们卖掉刀剑，购买耕牛。他要求民众春夏时节必须下地劳作，秋冬之季必须按时收获。经过龚遂的治理和教化，郡内吏民皆富实，狱讼止息。

西汉后期，召信臣治南阳时经常深入乡村田间，鼓励农民发展生产。他巡视各处水泉，组织开挖渠道，主持兴建了几十处水闸堤堰，并注重水利工程管理，使得当地农田灌溉面积逐年增加，达到3万顷之多。百姓因此而富足起来，家家有存粮。召信臣还大力提倡勤俭办理婚丧嫁娶，明禁铺张。对于有些游手好闲、不事农作的府县官员子弟，则严加管束。结果“其化大行，郡中莫不耕稼力田，百姓归之，户口倍增，盗贼狱讼衰止”[8]。

《汉书·循吏传》记载，东汉建武初，任延被任命为九真（今越南中部）太守，这里的民俗以射猎为业，不知牛耕，老百姓要从交趾人那里购买粮食，生活往往很困难，“延乃令铸作田器，教之垦辟。田畴岁岁开广，百姓充给”。另外，九真郡的骆越民众没有嫁娶礼法，各凭所好，没有固定配偶，不识父子之性、夫妇之道。于是，任延发公文给下属各县，“使男年二十至五十，女年十五至四十，皆以年齿相配”。这一年成功婚配的有二千多人，而且风调雨顺，庄稼丰收。那些生儿育女的人，从此知道了孩子的父亲和姓氏。《后汉书·循吏列传》中还补充说，在汉平帝时，“汉中锡光为交趾太守，教导民夷，渐以礼义，化声侔于延”。

建武二年（26年），卫飒迁桂阳太守，“郡与交州接境，颇染其俗，不知礼则。飒下车，修庠序之教，设婚姻之礼。期年间，邦俗从化”[9]。桂阳郡与交州接壤，颇受其风俗浸染，老百姓不懂礼法。卫飒到任伊始，便推行学校教育，设定婚姻嫁娶的礼法。一年之中，郡内风俗就发生了变化。东汉中期，周举升任并州刺史，太原郡旧俗是在介子推被火焚而亡的一个月，老百姓要吃冷食，不能生火煮饭。禁火时日过长，又在冷天，民众多有冻饿而死者。周举到并州后，就写了吊文放在介子推的庙里，文中说：盛冬止火，残损人命，非贤者之意，以宣示愚民使还温食。于是老百姓迷惑得以消除，寒食风俗也有了很大改变。汉代史书中关于郡县官员开展风俗教化、劝勉农桑的例证还有很多，在此不再赘述。

除地方官员需要发挥其教化劝农的职责以外，汉代更有乡村三老和专门人员负责落实日常教化的具体事务。《汉书·文帝纪》记载，文帝十二年（前168年）

诏曰："孝、悌，天下之大顺也。力田，为生之本也。三老，众民之师也……以户口率置三老、孝悌、力田常员，令各率其意以道民焉"。三老、孝悌和力田为汉代掌乡村教化的乡官名，各司其责。其中"三老"由年老的长者担任，始设于战国时期，西汉时，乡、县、郡皆置，主要负责乡村礼教；"孝悌"和"力田"则分别负责乡村孝悌尊卑之事和农业生产活动。三老等基层社会管理者实际上是国家风俗教化政策在乡村社会的代言人，他们对当地农业民俗的形成和传扬发挥了重要作用。

三、建立农业技术推广体系

两汉时期，在重农文化政策影响下，大司农、少府、太仆等中央部门及其下设部门，都具有农业组织管理职能，其中以大司农为主体；在地方上，郡、县及乡村组织有实施农业管理和技术推广的职责，并设置了一系列基层农官。这样，中央农官系统与地方行政系统，共同为农业政策的上传下达及农业技术推广提供了组织保障，从而促进了汉代农业的开发与发展。

汉武帝末年赵过为搜粟都尉，职掌农耕及屯田事宜。赵过改进铁犁牛耕，发明耧车，实行代田法，在农业技术革新与推广方面取得突出成就，极大地提高了农业生产效率。实际上，这些新技术的发明和推广，都离不开各级官吏尤其是基层农官的贡献。例如，在推行耧车和铁犁牛耕的过程中，"大农置工巧奴与从事，为作田器。二千石遣令长、三老、力田及里父老善田者受田器，学耕种养苗状"[10]。即大司农安排能工巧匠制作农具，当地郡守则组织县令、乡官及善于耕田者接受农具，学习耕作方法，以起到示范作用。对没有耕牛的农户，赵过则接受平都县令的建议，让无牛户相互合作，以人力曳犁耕作和播种。正是得益于农官制度中各级官吏的"劝农"活动，耧车和铁犁牛耕等新技术才能在两汉得以迅速推广。

汉代郡县地方长官担负着发展地方经济的责任，户籍财政和劝课农桑等都是官员考绩的重要内容，所以地方官对当地农业生产非常关注，有的甚至会投身到农业技术改良和推广之中。从历史文献记载来看，两汉郡守县令从事农业技术革新和推广、主持兴修水利似乎已成为一种风气。西汉末期，益州太守文齐在滇池一带"造起陂池，开通灌溉，垦田二千余顷"[11]。东汉建武年间，杜诗任南阳太守，"造作水排，铸为农器，用力少，见功多，百姓便之。又修治陂池，广拓土田，郡内比室殷足"[12]。杜诗采用水力鼓风冶铁，农具铸造效率大为提高，他还兴修水利，深得老百姓赞誉，民间有"召父杜母"之说。东汉庐江太守王景"驱率吏民，修起芜废，教用犁耕，由是垦辟倍多，境内丰给"[13]。茨充为桂阳太守，"教民种植桑麻苎之属，劝令养蚕织屦"[14]。秦彭在山阳开稻田数千顷，并亲自勘察田地，分别肥瘠，分类管理。[15] 崔寔任五原太守时，看到当地不知织绩，边民冬月无衣，就延请织师教民纺织。他还编著农书《四民月令》，总结农业技术经验，指导农业经营。可见，两汉的地方官吏的政绩除前述风俗教化之外，基本上以推广铁器、牛耕和兴修水利、造福民众为主要特征。

需要指出的是，在自上而下的农业技术推广过程中，郡守、县令和三老实际上主要起指导作用，承担具体工作任务的应是乡村的“力田”和“善田者”。力田本指努力耕田，高后元年（前 187 年），“初置孝、弟、力田”，从此，力田与三老、孝悌一起构成了汉代的基层乡官。[16] 除《居延汉简》记有某屯区设置孝悌、力田的数量之外，在出土的尹湾汉墓简牍上也清晰地记载着西汉末年东海郡基层乡村吏员的设置情况：乡 170，乡三老 170 人，孝悌、力田各 120 人。由此可见，力田接近于每乡一人。这些教化类乡村农官掌握一定的农业生产技术，他们身体力行，直接组织和管理当地的农业生产活动，其工作状态与国家赋税收入及乡村稳定密切相关，因而颇受重视，史书中有不少关于力田受到爵、帛嘉奖的记载。力田多源自中民之家，或由学官弟子招录而来，一般享有免除赋役等特殊待遇，且有被举荐入仕为官的机会，所以，他们从事农业技术推广的积极性比较高。可以说，如果没有力田等基层农官的努力，搜粟都尉赵过和郡守县令推广农业新技术的成效就会大打折扣。

除上述常设的农业职官系统之外，汉代政府还会派出擅长农业的官员，以使者身份赴乡村从事技术推广工作，这方面以氾胜之在关中地区所从事的小麦推广活动最为典型。氾胜之在汉成帝时担任“议郎”，据《晋书·食货志》载：“昔汉遣轻车使者氾胜之督三辅种麦，而关中遂穰”。可见，农学家氾胜之在汉代关中地区推广小麦种植，对当地的粮食增产贡献很大。后人曾对《氾胜之书》予以高度评价，而其核心内容正是作者所总结的北方小麦栽培经验。

汉代中国农业科技涌现出一系列创新性成就，太初历、铁犁牛耕、耧车、翻车、代田法、区田法等都是这一时期发明或改进的；小麦也是两汉时期由东向西，在北方地区推广开来的。而农业科技的巨大进步及农业生产的空前发展，实际上都与国家农本文化政策的指引以及相关的职官劝农体系有密切关系。

四、结语

以农立国，重农文化政策体现出汉代统治者基本的政治理念。为了强化农本思想在意识形态领域内的地位，政府采取相应的文化策略，对乡村风俗和民间信仰进行引导和管理，其基本举措就是劝课农桑，整齐风俗，发展农业经济，汉代一系列农业技术革新及农业生产的空前发展，应该与这些文化策略有一定关系。

当然。与重农相呼应的抑商措施，也对社会经济发展产生了不少负面影响。当今中国社会已进入工业文明时代，但农业与农村发展依然关乎国家命脉。传承优秀农耕文化，实施乡村振兴，应以农业生产及粮食安全为根本，制定合理有效的文化管理政策，把经济发展与治理风俗相联系，加强地方官员考核与管理，破除不良习俗及侈靡之风，惩治腐败，使得农村经济状况及社会生态都得到提升和改善。

【注释】

① 班固：《汉书》卷四《文帝纪》。

② 范晔：《后汉书》卷九十四《礼仪志》。

③ 刘志远、余德章、刘文杰：《四川汉代画像砖与汉代社会》，文物出版社，1983。

④ 范晔：《后汉书》卷九十九《祭祀志下》。

⑤ 班固：《汉书》卷二十八《地理志》。

⑥ 苏舆 :《春秋繁露义证》卷六《立元神》，中华书局，1992，第 165 页。

⑦ 班固：《汉书》卷五十六《董仲舒传》。

⑧ 班固：《汉书》卷八十九《循吏传》。

⑨ 范晔：《后汉书》卷七十六《循吏列传》。

⑩ 班固：《汉书》卷二十四上《食货志》。

⑪ 范晔：《后汉书》卷八十六《南蛮西南夷列传》。

⑫ 范晔：《后汉书》卷三十一《杜诗传》。

⑬ 范晔：《后汉书》卷七十六《循吏列传・王景传》。

⑭ 范晔：《后汉书》卷七十六《循吏列传》。

⑮ 范晔：《后汉书》卷七十六《循吏列传》。

⑯ 黄富成：《略论汉代乡村农官：力田》，《农业考古》2006 年第 4 期，第 79–82 页。

论陆贾“因世而权行”的方法论思想

李振宏[1] 余永霞[2]
1. 河南大学历史文化学院、黄河文明协同创新中心教授
2. 河南大学历史文化学院博士研究生，河南大学文化产业与旅游管理学院副教授

陆贾思想研究，一直是汉代思想史研究的热门话题之一。但是，两汉至近代，其研究主要是集中在陆贾是儒家、道家抑或是杂家的评论，一直没有跳出汉代人看待先秦学术体系的家派分析模式，即将中国学术分成阴阳、儒、墨、名、法、道诸种学派，一个思想家，无论他是什么时代的学者，无论他有多么独特的学术个性，都能把他套入这一模式，非法即儒，非墨即道。这样的研究构成了陆贾研究的传统模式。最近十多年来，偶有学者提出陆贾思想的独立性问题，希望摆脱学派分析模式的教条思维，来面对陆贾的学术思想，陆贾研究有了一点起色。但陆贾研究依然是侧重在陆贾思想属性和思想内涵的判断上。在诸多陆贾思想研究中，也开始出现了关注陆贾思想方法的研究动向，如唐国军的文章注意到了“因世而权行”观念在陆贾政治思想体系中的重要性；李禹阶、何多奇的文章，关注到了陆贾厚今薄古的思想方法；周桂钿的汉代思想史论著，关注到了陆贾“讲求实际的思想方法”，等等。① 但这些研究，多是把陆贾的方法论思想，看作《新语》所反映的思想特点。而思想方法属于思维范畴，是支配人生实践全过程的东西，是贯彻在人生社会实践和思想创造活动中一以贯之的思维方式。对陆贾思想方法的理解，还应该作人生实践的整体考察。本文写作意在于此，所论未必确当，敬祈方家指正。

一、“因世而权行”：从思想方法到人生实践

“因世而权行”，是陆贾《新语》提出的一个重要的思想主张：

> 故制事者因其则，服药者因其良。书不必起仲尼之门，药不必出扁鹊之方，合之者善，可以为法，因世而权行。②

他认为，做事情应该依循事物自身的法则，病人吃药看重的是药的实际效果。读书不一定都要看是不是孔门的著述，吃药也不一定都是扁鹊的药方最好，合乎实际需要的就是好的，就可以立为法式，处世、做事要因循世事的变化而进行权衡、选择，一切以当世所宜而权度其行。“因世而权行”的文字表达出自《新语》，

而作为一种思想方法，却不是因撰著《新语》而产生，而是陆贾人生实践中一以贯之的思想方法。

因时度势，因时制宜，随着时代的变化而选择治世举措，这一思想并非陆贾的思想创新，在之前的先秦时代，这样的思想观点，即是一个很重要的思想传统。《商君书·更法》载公孙鞅与大夫杜挚、甘龙在秦孝公面前辩论要不要变法的问题时，甘龙说："臣闻之：'圣人不易民而教，知者不变法而治。'因民而教者，不劳而功成；据法而治者，吏习而民安。今若变法，不循秦国之故，更礼以教民，臣恐天下之议君。愿孰察之。"商鞅对曰：

子之所言，世俗之言也。夫常人安于故习，学者溺于所闻。此两者，所以居官而守法，非所与论于法之外也。三代不同礼而王，五霸不同法而霸。故知者作法，而愚者制焉；贤者更礼，而不肖者拘焉。拘礼之人，不足与言事；制法之人，不足与论变。君无疑矣。③

"三代不同礼而王，五霸不同法而霸。"可谓至理名言！在历史大变革的战国时期，这样的历史观点，几乎是思想界之共鸣，也是各国变法的指导思想。《文子》中也多有类似论述：

法度制令者，论民俗而节缓急，器械者，因时变而制宜适。夫制于法者，不可与达举，拘礼之人，不可使应变……夫知法之所由生者，即应时而变，不知治道之源者，虽循终乱；今为学者，循先袭业，握篇籍，守文法，欲以为治，非此不治，犹持方枘而内圆凿也，欲得宜适亦难矣。④

常故不可循，器械不可因，故先王之法度，有变易者也……五帝异道而德覆天下，三王殊事而名后世，因时而变者也……故圣人之制礼乐者，而不制于礼乐，制物者，不制于物，制法者，不制于法。故曰"道可道，非常道也。"⑤

《吕氏春秋·察今》篇曰：

夫不敢议法者，众庶也；以死守者，有司也；因时变法者，贤主也。是故有天下七十一圣，其法皆不同，非务相反也，时势异也。⑥

可以说"因时变而制宜""因时而变""因时变法者，贤主也"，为战国时期有识之士所共同认可，是谓当时一积极的历史观。但是，因为处在一个诸侯争霸的时代，诸子又多非有治国之位和实践之机遇。但陆贾则不同，他适逢汉王一统天下的新时代，并身处政治前台，有辅佐帝王的历史机缘。所以，他把这一积极的思想主张，变作指导其行事的方法论，大胆地为汉王朝"因时变而制宜适"，确立适合当时社会状况的治国指导思想。

陆贾这一方法论思想发挥作用，他做出的第一件大事，就是说服汉高帝摒弃

“马上得之亦马上治之”的盲目性，为汉帝国确立因时制宜的指导思想。《史记》记下了陆贾与汉高帝这段彪炳史册的对话：

陆生时时前说称《诗》《书》。高帝骂之曰：“乃公居马上而得之，安事《诗》《书》！”陆生曰：“居马上得之，宁可以马上治之乎？且汤、武逆取而以顺守之，文武并用，长久之术也。昔者吴王夫差、智伯极武而亡；秦任刑法不变，卒灭赵氏。向使秦已并天下，行仁义，法先圣，陛下安得而有之？”高帝不怿而有惭色，乃谓陆生曰：“试为我著秦所以失天下，吾所以得之者何，及古成败之国。”陆生乃粗述存亡之征，凡著十二篇。每奏一篇，高帝未尝不称善，左右呼万岁，号其书曰《新语》。⑦

“居马上得之，宁可以马上治之乎？”就是由“因世而权行”这一重大的方法论思想所引导出来的惊天之问！马上得之，是打天下的必由之路，是乱世取天下的唯一路径；而现在坐了天下，需要的是治国安邦，真正英明的君主，应该懂得“因世而权行”之理，因时度势，改弦更张，岂能沿着打天下的路子去治理天下？

陆贾与汉高帝的这段对话发生在何时，是一个需要讨论的问题。按照《史记·郦生陆贾列传》的叙事，这段对话及著述《新语》，是在汉高帝十一年（前196年）陆贾出使南越之后。人们一般认为司马迁叙事是严格遵循时间顺序的，《新语》的著述当然就不会在陆贾出使南越之前。如王兴国的《贾谊评传》副篇《陆贾晁错评传》中说：考《史记·郦生陆贾列传》，司马迁叙述陆贾的生平事迹，都是严格地按照时间顺序排比的，陆贾与刘邦的著名对话是排在汉高帝十一年他出使南越之后，因此我认为把它定为汉高帝十一年比较合理。还必须指出，陆贾虽然“以客从高祖定天下”“居左右”，即与刘邦关系密切，但在他第一次出使南越以前，刘邦并未给他什么官职。只有当他官拜太中大夫之后，才有可能议论于朝廷，而每奏一篇，也才可能出现“左右呼万岁”的局面。这一点也可以从侧面证明《新语》只可能写于汉高帝十一年而不可能更早……刘汝霖出版于1932年的《汉晋学术编年》，将陆贾上《新语》系于汉高帝“十一乙巳（前一九六）”。1983年人民出版社出版的由萧萐父、李锦全主编之《中国哲学史》一书所附《中国哲学史大事年表》亦将《新语》之作系于汉高帝十一年，这些都支持了我的看法。⑧

王兴国的看法代表了学界的一般观点。但是，这样的分析也实在是有些牵强。难道陆贾常陪从高祖“居左右”，还没有资格或机会议论于朝廷，而非得有个什么职务吗？汉立国之初，朝纲未定，像郦生、陆贾一类谋士依然跟随刘邦左右是完全正常的。其实，“陆生时时前说称《诗》《书》”“左右呼万岁”的场景，也已经透露出这段对话及《新语》之作的场景信息，它和汉高帝初年“群臣饮酒争功，醉或妄呼，拔剑击柱”的场景完全相符相融。就此而论，这段对话和《新语》之作，应在汉高帝五年（前 202 年）或六年（前 201 年），叔孙通制定的朝仪尚未实行的那段时间［叔孙通制定的朝仪实施是在高帝七年（前 200 年），《史记·刘敬叔孙通列传》记曰：“汉七年，长乐宫成，诸侯群臣皆朝十月……引诸侯王以下至吏六百石以次奉贺。自诸侯王以下莫不振恐肃敬。至礼毕……无敢讙譁失礼者。于是高帝曰：‘吾乃今日知为皇帝之贵也。’乃拜叔孙通为太常，赐金五百斤。”］在汉高帝十一年（前 196 年）之后，特别是陆贾封了太中大夫之后，他已经没有机会再与刘邦对话，特别是没有时间再写《新语》并呈送朝廷议论。笔者几年前在注说《新语》时，考察过陆贾出使南越返程的时间，以及之后汉高祖的时间表，证明在这段时间里，汉家朝廷已经不可能再有呈现“每奏一篇，高帝未尝不称善，左右呼万岁”的场景。笔者的结论是：

第一，从汉高帝十一年秋七月开始，到汉高帝去世前的 10 个月时间里，他一直都在忙于对付异性诸侯王反叛的战事中，直到去世的前一个月，还在下诏强调“其有不义背天子擅起兵者，与天下共伐诛之”。他已经被异姓诸侯王的反叛行为折腾得筋疲力尽，无暇他顾，根本不可能有心情去和陆贾讨论那些问题。

第二，刘邦是在十月份大破布军的战事中被流矢射中，在陆贾年底返回长安的时候，刘邦的伤病已经比较严重，不可能有和陆贾讨论问题的悠闲场景，朝中文武官员也不可能在他病痛之时因为陆贾的篇章而营造“左右呼万岁”的欢乐场景。

第三，在陆贾返回长安之前的十一月份，刘邦从淮南返回途中经过鲁地时，“以大牢祠孔子”，表现出了对儒家宗师的特别尊重，已经完全不同于以往对儒生、《诗》、《书》的那种不屑与鄙夷。这种转变应该是在受到陆贾的影响之后，而这时的陆贾，还没有从南越回到长安。如果我们采信《史记》《汉书》的说法，汉高帝对待儒学态度的转变的确是受了陆贾及其《新语》的影响，那么，陆贾和刘邦的那段著名对话及其《新语》之作，就一定是在陆贾出使南越之前。

从各种情况推测，陆贾和刘邦的对话及其《新语》的写作，一定是在汉高帝十一年出使南越之前的某个时期，或者就是在汉高帝五年战胜项羽并践天子之位后不久的事情。因为，汉高帝时期的一些诏书，已经体现了陆贾《新语》的治国思想。⑨

辨明这段著名对话的时间是很重要的，它说明陆贾在汉立国之初，就已经为汉高帝准备好了如何确立国家指导思想的问题，说明他在辅佐刘邦统一天下的过程中，已经总结了秦亡的历史教训。而他之所以能够明确地指出秦“任刑法不变”，不懂得“逆取而以顺守之，文武并用”而导致速亡这一深刻原因，就是他有“因世而权行”这个强大的方法论思想。而这也能说明，“因世而权行”不是《新语》中才显示出来的方法论思想，而是陆贾在这样的方法论思想的指导下，写出了《新语》，说明这一点不是没有意义的。

“因世而权行”，说明在人的行为实践中，对“时”的把握非常重要。因时而动有时候表现为待时而动，在时机不成熟时要等待时机。陆贾一生对汉王朝所做的第二项功业，就是待时而动的例证，即陆贾在吕后死后铲除诸吕，稳定了汉家基业。

刘邦死后，吕氏专权，陆贾是不满的，但他没有鲁莽行动。《史记》本传载：

孝惠帝时，吕太后用事，欲王诸吕，畏大臣有口者，陆生自度不能争之，乃病免家居。以好畤田地善，可以家焉。有五男，乃出所使越得橐中装卖千金，分其子，子二百金，令为生产。陆生常安车驷马，从歌舞鼓琴瑟侍者十人，宝剑直百金……

当他感到对于吕后专权，欲王诸吕，自己反对也无济于事的时候，就主动放弃反抗，称病辞职，闲居家中，甚至“安车驷马，从歌舞鼓琴瑟侍者”，云游玩乐，佯装与世无争而麻痹吕氏势力。因为，吕太后对他是有忌惮和提防的。而在陆贾心中，始终抱有铲除吕氏而佑护刘家天下的强烈愿望，只不过是要寻找时机，待时而动罢了。

其实，陆贾称病辞职，也是出于对当时朝中力量对比状况的分析。《汉书·张陈王周传》载：高后欲立诸吕为王，问陵。陵曰：“高皇帝刑白马而盟曰：‘非刘氏而王者，天下共击之。’今王吕氏，非约也。”太后不说。问左丞相平及绛侯周勃等，皆曰：“高帝定天下，王子弟；今太后称制，欲王昆弟诸吕，无所不可。”太后喜。陈平和周勃的态度，应该会影响到陆贾的选择，当执掌兵权的周勃和左丞相陈平都选择了容忍与退让的时候，陆贾要阻止吕后王诸吕是不可能的。

但是，后来情况发生了变化。《史记·绛侯周勃世家》说：“高后崩。吕禄以赵王为汉上将军，吕产以吕王为汉相国，秉汉权，欲危刘氏。勃为太尉，不得入军门。陈平为丞相，不得任事。”吕后死后，吕氏势力日益膨胀猖獗，陈平、周勃都被排斥且剥夺了实际权力，将相二人被倒逼而演变为铲除吕氏势力的积极力量，这就使陆贾看到了事情的转机。于是，他便因时而动，周旋于陈平、周勃及汉廷公卿之间，以促成政治局势的改变。史载：

陈丞相方深念，不时见陆生。陆生曰：“何念之深也？”陈平曰：“生揣我何念？”陆生曰：“足下位为上相，食三万户侯，可谓极富贵无欲矣。然有忧念，不过患诸吕、少主耳。”陈平曰：“然。为之奈何？”陆生曰：“天下安，注意相；

天下危，注意将。将相和调，则士务附；士务附，天下虽有变，即权不分。为社稷计，在两君掌握耳。臣常欲谓太尉绛侯，绛侯与我戏，易吾言。君何不交欢太尉，深相结？”为陈平画吕氏数事。陈平用其计，乃以五百金为绛侯寿，厚具乐饮；太尉亦报如之。此两人深相结，则吕氏谋益衰。陈平乃以奴婢百人，车马五十乘，钱五百万，遗陆生为饮食费。陆生以此游汉廷公卿间，名声藉甚。[10]

陈平接受陆贾的建议，摈弃与周勃的个人恩怨[11]，用陆贾之计交欢绛侯，借为绛侯周勃祝寿的机会，以五百金重礼作献金，打动周勃，“两人深相结”，为最终铲除吕氏打下了基础。之后，陆贾又利用陈平送他的车马五十乘、钱五百万作为财力，行走于公卿之间，联结反对吕氏的积极力量，并最终成就了铲除吕氏而安刘家天下的历史功业。司马迁评论：“及诛诸吕，立孝文帝，陆生颇有力焉。”[12]班固评论：“及诛吕氏，立孝文，贾颇有力。”[13]

“因世而权行”在先秦时期的诸子思想中，是一种历史观点，而在陆贾这里，已经化作了方法论，指导着他的人生实践。无论是与高祖的著名对话，还是铲除诸吕而安刘家天下，都是这一方法论思想的指导下所书写的精彩人生。他所建树的功业，所展现的政治智慧，对后世中国产生了巨大的历史影响。由于中国历史武装夺取政权的惯常道路，几乎每一个新王朝立足之后，都存在一个马上得天下和如何坐天下的问题，陆贾的惊天之问，有着无穷大的历史价值。贾谊《过秦论》之名言：秦之速亡，在于“仁义不施而攻守之势异也”，还不是源于陆贾的“居马上得之，宁可以马上治之”，“汤武逆取而以顺守之”而“道夫先路”！

二、从“因世而权行”到辩证的厚今薄古观念

“因世而权行”，时时从当下的实际情况出发去思考问题，影响了陆贾的历史观念，使他形成了厚今薄古的观念。在《新语》中，我们看到，在处理古今历史的问题上，他总是看重近世，立足当下，厚今薄古，依古论今，坚持明确的古为今用立场。

在刚刚过去的战国时代，人们的一般思维是崇古贱今，谈论任何道理，都喜欢从往古寻找根源，人们对三皇五帝的追忆，就是这种时代思潮的反映。但是陆贾处理问题的方法论是“因世而权行”，这种方法论的思维特点是看重现世，立足点在当代，所以在古今关系的问题上，他就必须抛弃崇古贱今的传统，而倡导厚今薄古，古为今用。

陆贾有着清晰的思维逻辑。为了论证厚今薄古的古今观，强调“因世而权行”的方法论，《新语》开篇构造了一个坚实的历史观基础。他描述了一个清晰的历史发展逻辑，并用了先圣、中圣、后圣三阶段划分的方法，来表述历史的进程：

于是先圣乃仰观天文，俯察地理，图画乾坤，以定人道，民始开悟，知有父子之亲，君臣之义，夫妇之别，长幼之序。于是百官立，王道乃生……民知轻重，好利恶难，避劳就逸；于是皋陶乃立狱制罪，悬赏设罚，异是非，明好恶，检奸邪，消佚乱。

民知畏法，而无礼义；于是中圣乃设辟雍庠序之教，以正上下之仪，明父子之礼，君臣之义，使强不凌弱，众不暴寡，弃贪鄙之心，兴清洁之行。

礼义不行，纲纪不立，后世衰废；于是后圣乃定《五经》，明《六艺》，承天统地，穷事察微，原情立本，以绪人伦，宗诸天地，纂修篇章，垂诸来世，被诸鸟兽，以匡衰乱，天人合策，原道悉备……[14]

陆贾把中国早期的文明史，分成以“先圣”“中圣”“后圣”为代表的三个阶段。而所谓先圣、中圣和后圣，即伏羲、文王和孔子这三个代表人物。这三个阶段的划分，应该说是符合历史的基本进程的。

先圣是文明史的初始阶段，伏羲氏仰观天文，俯察地理，开启民智，使百姓知道人应该有父子之亲、君臣之义、夫妇之别、长幼之序，并由此进入文明时代。但文明的初期，人们的生产能力还十分低下，以伏羲为代表的先圣们引导人们进行了一系列物质文明方面的创制，其中重大者如神农尝百草，“教人食五谷”；黄帝伐木构材，筑作宫室，以避风雨；后稷辟土殖谷，以用养民，种桑麻，致丝枲，织衣蔽体；禹决江疏河，排除水患，使百川顺流，各归其所；奚仲桡曲为轮，创制舟车，以代人力。这一时期，先圣们为人们解决的是物质方面的问题。到了皋陶时期，随着物质文明的进步，人们的观念和意识也有了发展，“民知轻重，好利恶难，避劳就逸”，于是，皋陶就开始进行制度上的创设，来控制人们的欲望和行为，“立狱制罪，悬赏设罚，异是非，明好恶，检奸邪，消佚乱”，由物质文明的创制进入到制度方面的建设。这是文明史发展的第一阶段，由物质文明到制度文明。

陆贾讲述文明史的第二个阶段，以文王为代表的中圣时期，是制度文明发展到礼制文明的时期。陆贾认为，在进行了刑罚方面的制度创设之后，又出现了新的问题，即“民知畏法，而无礼义”，对于国家的管理来说，仅有刑罚是不够的，那样会使老百姓仅仅是害怕犯法，而没有向善之心，应该有礼义方面的建设来进行劝善教化。于是，就有文王、周公一类圣人来设立“辟雍庠序之教，以正上下之仪，明父子之礼，君臣之义”。“辟雍庠序之教”，就是周代的大学教育。陆贾认为，中古时期的文王、周公开始设立学校以进行礼义教化，使历史进入礼制教化的阶段。

文明史发展的第三个阶段，是在社会的发展冲破了礼仪制度的躯壳之后，社会出现了“礼义不行，纲纪不立”的衰废局面，又有圣人出来进行新的文化建设，是谓“后圣”，这就是孔子。孔子所做的事情，就是定《五经》，明《六艺》，进行系统的文化建设，以收拢人心，“正风俗，通文雅”，将文明史拉入新的轨道。

从今天的认识出发去要求陆贾做到科学的历史分期，自然是过分苛刻，他能够如此看待历史的发展，起码是体现了一个历史发展进步的观念，是一个进步论的历史观，值得肯定。而且，有了这样一个历史观作基础，陆贾就可以去强调他的厚今薄古、重视今世而不盲目崇古的历史观念，去顺畅地表达为现实政治服务的理念了。

厚今薄古、古为今用，是陆贾《新语》的主要历史观点，是他关于古今关系的基本看法。《新语·术事》篇写道：

世俗以为自古而传之者为重，以今之作者为轻，淡于所见，甘于所闻，惑于外貌，失于中情。⑮

道近不必出于久远，取其致要而有成。《春秋》上不及五帝，下不至三王，述齐桓、晋文之小善，鲁之十二公，至今之为政，足以知成败之效，何必于三王？故古人之所行者，亦与今世同。立事者不离道德，调弦者不失宫商，天道调四时，人道治五常，周公与尧、舜合符瑞，二世与桀、纣同祸殃。⑯

陆贾批评世俗之人、传统观念看问题总是以古为重，对当下的事情和经验不予重视，而对于传闻的东西却津津乐道，这样的思想方法影响着人们对现实政治的认知。陆贾认为，从历史中提炼“道”的精髓，不必都求之于遥远的往古，古今之理相通，“道近不必出于久远”。他举例说，孔夫子作《春秋》，就没有从三皇五帝谈起，而仅仅记述了鲁国十二任国君二百多年的历史。孔夫子通过《春秋》所记录的齐桓公、晋文公的善行及鲁国十二公的历史，其中所包含的历史经验，从历史借鉴的角度说，即使到今天也足以够用，要知道历史上为政之得失，不一定非去三皇五帝那里去寻找借鉴。周公之德和尧、舜是相同的，秦二世的败亡和桀、纣之亡也是同一个道理，离我们最近的历史中，同样地包含着可资借鉴的经验教训。

在陆贾看来，人们之所以养成崇古贱今的惰性思维，主要是没有弄清楚谈论往古之事的目的所在以及人们为什么需要历史经验的借鉴。他说：

善言古者合之于今，能述远者考之于近。故说事者上陈五帝之功，而思之于身，下列桀、纣之败，而戒之于己，则德可以配日月，行可以合神灵。⑰

陆贾认为，人们之所以要谈论往古之事，是为了“合之于今”，是为今天服务的，谈古是为了论今。述论久远的事情，是为了证明眼前的问题。人一定要有这样的历史鉴戒意识。谈论五帝的勋业的时候，要想想自身，是否也应该建树一种历史的业绩；检讨桀纣的败亡时，能够警戒于自己，就像孔子说的“见贤而思齐，见不贤而内自省”一样，那么，我们就可以培养起好的德行，修养到“德可以配日月，行可以合神灵”的境界。

陆贾这种厚今薄古、古为今用的历史观念，也是有其思想渊源的。战国时期的荀子、韩非子都有相关的思想主张：

《荀子·王制》篇：“王者之制：道不过三代，法不贰后王。道过三代谓之荡，法贰后王谓之不雅。”[18]

《荀子·性恶》篇：“故善言古者必有节于今，善言天者必有徵于人。”[19]

《韩非子·五蠹》篇：“然则今有美尧、舜、汤、武、禹之道于当今之世者，必为新圣笑矣。是以圣人不期脩古，不法常可，论世之事，因为之备。”[20]

荀子认为，真正的王道政治，都奉行夏商周三代的政治原则，而实行的法度，则不背离当代的帝王，王道政治的处事原则是法后王。法后王就是要立足于现世，为现世着想是一切行为的出发点。比如人们谈论古代的事情，目的是为了对今天有所借鉴，所以一定要对现代有所验证；同样，喜好谈论天道的人，一定要有现实人类的事情作为验证。为着现实人类考虑，就是一切事情的出发点。这是荀子的思想方法。在关于古今关系的认识上，韩非子和荀子有着相当的一致性。韩非子也认为，处理事情应该根据当下的实际，不能照搬古代的做法，即使是尧、舜、禹、汤或者西周的文王、武王，他们的治世之道，也不能被搬到今天的时代。不死守陈规旧俗，根据当下的实际情况而制定相应的措施，才是聪明的做法。

毫无疑问，陆贾是承袭了荀子、韩非子的历史观点。这是学界较为普遍的看法。《〈新语〉“思想近于韩非”榷论》一文，对以胡适为代表的陆贾《新语》“思想近于荀卿、韩非”说提出商榷，认为陆贾的思想接近荀子学派，而与韩非子学派相远。文章作者刘亮说，鲜有古人彻底否认历史的演变。诸子历史见解上的不同，更多在于历史是如何演变的：是循环的抑或非循环的，历史演变中有无不变或贯通的内容存在，等等。譬如就后一问题而言，荀子与韩非子的观点是相对立的。荀子承认具体事件的历史变动中存在着因时而异的“变”，也存在着高度稳定的不变的“贯”，且主张统治者的各类举措要遵循这些“贯”。荀子这一历史见解的表达背后，则是针对统治权力的态度：荀子学派借助历史的筛选功能，试图以历史上长期稳定的原则条款，约束当下的统治者。而韩非子则否认历史变化过程中存在任何高度稳定的因素，他提出的“不期循古，不法常可，论世之事，因为之备”主张，示意统治者以时代的特殊性作为理由，拒绝遵守儒家等所谓放诸各时代而皆准的规矩礼法。对韩非子而言，是统治者制定（和废止）规则，支配着周围的一切，而非统治者受到既定规则的约束。[21]

刘亮此文是比较犀利和深刻的。的确，在古今关系的问题上，陆贾是近于荀子的，他不仅认为历史是发展进步的，应该重今而薄古，而且也承认历史中存在一些不能丢弃的东西。就像《荀子·天论》讲“百王之无变，足以为道贯。一废一起，应之以贯，理贯不乱。不知贯，不知应变，贯之大体未尝亡也”[22]一样，陆贾《新语·术事》篇也说：“圣贤与道合，愚者与祸同，怀德者应以福，挟恶者报以凶，德薄者位危，去道者身亡，万世不易法，古今同纪纲”[23]。抛开荀子与陆贾所言的具体内涵，从历史观上说，他们都认为历史中有一种百代传承的不变的东西。历史的发展是变化的，日新月异的，无论是君王的治国理政，还是平凡的人生实践，都要从变化了的新的时代出发，立足于当下之现实；而同时，历史的变化中，也包含着一些不变的因素，是历史无论如何变化都不能抛弃的东西。这样的历史观念，应该说是具有辩证性质的。历史中的确存在某种不变的东西，那就是在人类历史实践中积累起来的被各个时代反复证明其价值的文明成果。这些文明成果，指引着历史的未来方向。厚今薄古，立足于当下，并不意味着要将以往的历史完全抛弃。这才是看待历史发展与古今关系的辩证观点。无疑，陆贾强调历史中不变的因素，是有积极意义的。

《新语》是刘邦交给陆贾的命题作文，他要给刘邦总结“古成败之国”的历史借鉴。从“因世而权行”重视当代历史的“厚今薄古”立场出发，陆贾的历史鉴戒大多以亡秦为例。《新语》的篇幅仅仅万字，而却有七处讲到了秦的教训，如：

秦始皇设刑罚，为车裂之诛，以敛奸邪，筑长城于戎境，以备胡、越，征大吞小，威震天下，将帅横行，以服外国，蒙恬讨乱于外，李斯治法于内，事逾烦天下逾乱，法逾滋而天下逾炽，兵马益设而敌人逾多。秦非不欲治也，然失之者，乃举措太众、刑罚太极故也。[24]

秦始皇骄奢靡丽，好作高台榭，广宫室，则天下豪富制屋宅者，莫不仿之，设房闼，备厩库，缮雕琢刻画之好，博玄黄琦玮之色，以乱制度。[25]

秦以刑罚为巢，故有覆巢破卵之患，以李斯、赵高为杖，故有顿仆跌伤之祸，何者？所任者非也。[26]

齐桓公尚德以霸，秦二世尚刑而亡。[27]

这种立足当代以近世为譬的历史批判，开了西汉社会过秦思潮的先河，引发了当时人们对秦二世而亡的历史总结，帮助刘邦确立了符合当时国情的国家发展道路。

立足当下，厚今薄古，古为今用，是“因世而权行”方法论思想开出的历史思想之花，这种历史思想具有强大的现实功利性，在一个新王朝之初，是可以起到强大的积极作用的。

三、融百家诸子为一炉，构造新的政治思想体系

著述《新语》是陆贾对汉王朝最重要的贡献。这是一个命题作文，他要回答汉高帝关于“秦所以失天下，吾所以得之者何，及古成败之国”的问题。这自然是要延续他“居马上得之，宁可以马上治之乎”的“因世而权行”思路，在这一方法论思想的指导下，去梳理历代治国者的成败兴衰之道。著述《新语》是一项思想创造工作，思想创造不同于一般人类历史创造活动的特性在于其继承性。恩格斯在谈到科学社会主义产生问题时说：和任何新的学说一样，它必须首先从已有的思想资料出发，虽然它的根源深藏在物质的经济的事实中。[28]陆贾著《新语》的思想创造活动就是如此。

汉代之前，中国历史经历过了波澜壮阔的思想创造时代，诸子百家为中国历史的未来发展提供了各种政治方案，锻造了各种思想武器。但是，治理一个统一的多民族大国，人们还没有成熟的历史经验，秦始皇是第一次面临这样的问题，但经过短暂的实践便归于失败，复杂的社会政治问题，对政治家、思想家都是严峻的挑战。可以说，任何一家单一的思想方案，都不足以应对新的统一大国政治治理的复杂局面。陆贾需要紧密从特殊的现实国情出发，在以往诸子百家的思想创造成果中，精挑细选，把一切有益的思想资源都翻检出来，融会成一个新的体系。不可能完全照搬原有的各家各派的思想方案，必须打乱固有的思想藩篱，紧紧遵循“因世而权行”的思想方针，对于各家学说，吸收什么，如何损益，一切以现实政治的实际需要为鹄的。“书不必起仲尼之门，药不必出扁鹊之方，合之者善”，陆贾确立了一条建树自我思想体系的正确路线。

他欣赏儒家对仁义、德政的强调，认可“治以道德为上，行以仁义为本”的政治主张，在《新语》中首先安排《道基》一篇，阐述这一思想：

故圣人怀仁仗义，分明纤微，忖度天地，危而不倾，佚而不乱者，仁义之所治也。

是以君子握道而治，据德而行，席仁而坐，杖义而强。

仁者道之纪，义者圣之学。学之者明，失之者昏，背之者亡。陈力就列，以义建功，师旅行阵，德仁为固，仗义而强，调气养性，仁者寿长，美才次德，义者行方。君子以义相褒，小人以利相欺，愚者以力相乱，贤者以义相治。《谷梁传》曰：“仁者以治亲，义者以利尊。万世不乱，仁义之所治也。”[29]

陆贾认为，往古圣人能把天下治理得井然有序，根本的问题就是他们都秉持仁义之道，“危而不倾，佚而不乱者”，靠的是“仁义”二字，这是一个历史的总结，是古之成败之国最重要的历史经验。所以他为汉高帝谋划的立国之道，就以仁义为根基。《道基》篇所讲的“道”之基，即是“仁义”。据统计，在仅仅万言的《新语》一书中，“仁”字出现了41次，“义”字出现了62次，“仁义”之词出现了15次，其词频超过了其他任何词语。仁义是儒家所强调的东西，其实，也是夏、商、周三代以来所形成的中国文化的共同性思想成果，并不是儒家的专利，它只不过是被儒家选为核心理念，而成为儒家的思想特征。

陆贾看重仁义、德政，并不一定就是选定了儒家，而只是他看重这些思想要素罢了。他不是在诸子百家中选边站队，要确定地站到儒家这一边。他的思想是现实而辩证的。他说：

> 道为智者设，马为御者良，贤为圣者用，辩为智者通，书为晓者传，事为见者明。故制事者因其则，服药者因其良。书不必起仲尼之门，药不必出扁鹊之方。㉚

在陆贾看来，道是为智者准备的。马遇到善驭者才是匹好马，贤人遇到暗主暴君，也无法发挥作用，辩士遇到智者才能通达，对于不明事理的人，再好的辩才也和他讲不通。同样，书中的道理，再经典的理论，在读不懂的人那里也没有用处。以往诸子百家的理论能不能起作用，什么样的理论能起作用，完全靠汲取或运用这些道理的人，一切都赖于人的睿智、思考和主动性。有了思维的主动性，做事就遵循事物的法则，用药就顺其药理。在陆贾这里，完全是以自己为中心去决定对诸子思想的取舍，包括所谓儒家的东西，他也绝不会盲目尊崇。所以，他才会有“书不必起仲尼之门”这样的惊天之语。这说明，陆贾对于诸子百家，对于他所欣赏的儒家，是抱着一种理性、清醒的批判态度的，他对被看作是儒家思想的德政、仁义的选择，不是无分析的盲目态度，而是从历史经验出发的冷静选择，表现出了一个杰出思想家卓越的思维品质。

在《新语》中，法家是其主要的批判对象。陆贾要帮助刘邦确立无为而治的治国路线，主要就是针对秦过于严苛的法家路线。《新语》的一切设计，几乎都是针对亡秦的教训而来。所以，《新语》在很多地方都把秦的法家路线作为靶子来批判。“事逾烦天下逾乱，法逾滋而天下逾炽。”这是陆贾从秦的行政实践中看到的最基本的历史教训。所以，陆贾的政治蓝图中，是排斥法家思想的。但是，陆贾还是有分析地对待法家的基本思想，而不是一味地否定。

陆贾认为，法家之所以有问题，主要在于刑罚太重、执法太酷、用法过度的问题，而不在于法的本身。而正常的国家状态，是不能没有法度的，也是需要有法的秩序的。所以，陆贾还是主张有法，用法。他说：

夫持天地之政，操四海之纲，屈申不可以失法，动作不可以离度。㉛

夫王者之都，南面之君，乃百姓之所取法则者也，举措动作，不可以失法度。㉜

故圣人执一政以绳百姓，持一概以等万民，所以同一治而明一统也。㉝

没有法度，百姓就会手足无措，一个国家必须有统一的、明确的法度。所谓“执一政”“持一概”“同一治”，就是法，是全体国民共同的行为准则。圣王只有靠这个共同的“法”，才能达到一统之治。显然，陆贾对于法家学说，也是抱持一种有分析的扬弃的态度，有所弃，有所取。

再来看陆贾对待道家的态度。笔者不赞成用阴阳、儒、墨、名、法、道的分析模式套在陆贾的头上，不主张把陆贾简单地归于儒家、道家或杂家，但不管是否认可陆贾是道家的判断，《新语》吸取了道家的思想是没有异议的，《无为》篇是其思想的集中体现，其他篇中也有道家的思想成分，陆贾对道家思想的欣赏是不容置疑的。但是，与陆贾对儒家的态度一样，对待道家，陆贾同样是抱持一种立足于现实的分析批判态度。

陆贾在《无为》篇憧憬历史上圣王之治的理想境界：

昔舜治天下也，弹五弦之琴，歌南风之诗，寂若无治国之意，漠若无忧天下之心，然而天下大治。周公制作礼乐，郊天地，望山川，师旅不设，刑格法悬，而四海之内，奉供来臻，越裳之君，重译来朝。故无为者乃有为也。㉞

陆贾的确崇尚尧、舜、周公无为而治的美好时代，但最后则说了一句最核心的话“故无为者乃有为也”。他之所以主张行无为之政，主要是鉴于在经历了秦的暴政及反秦的连年战争之后，社会的确需要有一个休养生息的安定环境。但他同时认为，行无为之政绝不意味着不应该大有作为，无为的落脚点还在于要有为，要有所作为，或者说只有通过无为才能达到有为。在无为之政下，蕴含的是积极向上的能量，是大有作为的正气。这与道家的消极态度是完全不同的。

在道家思想中，有关政治方面，最消极的就是遁世、避世、逃避现实的思想。这一思想严重影响人们参与社会建设的积极性，特别是影响士人阶层参与社会建设的积极性，而汉初社会凋敝，百业待兴，正是用人之际。所以，陆贾就对道家的避世思想进行了严肃批判。他在《慎微》篇中说：

道者，人之所行也。夫大道履之而行，则无不能，故谓之道……由人不能怀仁行义，分别纤微，忖度天地，乃苦身劳形，入深山，求神仙，弃二亲，捐骨肉，绝五谷，废《诗》、《书》，背天地之宝，求不死之道，非所以通世防非者也。㉟

夫播布革，乱毛发，登高山，食木实，视之无优游之容，听之无仁义之辞，忽忽若狂痴，推之不往，引之不来，当世不蒙其功，后代不见其才，君倾而不扶，国危而不持，寂寞而无邻，寥廓而独寐，可谓避世，而非怀道者也。故杀身以避难则非计也，怀道而避世则不忠也。[36]

在陆贾看来，道没有不能行的，只要践履大道，就无所不能。如果不能怀仁行义，践行大道，审时度势，积极而为，相反却“苦身劳形，入深山，求神仙”，抛却亲人，废置《诗》《书》圣人之教，而求“不死之道”，那就走入了歧途。那些不积极出仕建功立业的避世者，都不是怀道之人。如果有道的追求，却还要避世，那就是不忠，就是对道的背弃。陆贾批判远离仕途、遁入深山的避世行为，希望天下士人摈弃消极态度，建功于当代。他对道家思想的汲取和批判，都是立足于天下初定、百业待兴的现实社会需要，“因世而权行”，作出的思想选择。

陆贾不仅仅是对传统的思想以现实需要进行汲取，而且还根据新的时代需要，将先前时代的思想遗产进行创造性的重新组合。徐复观先生曾评论说：“陆贾所把握的是活的五经六艺，而其目的是在解决现实上的问题，所以他把儒家的仁义与道家无为之教，结合在一起，开两汉儒道并行互用的学风。”[37]徐复观先生特别提到了《新语·至德》篇的一段话：

是以君子之为治也，块然若无事，寂然若无声，官府若无吏，亭落若无民，闾里不讼于巷，老幼不愁于庭，近者无所议，远者无所听，邮无夜行之卒，乡无夜召之征，犬不夜吠，鸡不夜鸣，耆老甘味于堂，丁男耕耘于野，在朝者忠于君，在家者孝于亲；于是赏善罚恶而润色之，兴辟雍庠序而教诲之，然后贤愚异议，廉鄙异科，长幼异节，上下有差，强弱相扶，大小相怀，尊卑相承，雁行相随，不言而信，不怒而威，岂待坚甲利兵、深牢刻令、朝夕切切而后行哉？[38]

“以道家的态度立身处世，以儒家的用心言政治言社会。”（徐复观语）陆贾就是这样巧妙地将儒道思想糅合在一起，表达了他的社会理想。

以上分析证明，《新语》是陆贾以“因世而权行”方法论思想为指导，利用先秦时期已有的思想资料，进行的思想再创造。在这种思想创造活动中，他不固守任何一种已有的观念或理论，所有的已有思想遗产都是他的资料凭借，为现实服务是其主旨，具体的有用性是其取舍之标准，然后把各种有益的东西融合在一起。在他面前，一切所谓儒家、道家、墨家、阴阳家等都不重要，重要的是他们学说中所包含的“合之于今”的思想成分。于是我们看到，出于休养生息的需要他拿来了无为；借鉴秦暴政而亡的教训他拿来了“仁义”“德政”；出于社会控制的需要，他拿来了法的观念……而这一切，融合为一个仁政立国、德主刑辅、无为而治的政治纲领。在陆贾构造的思想体系里，既有儒、道，也有法，但既不是儒、道，也不是法，且浑然一体，有着内在的思想逻辑。这就是仅仅属于他陆贾的思想，是他以“因世而权行”方法论为指导而形成的适合时代需要的思想体系。[39]

十多年前，唐国军在一篇论文中表达的观点很有见地，他说：《新语》至今仍在学者中就其学派归属问题争论不休，有言（新）道家者（如熊铁基先生），有言儒家者（传统说法），有言杂家者（如胡适之先生）。依笔者（按：指唐国军）的认识，陆贾所开出的政治药方不是儒家，不是道家，也不能归并为杂家，而是“因世而权行”的开放政治思想。按照现实政治的需要选择诸子各家中合于“治道”的政治元素整合成新的政治学体系是其基本政治倾向！这种倾向实际上不仅是陆贾个人的学术品格，也是从战国后期以来学术与政治整合的整体历史趋势。正是在这种统治者所作出的“因世而权行”的政治选择下，才有了汉初经学与诸子的复兴。[40]

唐国军所强调的，就正是“因世而权行”对于陆贾政治思想体系构造的方法论意义。这段话在唐国军的论文中只是一个观点表达而没有论证，本文的这一部分，就权作是对唐国军观点的补充论证吧。

《汉书·高帝纪》评论说：“天下既定，命萧何次律令，韩信申军法，张苍定章程，叔孙通制礼仪，陆贾造《新语》。”班固第一次把陆贾造《新语》，和萧何制律、叔孙通制礼仪等并列为奠定汉家基业的历史勋业。的确，正是陆贾在“因世而权行”方法论思想的指导下，融合诸子百家的思想精华，因应新的历史时代的建设需要，撰著的《新语》，确立了汉家王朝的治国方略，奠定了刘氏王朝的意识形态基础，为一个大国的历史航程拨正了方向，才有了中国历史上一个强大而统一的盛世王朝。这一彪炳史册的历史功绩，完全配得上班固的评论。

四、余论

总括全文，陆贾方法论思想研究，可以得到几点有益的启示：

首先，无论是人生实践，还是治国理政，正确的思维方法都是极其重要的。陆贾的精彩人生，就赖于其“因世而权行”的方法论思想，无论是语警千古的“居马上得之，宁可以马上治之”，还是撰著《新语》这样令群臣“左右呼万岁”的不朽之作，都是其方法论思想的产物。“因世而权行”，坚持从变化了的时代出发，去制定国家治理的方针政策，而不固守于僵死的传统，对于任何时代的执政者，都有启发意义。

其次，陆贾辩证的厚今薄古观念引人深思。从“因世而权行”出发，陆贾主张厚今薄古，但他也承认历史中存在一些永恒的不能丢弃的东西，存在“万世不易法，古今同纪纲”一类永恒的价值。人类历史的发展具有连续性和继承性，总会有一些文明的因素在历史中沉淀下来，我们要善于总结那些为不同历史时代不同文明共同体所共同认同的文明要素，以使我们的历史发展不至于偏离文明的大道。厚今薄古应该是一种辩证的观念，这也是陆贾给我们的重要启示。

最后，“因世而权行”是一种思想方法，但也仅仅是一种思想方法，在思想的海洋里，方法永远不是最本质的东西，科学的方法只有和深刻的历史洞察力结合在一起，才可能会有正确的历史选择。就如陆贾，如果他仅仅知道根据变化的时代去制定治国路线，而没有对那个时代的深刻把握，没有对亡秦历史教训的深刻理解，没有对“汤武逆取而以顺守之，文武并用”的深刻领悟，是不可能制定出仁政立国、德主刑辅、无为而治的政治纲领。立足于当下，但这个“当下”是什么，则需要有准确的认识和把握，而这却不能靠方法论来完成。方法论只能告诉你思考的路径或方向，而思考的内容、正确的历史决断，则是靠政治家的科学认知、历史智慧和深刻的洞察力来完成的。陆贾的人生之所以精彩，是因为他恰恰具备了科学的思想方法和深刻的历史洞察力这两个方面，历史对于政治家的要求并不简单！

【注释】

① 请参阅唐国军：《因世而权行：汉初长者政治及其治国指导思想新论：汉初长者政治与〈新语〉的长者圣贤模式研究之一》，《广西社会科学》2009 年第 8 期，第 112–116 页；李禹阶、何多奇：《论陆贾新儒学对先秦诸子说的批判继承：兼论陆贾“厚今薄古”思想的方法论原则》，《华南师范大学学报（社会科学版）》2009 年第 1 期，第 84–91、159 页；周桂钿：《秦汉思想史》，河北人民出版社，2000，第 57–60 页。

② 王利器：《新语校注》，中华书局，1986，第 44 页。

③ 蒋礼鸿：《商君书锥指》，中华书局，1986，第 3–4 页。

④ 戴庆钰、涂小马：《列子文子》，辽宁教育出版社，1998，第 63 页。

⑤ 戴庆钰、涂小马：《列子文子》，辽宁教育出版社，1998，第 68–69 页。

⑥ 吕不韦：《吕氏春秋》，北方文艺出版社，2018，第 210 页。

⑦ 司马迁：《史记》，岳麓书社，2016，第 676 页。

⑧ 王兴国：《贾谊评传（附陆贾晁错评传）》，南京大学出版社，1992，第 352–353 页。

⑨ 此问题的具体考证，可参阅李振宏注说：《新语》，河南大学出版社，2016，第 15 页。

⑩ 司马迁：《史记》，岳麓书社，2016，第676–677页。
⑪ 陈平和周勃之间小有嫌隙。周勃曾在刘邦面前讲过陈平的坏话，说陈平居家时曾与其嫂有染，出外谋事也不讲信义，朝秦暮楚，收受部属贿赂，引起刘邦怀疑，由此而造成二人之间的嫌隙。事见《史记·陈丞相世家》。
⑫ 司马迁：《史记》，裴骃集解，中华书局，1959，第2701页。
⑬ 班固：《汉书》，颜师古注，中华书局，1962，第2115页。
⑭ 郭超：《四库全书精华·子部·新语》第一卷，中国文史出版社，1998，第887页。
⑮ 郭超：《四库全书精华·子部·新语》第一卷，中国文史出版社，1998，第888页。
⑯ 郭超：《四库全书精华·子部·新语》第一卷，中国文史出版社，1998，第888页。
⑰ 郭超：《四库全书精华·子部·新语》第一卷，中国文史出版社，1998，第888页。
⑱ 王先谦：《荀子集解》，沈啸寰、王星贤点校，中华书局，1988，第187页。
⑲ 王先谦：《荀子集解》，沈啸寰、王星贤点校，中华书局，1988，第520页。
⑳ 陈奇猷校注：《韩非子集释》，上海人民出版社，1974，第1040页。
㉑ 刘亮：《〈新语〉“思想近于韩非”榷论》，《管子学刊》2019年第4期，第123–128页。
㉒ 王先谦：《荀子集解》，沈啸寰、王星贤点校，中华书局，1988，第375–376页。
㉓ 王利器：《新语校注》，中华书局，1986，第43页。
㉔ 郭超：《四库全书精华·子部·新语》第一卷，中国文史出版社，1998，第890页。
㉕ 郭超：《四库全书精华·子部·新语》第一卷，中国文史出版社，1998，第890页。
㉖ 郭超：《四库全书精华·子部·新语》第一卷，中国文史出版社，1998，第889页。
㉗ 郭超：《四库全书精华·子部·新语》第一卷，中国文史出版社，1998，第888页。
㉘ 中共中央马恩列斯著作编译局：《马克思恩格斯选集》第三卷，人民出版社，1972，第404页。
㉙ 郭超：《四库全书精华·子部·新语》第一卷，中国文史出版社，1998，第888页。
㉚ 郭超：《四库全书精华·子部·新语》第一卷，中国文史出版社，1998，第889页。
㉛ 王利器：《新语校注》，中华书局，1986，第154页。
㉜ 郭超：《四库全书精华·子部·新语》第一卷，中国文史出版社，1998，第890页。
㉝ 王利器：《新语校注》，中华书局，1986，第132页。
㉞ 王利器：《新语校注》，中华书局，1986，第59页。
㉟ 郭超：《四库全书精华·子部·新语》第一卷，中国文史出版社，1998，第891页。
㊱ 王利器：《新语校注》，中华书局，1986，第96页。
㊲ 徐复观：《两汉思想史》第二卷，华东师范大学出版社，2001，第63页。

㊳ 王利器：《新语校注》，中华书局，1986，第 118 页。
㊴ 笔者在《中国思想史研究方法论思考》［《云南师范大学学报（哲学社会科学版）》2018 年第 4 期，第 125–133 页］一文中表述了这样的看法，具体论述请参阅原文。
㊵ 唐国军：《汉代学者对先秦典籍改造的目的及原则》，《广西民族大学学报（哲学社会科学版）》2007 年第 3 期，第 145–150 页。

汉代循吏的为官特点及今世价值

刘　敏
南开大学历史学院教授

对于汉代循吏，班固在《汉书·循吏传》中有这样的描述：他们“所居民富，所去见思，生有荣号，死见奉祠”。汉代循吏的为官特点和作为、道德和人格，被历代称美，在反腐倡廉的今天，颇具学习和借鉴价值。

一、汉代循吏“吏”“亲”“师”的综合角色

何谓“循吏”？司马迁发明了“循吏”一词，开创了循吏合传的传记类型。关于循吏的含义，其自释曰：“奉法循理之吏”[①]。唐代司马贞《史记·索隐》曰：“本法循理之吏”，文稍异而义无殊。唐代颜师古《汉书注》曰：“上顺公法，下顺人情”，言殊而义同。据上所引，守法规、合情理应是循吏为官的主要特点。

汉代所谓的“吏”是个非常宽泛的名词，其中既有二千石以上的长吏，也有几百石的属吏，还包括斗食小吏，而循吏虽然也不乏曾任小至啬夫、亭长、郎官、属吏，大到公卿、宰相者，但其主体却是治守一方的郡、国、县、道行政长官，即守、相、令、长，特别是二千石地方长官，他们是国家权力在地方的代表，本文主要讨论的也是这个群体。

汉朝虽然承继秦朝实行君主专制的中央集权制，但这种制度尚处在前期发展阶段，加之汉朝去三代不远，周天子直接辖治王畿，畿外诸侯建国专封的制度，对汉朝仍颇有影响。如汉朝朝廷中负责各方面事务的诸卿，具有浓重的天子家臣特点，其职责绝大部分只涉及皇帝、皇族和京师，与地方郡县乡里没有关系。中央对地方各方面的控制，主要不是靠朝廷垂直的行政指令，而是通过任命守、相、令、长等地方行政长官实行集权统治，因此中央赋予这些行政长官很大的职权，这种制度应该说有利于循吏施展才华。

汉代地方行政长官权大职重，因此有所谓“太守专郡”[②]之说。《汉书·百官公卿表》载：

郡守，秦官，掌治其郡，秩二千石。有丞，边郡又有长史，掌兵马，秩皆六百石。景帝中二年更名太守。

县令、长，皆秦官，掌治其县。万户以上为令，秩千石至六百石。减万户为长，秩五百石至三百石。皆有丞、尉，秩四百石至二百石，是为长吏。

班固对守令职责的记载过于简略，但同时也透露了如下信息：一是朝廷对地方的统治主要是负责任命守、令及其佐助的丞、尉，并规定守、令及其佐官的秩禄标准，其他不管；二是所谓“掌治其郡”。“掌治其县”是包括郡县中所有事务，无所不管，至于哪些是长官亲临，哪些是佐官属吏分司，基本也由守令自己决定。如《后汉书·马援传》载，马援任陇西太守时，“务开宽信，恩以待下，任吏以职，但总大体而已。宾客故人，日满其门。诸曹时白外事，援辄曰：‘此丞、掾之任，何足相烦。颇哀老子，使得遨游。若大姓侵小民，黠羌欲旅距，此乃太守事耳”。《汉官解诂》明确表述了“掌治其郡”的含义是：“太守专郡，信理庶绩”，又将“信理庶绩”具体化为：“劝农赈贫，决讼断辟，兴利除害，检察郡奸，举善黜恶，诛讨暴残。”③

其中“兴利”应该是包括了丰富的内容，但最主要的应是劝课农桑、兴修水利、兴办地方教育等。

在循吏问题的研究中，余英时《汉代循吏与文化传播》一文，以史料充分、研究细腻、视角独特而极具影响力。由于余文凸显循吏的思想文化功能，故将其社会角色首先定位为“师”，甚至认为“循吏在发挥‘师’的功能时，他事实上已离开了‘吏’的岗位”④，将循吏的“吏”与“师”两种身份、政治功能和文化功能割裂甚至对立起来。⑤余文又依据朱博“太守汉吏，奉三尺律令以从事耳”⑥和薛宣“吏道以法令为师”⑦这种特定人物特定场合下的一句话，断言“汉代太守的正式职务便是奉行这些‘律令’，以维持政治秩序”，“汉代循吏致力于文化秩序的建立完全出于自作主张”。⑧笔者以为，这种说法并非恰当合理。汉朝自武帝推广文翁的经验和正式实行察举制度以来，地方办教育和发现、选拔、推荐孝廉等人才，是地方长官法定的职责，如武帝元朔元年（前128年）诏：

令二千石举孝廉，所以化元元，移风易俗也。不举孝，不奉诏，当以不敬论。不察廉，不胜任也，当免。⑨

再加上恤民富民、教民化俗等，都是汉家制度规定的地方长官分内的职责，不应看成是“自作主张”。汉代循吏在实践汉家制度所要求的赋役执法、恤民富民、教民化俗等多方面职责时，一身兼有吏、亲、师三重角色。《诗》曰：“恺悌君子，民之父母。”⑩后人又曰：“长吏之职，号曰亲人。”⑪汉代守、相、令、长是朝廷派往地方的亲民官，汉家制度要求和老百姓希望其为民亲。如：“（王尊）以高弟擢为安定太守。到官，出教告属县曰：‘令长丞尉奉法守城，为民父母，抑强扶弱，宣恩广泽，甚劳苦矣。’”[12]

但多数地方官很难做到为民父母，真正做到“视民如子，百姓怀之”，[13]即“亲”的角色被老百姓认可的主要是循吏，其中最有代表性的人物莫过于西汉的召信臣和东汉的杜诗，二人都曾为南阳太守，“其治视民如子，所居见称述”[14]，“性节俭而政治清平”[15]，被百姓明确尊称为“召父”“杜母”。

按照汉制，地方长吏不但有“亲”而且还有“师”的职责，发挥教化功能。笔者认为，汉代地方教化包括两个方面，一是专门型学校教育，包括官学和私学，这是一种小范围的学校教育；二是行政型教育，由地方长官负责，通过法令、条教，设置三老、孝悌、力田、奖善罚恶、亲身表率等推行教化，这是大范围的社会性教育。董仲舒说：

今之郡守、县令，民之师帅，所使承流而宣化也。[16]

应该指出的是，地方长官这种师帅角色，既是遵汉家制度，也是承古代传统。三代学在官府，以吏为师，春秋以来社会变革，学术下民间，私人办教育，出现非吏之师，但同时吏师也依然存在。到秦王政时，韩非说：

故明主之国，无书简之文，以法为教；无先王之语，以吏为师。[17]

李斯说：

史官非秦记皆烧之。非博士官所职，天下敢有藏《诗》、《书》、百家语者，悉诣守、尉杂烧之……若欲有学法令，以吏为师。[18]

韩非、李斯的错误不在于“以法为教”，而在于烧百家之言，独用法术；不在于“以吏为师”，而在于无视历史的发展，强令取缔非吏之师。汉朝应该说比秦朝更合理地恢复了以吏为师的传统，地方长吏发挥师的功能，同时也尊重非吏之师的存在，这在循吏身上得到充分体现。

关于循吏教化的内容，一些学者将其理所当然地说成是儒教，即用儒家思想礼仪教民化俗，这是片面的。史书记载：

景、武间，文翁为蜀守，教民读书法令……又修起学官于成都市中，招下县子弟以为学官弟子，为除更繇，高者以补郡县吏，次为孝弟力田。[19]

学官弟子的培养目标是郡县属吏和乡里的孝弟力田，这就决定了教育的内容不仅是儒经礼乐，还要学习演练文法律令农桑等。循吏在治民方面是有不少儒家的思想特色，但他们绝非仅仅是儒士。儒家思想有其与生俱来的缺陷，司马谈曾批评说：“儒者博而寡要，劳而少功，是以其事难尽从。”[20]汉代地方教育的重点在于发展经济，移风易俗，而不在于“劳而少功”的儒经礼乐。

汉代循吏为民亲，做民师，但治民之吏仍是他们的首要角色，不管是在依法治民，还是在矫诏振民、化俗教民的情况下，他们的身份都首先是吏。汉代循吏以“吏”“亲”“师”合一的身份，将国家权力与地方社会较好地连接起来。

二、汉代循吏与地方社会势力

自汉初以来，六国贵族后裔、豪杰游侠、大姓豪强等地方势力一直是汉朝朝廷的心病，两汉史料中记载：“大姓犯法”[21]；“豪强大姓，蚕食亡厌”[22]；“宗族横恣，宾客犯为盗贼”；“豪桀大姓相与为婚姻，吏俗朋党”[23]；“大姓侵小民”[24]；“郡之大姓，其子弟宾客为人暴害”[25]；“起坞壁，缮甲兵，为在所害”[26]；“宁负二千石，无负豪大家”[27]，等等。所以豪族、豪强问题是汉朝朝廷经常要面对的大问题，地方守令身处第一线，故对循吏的研究，不能脱离国家政权与地方豪强、豪族等社会势力矛盾斗争的大平台。

说起汉代对地方豪强、豪族势力的打击，人们首先想到的往往不是循吏，而是酷吏，一些酷吏的个案似乎也证明，在打击豪强、豪族的震慑行动中，酷吏比循吏更加突出，但酷吏的最大问题是法外施酷，越律恣权，殃及无辜，虽然有些酷吏也不为私利，忠君廉洁，但他们残酷的做法往往影响国家权力的正常行使，不能长久和深层次地解决社会矛盾，故皇帝会因需要而用酷吏，也因需要而杀酷吏，他们时常成为皇帝缓和与社会势力矛盾的牺牲品。如：

（东汉酷吏李章）经明教授，历州郡吏。光武为大司马，平定河北，召章置东曹属，数从征伐。光武即位，拜阳平令。时赵、魏豪右往往屯聚，清河大姓赵纲遂于县界起坞壁，缮甲兵，为在所害。章到，乃设飨会，而延谒纲。纲带文剑，被羽衣，从士百余人来到。章与对宴饮，有顷，手剑斩纲，伏兵亦悉杀其从者，因驰诣坞壁，掩击破之，吏人遂安。迁千乘太守，坐诛斩盗贼过滥，征下狱免。[28]

有一种错觉应该纠正，由于许多酷吏善于治剧，就认为治剧者一定是酷吏，其实循吏也有能治剧者，比如像东汉的袁安。袁安出身于经学世家，举孝廉为地方长吏。史载：

（楚王英谋反案发后，连及）狱系者数千人，天子盛怒，吏治之急，自诬死者甚众。于是有司举能治剧者。以袁安为楚郡太守。安之郡，不入府舍，遥至狱所，案验无实者，条上出之。府丞掾吏皆叩头争之，曰：“不可！”安曰：“如有不合，太守当坐之，不以相及也。”遂别具奏。会帝感悟，即报许，得出四百余家。顷之，征入为河南尹。召入见，上问以考楚事，名簿甚备，安具奏对，无所遗失，上以为能也……安为河南尹十年，号为严明，然未尝加罪鞫人，常称曰：“凡士学问，上欲望宰相，下则牧守。锢人于圣代，尹所不为也。”其下闻之，皆自激厉……[29]

于是“京师肃然，名重朝廷”。[30]有头脑、有胆识、有同情心和怜悯心，严而不酷，奉法循理，可以说袁安就是一位能治剧的循吏。

汉代国家政权与地方豪强、豪族的矛盾角逐，特别突出地表现在地方行政长官与属吏之间的关系上。按照汉代制度，一般长吏不用本郡人，[31]守、相、令、长由朝廷任命外郡人士充当，而属吏一般则由长吏任用本地人。郡县属吏以及在基层的啬夫、游徼等乡吏，还有三老等民间代表，主要出自乡里有经济实力和政治势力的家族，尤其是大家豪族。汉代郡县乡里的社会权力，基本操纵在他们手中，而国家权力与社会势力之间依存与矛盾的二重关系，往往通过守令和属吏之间的关系体现，且出现了多种不同的关系类型，有的和谐共事，有的挟制掌控，有的将长吏架空，有的甘愿授权属吏，有的权钱交易勾结违法。一般来说酷吏守令善于挟制奸吏，而循吏长官善于处理好同属吏的关系，进而达到地方社会的安定和谐。

黄霸是循吏中理性平和处理与属吏矛盾的典范，《汉书》本传对其驾驭属吏的做法有精彩的描写。当时汉宣帝“垂意于治，数下恩泽诏书”，但颍川奸吏“不奉宣”，不让老百姓知道皇帝的诏书。黄霸被任命为颍川太守后，立即“选择良吏，分部宣布诏令，令民咸知上意”。并发挥邮亭乡官的作用，传载：

畜鸡豚，以赡鳏寡贫穷者。然后为条教，置父老师帅伍长，班行之于民间，劝以为善防奸之意，及务耕桑，节用殖财，种树畜养，去食谷马。米盐靡密，初若烦碎，然霸精力能推行之。吏民见者，语次寻绎，问它阴伏，以相参考。尝欲有所司察，择长年廉吏遣行，属令周密。吏出，不敢舍邮亭，食于道旁，乌攫其肉。民有欲诣府口言事者适见之，霸与语，道此。后日吏还谒霸，霸见迎劳之，曰：“甚苦！食于道旁乃为乌所盗肉。”吏大惊，以霸具知其起居，所问豪氂不敢有所隐。鳏寡孤独有死无以葬者，乡部书言，霸具为区处，某所大木可以为棺，某亭猪子可以祭，吏往皆如言。其识事聪明如此，吏民不知所出，咸称神明。奸人去入它郡，盗贼日少。

黄霸还很注意“成就全安长吏”，如：

许丞老，病聋，督邮白欲逐之，霸曰：“许丞廉吏，虽老，尚能拜起送迎，正颇重听，何伤？且善助之，毋失贤者意。”或问其故，霸曰：“数易长吏，送故迎新之费及奸吏缘绝簿书盗财物，公私费耗甚多，皆当出于民，所易新吏又未必贤，或不如其故，徒相益为乱。凡治道，去其泰甚者耳。”

从上面记载，可以看出黄霸用属吏的几个特点：一是选择性用吏，去奸吏，用良吏，根据差事特点选择适合的差吏；二是通过各种办法掌握充分信息，使吏不敢欺瞒；三是尽量做到佐官属吏队伍的稳定，以防止奸吏乘机作弊偷盗；四是尊重和发挥乡里邮亭、乡官、父老、师帅、伍长的积极作用和影响，使皇帝的诏令、郡县的教令深入乡里民户，而不是停在“县衙门”[32]。

最能以仁爱礼德争取属吏、乡官、长老之心的，当属韩延寿。史载：

（韩延寿徙为颍川太守）颍川多豪强，难治，国家常为选良二千石。先是，赵广汉为太守，患其俗朋党，故构会吏民，令相告讦，一切以为聪明，颍川由是以为俗，民多怨仇。延寿欲改更之，教以礼让，恐百姓不从，乃历召郡中长老为乡里所信向者数十人，设酒具食，亲与相对，接以礼意，人人问以谣俗，民所疾苦，为陈和睦亲爱销除怨咎之路。长老皆以为便，可施行，因与议定嫁娶丧祭仪品，略依古礼，不得过法……又置正、五长，相率以孝弟，不得舍奸人。闾里阡佰有非常，吏辄闻知，奸人莫敢入界。其始若烦，后吏无追捕之苦，民无箠楚之忧，皆便安之。接待下吏，恩施甚厚而约誓明。或欺负之者，延寿痛自刻责：“岂其负之，何以至此？”吏闻者自伤悔，其县尉至自刺死。及门下掾自刭，人救不殊，因喑不能言。延寿闻之，对掾史涕泣，遣医治视，厚复其家。[33]

赵广汉与韩延寿治颍川的差异，就是酷吏与循吏治政的差异。韩延寿能够深入乡里，承认民间势力的社会权力，尊重并发挥地方长老的影响，利用他们的威信，推行自己的治民措施，并收到极好的治民效果。韩延寿、黄霸等循吏的治政做法非常值得为官者重视。

三、汉代循吏的人格魅力与今世价值

汉代循吏群体在历史上获得了极好的名声，《汉书·循吏传》中有几句赞颂循吏的经典之语：

王成、黄霸、朱邑、龚遂、召信臣等，所居民富，所去民思，生有荣号，死见奉祠，廪廪庶几德让君子之遗风。

寥寥数语彰显出汉代循吏的人格魅力，这种魅力源自哪里？笔者以为，不仅在于他们“奉法循理”，更在于他们为官掌权时具有高尚的道德情操，在于他们以仁爱之心“安民”和以君子之义“正我”。董仲舒曾深刻指明为官治民之道：

《春秋》之所治，人与我也。所以治人与我者，仁与义也。以仁安人，以义正我。[34]

“以仁安人”，是用仁爱之心安抚和治理百姓，这是汉代循吏给人最深刻的印象。他们治民成绩卓著，主要不在方法，而是有仁爱之心。汉宣帝时，渤海一带饥荒，民为盗贼，久不能擒制，宣帝任命龚遂为太守息盗贼，龚遂说：“今欲使臣胜之邪，将安之也？”“胜之”就是将盗贼作为敌人镇压，“安之”则是作为亲人抚慰。龚遂从仁爱的立场出发，能够体谅民为盗贼的原因是“困于饥寒而吏不恤”，无奈之下才为乱，所以仍将他们视为“陛下赤子”，“慰安”之、“廪假”之、“牧养”之，“盗贼于是悉平”。[35]汉代循吏对“乱民”尚能仁爱有加，对顺民百姓更可想而知。作为亲民的地方长官，他们“视民如子”，因之民亦视他们为父母，如前所述，南阳百姓中流传着“前有召父，后有杜母”[36]的亲切颂言。

在仁爱、安抚思想的主导下，汉代循吏为官一任，造福一方，尽量为民解难兴利，不是虚浮地喊口号、造声势，而是实实在在解决困扰百姓的具体问题，显示出利民不扰民的为官作风。朱邑从为乡啬夫时起，就“以爱利为行”，即把爱民利民作为治事的原则，“存问耆老孤寡，遇之有恩”，不但受到“吏民爱敬”，且“天子器之，朝廷敬焉”。[37]东汉时合浦郡不产粮食，出珠宝，可以“贸籴粮食”，但由于地方官贪贿敲诈，致使产贸皆废，民无生计，“贫者饿死于道”。孟尝被任命为太守，到官伊始，“求民病利”，去病兴利，不到一年，生产发展，商贸繁荣，百姓“称为神明”。[38]会稽郡山民质朴，甚至有“白首不入市井者”，但却遭到地方官吏的骚扰，甚者征发索求“至夜不绝，或狗吠竟夕，民不得安”，刘宠任太守后，果断地“简除烦苛，禁察非法”，山村重现了“狗不夜吠，民不见吏”的清静安逸。[39]

孔子曾对弟子谈治民之道，说要先“富之”，而后“教之”。[40]荀子进一步阐释说：

不富无以养民情，不教无以理民性。故家五亩宅，百亩田，务其业而勿夺其时，所以富之也。立大学，设庠序，修六礼，明十教，所以道之也。《诗》曰：“饮之食之，教之诲之。”王事具矣。[41]

先富之而后加教，是古代许多思想家重要的治民思想，汉代循吏将之付诸实践，并构成其治民的特色，黄霸是其典型代表，所谓“自汉兴，言治民吏，以霸为首”。黄霸在颍川的富民之法是既开源又节流，即“务耕桑，节用殖财，种树畜养，去食谷马”，甚至“使邮亭乡官皆畜鸡豚，以赡鳏寡贫穷者”，[42]从点滴之处增收节用，减少民户负担。像柴米油盐等琐碎之事，许多二千石不屑，但黄霸却竭精尽力去做。相类者还有龚遂。龚遂为渤海郡守时带头节俭，“劝民务农桑”，令每人种一棵榆树、一百株薤头、五十棵葱、一垄韭菜，每家养两头母猪、五只鸡，要求百姓春夏必须到田里干活，秋冬督促其收获储藏，又让百姓尽量多蓄植物果实、菱角、芡实等可食之物，结果家家都有积蓄，官吏百姓“皆富实”，甚至因此而“狱讼止息”。[43]

董仲舒说：“大富则骄，大贫则忧。忧则为盗，骄则为暴，此众人之情也。”[44]汉代循吏是治民之吏，也是教民之师，通过教化移风易俗，使民知荣知辱，从而达到较高层次的安民治民。文翁“仁爱好教化”，开郡国兴办学校发展教育的先河，民风渐化，蜀郡大治。黄霸也是“力行教化而后诛罚”，把治民的立足点首先放在用德教感化之，如不从，不得已才用刑罚，颇得颍川之民心，创造了“治为天下第一”的政绩。[45]及至东汉，循吏守郡治民，普遍重视教育感化，“造立校官”“修庠序之教”“以礼训人，不任刑罚”。[46]刘矩任雍丘令，用礼让教化百姓，使“无孝义者，皆感悟自革”，使争讼者，“感之，辄各罢去”。[47]许荆任桂阳太守，针对当地“风俗脆薄”而大兴礼义教化，致使争财的兄弟息讼，“不养父母，兄弟分析，因此皆还供养者千有余人”。[48]更有令人感叹者，仇览仅为县中一亭长，亦能以礼化民，使“凶恶不孝”的逆子通过诵读《孝经》，成为孝子佳士。[49]在汉代循吏掌治的郡县中，由于注重教化，屡见“牢狱连年无囚。比县流人归化”“其有路得遗者，皆推寻其主”的大治景象。[50]

“以义正我”，是用礼法道义约束自己。董仲舒阐释说：“义之法在正我，不在正人。我不自正，虽能正人，弗予为义。”正己是仁爱治民的前提。司马迁在《史记》中隆重推出循吏这一好官群体，他的《循吏列传》虽然记载的都是先秦人物，但却清楚地显示出循吏治民先正己的特点。其中令人印象特别深刻的，有因部下而错杀人却自己承担责任，并自杀以认错抵罪的李离，还有廉洁自律，不与民争利的公仪休。史载：

李离者，晋文公之理也。过听杀人，自拘当死。文公曰：“官有贵贱，罚有轻重。下吏有过，非子之罪也。”李离曰：“臣居官为长，不与吏让位；受禄为多，不与下分利。今过听杀人，传其罪下吏，非所闻也。”辞不受令。文公曰：“子则自以为有罪，寡人亦有罪邪？”李离曰：“理有法，失刑则刑，失死则死。公以臣能听微决疑，故使为理。今过听杀人，罪当死。”遂不受令，伏剑而死。

公仪休者，鲁博士也。以高弟为鲁相。奉法循理，无所变更，百官自正。使食禄者不得与下民争利，受大者不得取小。

客有遗相鱼者，相不受。客曰：“闻君嗜鱼，遗君鱼，何故不受也？”相曰：“以嗜鱼，故不受也。今为相，能自给鱼。今受鱼而免，谁复给我鱼者？吾故不受也。”食茹而美，拔其园葵而弃之。见其家织布好，而疾出其家妇，燔其机，云“欲令农士工女安所仇其货乎”？[51]

二人的两句话很有价值，值得重视。李离说：“居官为长，不与吏让位；受禄为多，不与下分利。今过听杀人，传其罪下吏，非所闻也。”这是为官者起码的道德。公仪休说：“今为相，能自给鱼。今受鱼而免，谁复给我鱼者？吾故不受也。”这是句大实话，不太冠冕堂皇，但却道出了为官者不可受贿的底线原则。司马迁特别是通过公仪休食茹而美，拔其园葵而弃之，见其家布好而出其家妇燔其机的故事，重点表述了为官食禄者不与民争利的重要思想主张。

《汉书》中所记载的汉代循吏的正己，突出为“公”“廉”二字，具体可以归纳为三个特点。一是勤俭为民。被百姓尊为“召父”的召信臣，为官最大的特点就是“其治视民如子，所居见称述”。其治郡不辞辛劳，身为二千石高官，躬耕以劝勉百姓致力于农业生产，总是出入田间地头，就连歇息都不去乡署亭舍，为官很少有在府中安心休息的时候。黄霸居官为民，不计较升降，曾因修驰道未先报告等过失，从二千石的京兆尹降为八百石外放，不但毫无怨言，且“居治如其前。前后八年，郡中愈治”。[52]

二是清廉奉公。汉代循吏不但不贪赃不受贿，反而把自己的官禄赏赐用以赈济。朱邑为官“廉平”“公正”，交往中不徇私情，“身为列卿，居处俭节，禄赐以共九族乡党，家亡余财”，天子赞扬他说：“亡强外之交，束修之馈，可谓淑人君子。”[53]任延任会稽都尉，手下掾吏有贫穷者，“辄分俸禄以赈给之”，后为九真太守，在越地变乱交之俗而行嫁娶之礼的过程中，对那些“贫无礼聘”者，则率领长吏们“各省俸禄以赈助之”，至此“产子者，始知种姓”，百姓感激道：“使我有是子者，任君也。”[54]孟尝为合浦太守，南海多珍宝，价比黄金，极易积累资财，但孟尝离任时却是两袖清风，只身归耕。[55]而刘宠历宰豫章、会稽二郡，又累登司徒、太尉等卿相之位，却“清约省素，家无货积”[56]。

三是无私无畏。汉代一些循吏为民做主不怕丢官，为民除害不顾个人危险。镡显于汉安帝时任豫州刺史，时天下饥荒，民竞为盗贼，地方官收捕了一万多人，镡显怜悯百姓因“困穷，自陷刑辟”，不怕被责被免，擅自将他们赦免，然后自我弹劾请罪。[57]第五访为张掖太守时，当地发生严重饥荒，他果断决定开仓赈救，但官吏们怕担责任，劝其上奏待准，第五访认为待准就是“弃民”，说：“太守乐以一身救百姓”，即不惜用乌纱和性命来保全一郡百姓。[58]任延任武威太守前已经治绩卓著，九真郡吏民“生为立祠”，拜武威太守时皇上戒之曰：“善事上官，无失名誉”，即提醒他好好侍奉上级长官，保住已有的名誉地位。但任延不以为然，回答说：“臣闻忠臣不私，私臣不忠。履正奉公，臣子之节。上下雷同，非陛下之福。善事上官，臣不敢奉诏。”[59]明确表示自己决不会为保个人名利地位，而不顾国家和百姓利益，违心地苟同上司、附和上司、取悦上司，就更不要说贿赂上司了。武威郡中长期田氏豪强称霸，其子弟宾客“暴害”，任延上任后，坚决为民除害，杀田氏父子宾客五六人，田氏遂聚数百人攻打郡府，任延毫不畏惧，果断“发兵破之”。以太守的无私无畏，换得郡中百姓的安居。

古人云：“吏不畏吾严，而畏吾廉；民不服吾能，而服吾公。公则民不敢慢，廉则吏不敢欺。”[60]又云：“为官长当清、当慎、当勤，修此三者，何患不治乎？”[61]这些恐怕才是汉代循吏“所居民富，所去见思，生有荣号，死见奉祀”的主要原因吧。

【注释】

① 《史记·太史公自序》。

② 《汉官解詁》，载《汉官六种》，孙星衍辑，周天游点校，中华书局，1990。

③ 《太平御览》引作“诛杀残暴”。

④ 余英时：《汉代循吏与文化传播》，载《士与中国文化》，上海人民出版社，1987。

⑤ 对此以及相关的系列问题，林甘泉在《中国古代知识阶层的原型及其早期历史行程》（《中国史研究》2003 年 3 期，第 22 页）一文中提出异议，笔者也有同识。

⑥ 《汉书·朱博传》。

⑦ 《汉书·薛宣传》。

⑧ 余英时：《汉代循吏与文化传播》，载《士与中国文化》，上海人民出版社，1987。

⑨ 《汉书·武帝纪》。

⑩ 《史记·孝文本纪》。

⑪ 《南史·循吏传》。

⑫ 《汉书·王尊传》。

⑬ 《后汉纪·孝明皇帝纪》上卷第九。

⑭ 《汉书·召信臣传》。

⑮ 《后汉书·杜诗传》。

⑯ 《汉书·董仲舒传》。

⑰ 《韩非子·五蠹》。

⑱ 《史记·秦始皇本纪》。

⑲ 《汉书·循吏传》。

⑳ 《史记·太史公自序》。

㉑ 《汉书·杨敞传》。

㉒ 《汉书·鲍宣传》。

㉓ 《汉书·赵广汉传》。

㉔ 《后汉书·马援传》。

㉕ 《后汉书·任延传》。

㉖ 《后汉书·李章传》。

㉗ 《汉书·严延年传》。

㉘ 《后汉书·李章传》。

㉙《后汉纪·孝明皇帝纪》下卷第十。
㉚《后汉书·袁安传》。
㉛ 也有特例，如《后汉书·蔡邕列传》载："昔韩安国起自徒中，朱买臣出于幽贱，并以才宜，还守本邦。"韩安国梁人，拜为梁内史；朱买臣吴人，拜会稽太守。
㉜ 此话源自费孝通的《乡土重建》一书，即认为：国家自上而下的政治权力的"单轨"，事实上仅仅"筑到县衙门就停了"（上海观察社，1948）。
㉝《汉书·韩延寿传》。
㉞《春秋繁露·仁义法》。
㉟《汉书·循吏传》。
㊱《后汉书·杜诗传》。
㊲《汉书·朱邑传》。
㊳《后汉书·孟尝传》。
㊴《后汉书·刘宠传》。
㊵《论语·子路》。
㊶《荀子·大略》。
㊷《汉书·黄霸传》。
㊸《汉书·龚遂传》。
㊹《春秋繁露·度制》。
㊺《汉书·黄霸传》。
㊻《后汉书·循吏列传》。
㊼《后汉书·刘矩传》。
㊽《后汉书·许荆传》。
㊾《后汉书·仇览传》。
㊿《后汉书·循吏列传》。
51《史记·循吏列传》。
52《汉书·黄霸传》。
53《汉书·朱邑传》。
54《后汉书·任延传》。
55《后汉书·孟尝传》。
56《后汉书·刘宠传》。
57《后汉书·镡显传》。
58《后汉书·第五访传》。

㊾《后汉书·任延传》。

㊿《曹月川集·年谱》。

61《续后汉书》卷三十五。

汉人以“土崩瓦解”论秦亡的双重解读

孙家洲
中国人民大学历史学院教授

秦王朝的短祚而亡及其原因，自汉初以来，就成为政治家、思想家、史学家讨论的重要话题。《过秦论》是西汉前期著名政论家贾谊的代表作之一，其主旨在于讨论秦朝的过失，以期解决貌似强大的秦王朝何以“二世而亡”的历史谜案。历代学者对这篇“政论文”兼“史论文”都十分重视。西汉时期的历史学家司马迁在《史记·秦始皇本纪》的正文之后，就曾经加以大段征引，并且加有按语“善哉乎贾生推言之也”，以表示赞同与欣赏之意。《过秦论》为汉代雄文之冠，历代传诵不息，遂造成一种错觉：似乎“过秦”之论，为贾谊的“专利”。实则不然。在秦末汉初，讨论亡秦过失，并以之作为新王朝统治的历史借鉴，是前后相承的政治文化议题，甚至称之为一种社会思潮亦不为过。清代的考据学家赵翼在其《廿二史札记》中，列有“《过秦论》三处引用”的条目，列举了《史记》和《汉书》有三处引用了它的部分文字。由此可见《过秦论》在社会上的影响之巨大。关于秦朝“短命而亡”的原因分析，贾谊、司马迁的基本观点，笔者都高度认同。

当代学者对秦朝速亡问题多有论述，为研治秦汉史者所熟知，此处恕不详述。以下所论，是围绕着“土崩瓦解”之说，展开笔者的一得之见。由于个人认识是从两个方面展开，故而标题有“双重解读”之文。

一、“土崩瓦解”：汉人论秦亡的妙喻

谈及秦朝的短命而亡，汉代人的一个比喻很有想象力和影响力，就是“土崩瓦解”。最为人熟知的说法，出自东汉史学家班固的评论：“秦之积衰，天下土崩瓦解”。其实，内涵相通的评论和判断，还有不少。

汉文帝时期的名臣张释之，论秦朝灭亡的原因：“秦以任刀笔之吏，吏争以亟疾苛察相高，然其敝徒文具耳，无恻隐之实。以故不闻其过，陵迟而至于二世，天下土崩。”[①] 大意是：秦朝由于实施严酷统治，以高压政治钳制天下人之口，统治者也就听不到指正其错误的声音，所以到了秦二世的时代，就一发不可收拾地走向了灭亡。

汉武帝时期的主父偃，对“土崩”和“瓦解”的内涵，结合秦汉时期的政治变乱而作了分别的论述。他说：

臣闻天下之患在于土崩，不在于瓦解，古今一也。何谓土崩？秦之末世是也。陈涉无千乘之尊，尺土之地，身非王公大人名族之后，无乡曲之誉，非有孔、墨、曾子之贤，陶朱、猗顿之富也，然起穷巷，奋棘矜，偏袒大呼而天下从风，此其故何也？由民困而主不恤，下怨而上不知，俗已乱而政不修，此三者陈涉之所以为资也。是之谓土崩。故曰天下之患在于土崩。何谓瓦解？吴、楚、齐、赵之兵是也。七国谋为大逆，号皆称万乘之君，带甲数十万，威足以严其境内，财足以劝其士民，然不能西攘尺寸之地而身为禽于中原者，此其故何也？非权轻于匹夫而兵弱于陈涉也，当是之时，先帝之德泽未衰而安土乐俗之民众，故诸侯无境外之助。此之谓瓦解。故曰天下之患不在瓦解。由是观之，天下诚有土崩之势，虽布衣穷处之士或首恶而危海内，陈涉是也。况三晋之君或存乎！天下虽未有大治也，诚能无土崩之势，虽有强国劲兵不得旋踵而身为禽矣，吴、楚、齐、赵是也。况群臣百姓能为乱乎哉！此二体者，安危之明要也，贤主所留意而深察也。②

主父偃认为对于朝廷而言，天下最大祸患“在于土崩，不在于瓦解”。至于什么是“土崩”？他认为秦朝末年的陈胜，没有社会地位和政治资源为凭借，从基层民间起兵，导致天下人纷纷响应，国家随即陷入大乱，这就是“土崩”之势。而什么是“瓦解”？主父偃认为汉文帝时期所发生的“吴楚七国之乱”，表面上声势浩大，起兵叛乱的刘氏宗亲诸侯王是高级贵族，“带甲数十万，威足以严其境内，财足以劝其士民”，但是，他们对于朝廷却构不成根本性的威胁，只能算是“瓦解”之势。朝廷应对得力，就可以遏制危机，不至于不可收拾。

其实，要准确地理解汉代人对国家大局溃败不可收拾的比喻之说——“土崩瓦解”，应该从古代大西北地区特有的一种建筑形式说起。汉代的智者，是以先秦至秦汉时期在关中等地的一种高级建筑形式——高台建筑作为立说的实体依据。高台建筑的特点是：在地面上以层层夯筑的方式打筑起土质高台，在高台之上再开挖地基建成木构房屋。高台建筑是以高大的夯土台为基础而建成的，它可以使建筑物显得高大宏伟，可以避免雨季积水成灾，采光条件也得天独厚，最适宜宫殿建筑和宗庙等高等级建筑物使用。有了这个特定的认识，就可以明白汉代人所说的“土崩瓦解”的含义了。所谓“土崩”是指建筑物的根基（夯土形成的高台）崩塌，从而导致立足于其上的整个建筑物毁坏，这是完全无法救治的崩塌。联系到国家政权的消亡，是指从基层开始的崩塌，是任何补救措施都无从施展的。汉代人更多的是把基层百姓造反类比为“土崩”的。而所谓的“瓦解”，是指立足于高台之上的屋面表层发生破坏，瓦面退落和解体，如果问题不能及时得到解决，也可以导致整个建筑物的毁坏。与“土崩”相比较，“瓦解”不是根本性的轰然倒塌，而是有一个渐进的过程，如果以有效的手段加以救治，是可以度过危难而复归常态的。在汉代人心目中，统治集团高层的内争，被类比为“瓦解”。

由此看来，汉代人说秦朝亡于“土崩瓦解”，就是说，秦朝的统治危机是在上下两个层面同时呈现的。被统治者的群起反抗，统治集团内部的矛盾失控而呈现的自相残杀，这两个层面的矛盾同时激化，导致任何政治措施都无法施救。因此，只能眼看着表面强大的政府轰然倒台。

我们以俯瞰的视角，回溯导致秦朝统治迅速覆亡的政治力量：首先是以陈胜、吴广为代表的基层农民，他们最早揭竿而起，成为反秦的首倡力量。其次是以项梁、项羽、田儋、田横、魏豹、张良等为代表的六国贵族势力。他们的社会影响力远大于一般农民，事实上也成为推翻秦王朝统治的最核心力量。最后是以刘邦、萧何、曹参、樊哙、陈平、韩信等为代表的底层官吏和市井游民。他们可以和前两种势力互相声援，也有较大的社会能量，后来成为“汉初布衣君臣”的主要构成部分。这三种社会力量都参与到反秦运动中来，就使得“反秦义军”具备了广泛的群众基础，可以称之为“全民反暴政”。西汉的学人只把陈胜、吴广起兵视为“土崩”，自有其倡导统治者关注底层民众疾苦的政治善意在其中，如果从社会分层的视角而言，上述三种社会力量，都是秦朝统治者的“基础”或“基层”。他们不约而同地投身于反秦运动，共同构成了秦朝统治的“土崩”之态。

那么，秦朝的“瓦解”表现在哪里？就是统治集团内部的矛盾不可控制，在不断地自相残杀中，政府的统治力量被削弱，进而导致人心涣散。

二、秦末统治集团内部自相残杀大案例释

（一）扶苏及蒙恬、蒙毅冤死之案

公元前210年，秦始皇再度东巡，畅游会稽等地，北抵琅邪。秦始皇此次出巡，主要的随从官员有丞相李斯、中车府令兼行符玺令事赵高。秦始皇有二十余子，长子扶苏因为多次直谏而失宠，秦始皇派他去北部的上郡监兵。上郡驻军的统帅是名将蒙恬。少子胡亥平时就得到喜爱，自请从行，秦始皇也就同意了。其余儿子都没有跟在其身边。归途之中到达沙丘（今河北省邢台市广宗县西北），秦始皇突然重病不起。

平时秦始皇极力追求长生不老，厌恶讨论有关“死”的话题，因此，群臣莫敢言及预备身后之事。病势转危的秦始皇，不得不紧急安排后事了。他下令赵高执笔拟定赐给扶苏的诏书，吩咐：“以兵属蒙恬，与丧会咸阳而葬。”[③] 这表明，

在最后关头，秦始皇还是选择了为人宽厚、有仁爱之誉的长子扶苏为自己的继承人。但是，诏书在用印、密封之后，尚未交付使者发出，秦始皇驾崩身亡。秦始皇的死讯，当时只有胡亥、李斯、赵高及亲幸宦者五六人得知，其余群臣都不知实情。李斯以为皇上在外驾崩，事先又没有公布继承人，为了防止突发事变，故严密封锁消息。诏书及皇帝的玉玺，全部保存在赵高手中，这为赵高的翻云覆雨创造了条件。完全可以推测，秦始皇安排后事的诏书没有发出，不一定是因为时间仓促来不及，倒是被赵高有意识扣押的可能性更大。

随后，赵高先后找到随行的少子胡亥、丞相李斯，威逼利诱他们二人与其合作。三人同谋，把秦始皇的诏书篡改成长子扶苏和将军蒙恬一并赐死，立胡亥为太子。这就是“沙丘之变”的基本过程。

秦始皇的长子扶苏，在朝野上下享有很好的声望。一直到陈胜、吴广起兵反秦之时，这些来自社会底层的造反者，都想到了借用扶苏的名义来号召民众的政治手段。扶苏的社会声望之高，由此可见一斑。假如“沙丘之变”不曾发生，扶苏得以继位为二世皇帝，也许秦朝短祚的历史会被改写。

蒙恬和蒙毅兄弟二人，作为秦始皇极为倚重的人，有卓越的军事和政治干才。兄弟二人对秦王朝都有重大贡献，而且没有犯下任何过错，更不曾有不忠之念。如此难得的镇边大将、辅佐之才，仅仅因为被赵高和二世皇帝列为政敌，就被妄加罪名而诛杀。这是多么残酷的专制政治！

在二世皇帝即位之后，蒙氏兄弟一度被分别关押在两地，已经不再具有抵抗和反叛的能力，而且蒙氏兄弟本来也没有反抗的意愿。似乎秦二世也有放其生路的可能。但是，“赵高亲近，日夜毁恶蒙氏”，必欲置之死地而后快。为了营救蒙氏兄弟，宗室成员中甚有威望和见识的子婴也曾挺身而出，进谏二世皇帝：“臣闻故赵王迁杀其良臣李牧而用颜聚，燕王喜阴用荆轲之谋而倍秦之约，齐王建杀其故世忠臣而用后胜之议。此三君者，皆各以变古者失其国而殃及其身。今蒙氏，秦之大臣谋士也，而主欲一旦弃去之，臣窃以为不可。臣闻轻虑者不可以治国，独智者不可以存君。诛杀忠臣而立无节行之人，是内使群臣不相信而外使斗士之意离也，臣窃以为不可。”如果秦二世于此时采纳其言，释放蒙氏兄弟，也可以为此后不久的大局溃烂留出可能力挽狂澜的政治和军事干才！只可惜，这样的进谏之言，根本不会被秦二世采纳。蒙氏兄弟不愿意莫名就死，为了求生而剖明心迹。请看蒙毅的痛切之言：“昔者秦穆公杀三良而死，罪百里奚而非其罪也，故立号曰‘缪’。昭襄王杀武安君白起。楚平王杀伍奢。吴王夫差杀伍子胥。此四君者，皆为大失，而天下非之，以其君为不明，以是籍于诸侯。故曰‘用道治者不杀无罪，而罚不加于无辜’。唯大夫留心！”[④]无奈奉命而来的御史，知道赵高必杀蒙毅的决心，不论蒙毅说得何等痛心、何等令人同情，也无法免其一死。蒙氏兄弟之死，暴露了朝廷的残暴与无情。

（二）丞相李斯与冯去疾、冯劫屈死之案

丞相李斯，不仅是协助秦始皇统一中国的功臣，并且在巩固统一的过程中，他也竭尽所能地执行秦始皇的决策。在统一天下之后，李斯作为秦始皇最受信任的大臣，参与了许多国家大计的决策过程。说他是秦始皇的重臣、国家的栋梁，当之无愧。

在赵高主谋发动“沙丘之变”之时，李斯出于利益考虑而与赵高合作，篡改秦始皇的遗诏，废杀长子扶苏而扶立胡亥为秦二世皇帝。二世皇帝与赵高有特殊关系，对赵高极为信任，而对丞相李斯心存疑忌。李斯没有想到的是，这从根本上改变了两人之间原来的政治地位，他受制于赵高，最终被赵高设计杀害，祸根就肇端于此！

秦二世在赵高的怂恿之下，把秦的暴政推向了极端。陈胜、吴广揭竿而起，首举反秦义旗，起兵响应者风起云涌。秦的统治已经处于风雨飘摇之中。已经是大权旁落的丞相李斯，几次要求给以单独召见的机会，准备劝谏皇帝，设法渡过危局，但秦二世根本不予理睬。李斯在秦二世的讥责之下，心生恐惧，只怕丢掉高官尊位，竟然改变了直言进谏的初衷。为了迎合皇帝的私欲，固位求宠，他写了一篇《劝行督责书》，进呈秦二世。这封上书的主旨，就是把申不害、韩非等人所主张的君主独裁理论，从恶的方面，推到了极致。他公然鼓吹，作为一个有为的君主，就应该是绝对专断，不受世间任何力量的制约，特别是要运用重刑秘术控制群臣，“唯明主为能深督轻罪”“能独断而审督责”“明君独断，故权不在臣”“能荦然独行恣睢之心而莫之敢逆”。[⑤]李斯的这篇“妙文”，文字深刻刺骨，是君主专制理论中最酷烈、最黑暗的一部分。如果说当年写《谏逐客书》时，李斯还是一个积极奋进的学者，那么，写《劝行督责书》时的李斯，已经完全堕落成为了保利禄而出卖良知的政客了。

面对“盗贼益多”的局面，秦朝统治者急需制止大乱的方针大计。但是，在这种非常时期，因为秦二世轻信赵高之言，公卿大臣少有朝见的机会。赵高凭借对李斯政治责任感的了解，鼓动李斯去进谏二世皇帝。赵高把李斯的忧国忠谏，说成是为了图谋私利，并且给李斯父子罗织了与叛乱者勾结的罪名。秦二世居然完全相信赵高的话，下令将李斯逮捕下狱。秦二世明明知道此时的李斯与赵高已经是势同水火，却指定由赵高主审他的案件，这种安排，无异于置李斯于死地。

李斯的优势在于处理行政事务，如果说到以政治手段对付政敌，他远远不是赵高的对手。赵高审案之初，就极力网罗李斯与儿子李由“谋反”的罪状，将李氏一门的宗族、宾客全部收捕。赵高动用各种酷刑拷问李斯，李斯实在无法忍受折磨，只好屈打成招。

行刑之日，李斯被押出狱外，在泪眼昏花之中，对身边的一个儿子说道：“吾欲与若复牵黄犬俱出上蔡东门逐狡兔，岂可得乎？”[⑥]于是，父子抱头痛哭！满门老小，共赴黄泉。时为秦二世二年，公元前208年。

此外，还有两位朝廷大臣被迫自杀而死，这就是右丞相冯去疾、将军冯劫。冯氏兄弟见于史书记载的内容很少。面对秦末大乱之局和秦二世的荒唐之举，他们二人与左丞相李斯忧心如焚，相约借机进谏，要求秦二世改良政治，减轻徭役赋税，停止阿房宫修建工程，以重拾民心。这本来是图谋挽救危局的自救之策。但是，秦二世在赵高的教唆之下，却如此回复这些忠心忧国的大臣：“凡所为贵有天下者，得肆意极欲，主重明法，下不敢为非，以制御海内矣。夫虞、夏之主，贵为天子，亲处穷苦之实，以徇百姓，尚何于法？朕尊万乘，毋其实，吾欲造千乘之驾，万乘之属，充吾号名。且先帝起诸侯，兼天下，天下已定，外攘四夷以安边竟，作宫室以章得意，而君观先帝功业有绪。今朕即位二年之间，群盗并起，君不能禁，又欲罢先帝之所为，是上毋以报先帝，次不为朕尽忠力，何以在位？”[⑦]于是，毫不客气地将冯去疾、李斯、冯劫三位重臣逮捕治罪。冯去疾、冯劫为了保持“将相不辱”的大臣尊严，无奈之下自杀而死。这是以极端的方式表达对朝政的绝望。

在很短的时间内，右丞相冯去疾、将军冯劫、左丞相李斯，三位社稷之臣相继死于非命，象征着秦朝的政治、军事中枢停止了正常的运转。此后的政局完全落入赵高的控制之下了。

此后，秦朝高层的内部激斗还在进行，自我残杀还在延续。“指鹿为马”的赵高，发动“武夷宫之变”，杀死了他手中的傀儡秦二世。随即拥立子婴，自行废除帝号，改称秦王，意在割据关中。子婴以超凡的胆识和勇气，利用赵高进见议事之计，击杀大权在握的赵高。

此时，沛公刘邦已经进兵关中，兵锋直指秦都咸阳。新近即位的秦王子婴，自知大势已去，只好迎降于刘邦。时为秦二世三年，公元前207年。

号称强大无比的秦王朝，在全民抗暴的风暴中，在统治集团内部自相残杀的血腥中，以快速的步伐归于覆灭，给后人留下了“大一统”王朝短命而亡的一个典型。

上述两大自相残杀案件，把统治集团内有威望、有经验、有能力的精英人物屠戮殆尽。治史者不妨思考一个问题：假如没有如此大规模的内部自相残杀，秦王朝的国运是否还会多维持一些时间？甚至有转危为安的可能性？

三、结语

回应开篇语，笔者的结论回到《过秦论》的话题上。贾谊对秦朝短命而亡原因的讨论，得出的最为核心的结论有两点。

其一是秦王朝多行暴政，失去民心，最终导致土崩瓦解之势。这层意思，前贤所论甚多，我不再赘述。

其二是秦王朝错失了两次调整国家统治政策的良机。第一次是在吞并六国统一天下之时，秦始皇没有意识到以统一为分界线，形势不同了，统治政策也该作出相应的调整。也就是贾谊总结的“攻守异势”“异术”的大道理，秦始皇根本不懂得。第二次良机是秦始皇死后、二世皇帝继位之时，本来也是推行新政的机会，也就是修改老皇帝的错误做法、与民更始的好机会，遗憾的是，秦二世皇帝根本没有这样的认知能力，反而全盘坚持秦始皇的错误做法，甚至是变本加厉。这就是贾谊对秦二世一再给予严厉批判的原因之所在：“今秦二世立，天下莫不引领而观其政……乡使二世有庸主之行而任忠贤，臣主一心，而忧海内之患，缟素而正先帝之过……虚囹圄而免刑戮，除去收帑污秽之罪，使各反其乡里……轻赋少事，以佐百姓之急；约法省刑，以持其后，使天下之人皆得自新；更节修行，各慎其身……二世不行此术，而重之以无道……奸伪并起，而上下相遁；蒙罪者众，刑戮相望于道，而天下苦之。”[⑧] 贾谊的分析流露出痛惜之情，也就是在批判秦二世错过了调整统治政策的良机，最后导致身死国亡的历史悲剧。

由此而论，《过秦论》是强烈主张国家的统治政策应该随着形势的变化而变化的。守旧而不思变化，是导致秦王朝速亡的主要原因之一。

汉家政权在多年兵火劫难的废墟上诞生，百废待举，以贾谊为其杰出代表的汉初思想家，冷静地总结历史，以秦朝的速亡为例证，劝谏汉朝的统治者，改弦更张，以新的治国思想来调整统治政策。思想家“以史警世”的价值，在这里得到彰显。至于后世统治者能够在多大程度上接受汉代思想家的警示，在运作国家统治权力之时，切实想到要防止“土崩”与“瓦解”两种社会危机的发生，则是另外一个题了。

【注释】

① 《史记》卷一二〇《张释之列传》。

② 《史记》卷一一二《平津侯主父列传》。

③ 《史记》卷八七《李斯列传》。

④ 《史记》卷八八《蒙恬列传》。

⑤ 《史记》卷八七《李斯列传》。

⑥ 《史记》卷八七《李斯列传》。

⑦ 《史记》卷六《秦始皇本纪》。

⑧ 《史记》卷六《秦始皇本纪》引《过秦论》。

试论汉文化生成模式的若干问题

王　健
江苏师范大学教授

一、问题的提出

本文研讨的汉文化，是指两汉时期形成的、以汉族为核心载体的断代文化形态。与拥有两千多年历史的汉民族文化（即广义的汉文化）相比，它是一种狭义的汉文化概念。自新史学问世以来，传统文献研究与考古研究逐渐会通，为重建汉文化带来全新的视域融合。① 其跨世纪成果结晶为断代文化史、文化通史的两汉文化卷和汉代考古发掘的大型报告，而各类专著、论文更是不胜枚举，跨学科研究成为重建断代汉文化的学术前沿。②

反思当前的断代汉文化研究，虽然在重建古史的目标上取得重大进步，但尚存在一个较为明显的薄弱环节，即在上述大量的成果之中，真正将汉文化作为一个整体，从文化生成的维度展开专题探索，研讨其生成的历史机制和发展模式的话题却较少受到关注，一些学术名家从宏观角度论述了秦汉文明或考古学文化的发展特征和规律，③ 但鲜见系统探索和不同观点的争鸣。同时，对于汉文化生成的认知误区也缺乏理性反省。这种局面倘不改观，将加剧汉文化研究的碎片化趋势，也妨碍人们体认汉文化形成、演变的运行规律，这与汉文化研究的显学地位是不相匹配的。正如学者所言："历史研究不能满足于现象的'个体描述'，而应当关注'总体历史'。"④ 因此，激活汉文化生成的问题意识，叩问汉文化生成的历史机制，还原汉文化生生不息的历史风貌，是当下治汉史者亟待突破的研究瓶颈之一。

有鉴于此，本文尝试将文献研究与考古新资料、新成果融合会通，追溯汉文化远承和近承的渊源关系，分析汉代历史主体的选择性继承机制，探索汉文化生成的创新机制，揭示其生成、演化历程所蕴含的动态模式及历史特征，辨析积非成是的认识误区，力求真切地把握汉文化生成的内在逻辑和历史真相，并求教于方家。

二、汉文化对周秦文化的选择性继承

汉代文化形成的历史渊源，是探讨汉文化生成的基本问题。这种渊源关系，可以分为远承和近承两个层次来分别考察。

先看汉文化远承关系。三代文化是我国进入文明时代早期发展的重要阶段，开创了中国道路的农耕文化、宗法文化、礼制建构和道德精神的基本模式，构成汉文化的历史源头。特别是汉文化对周文化的选择性继承更有突出的表现，留下了大量有迹可循的历史线索。

其一，农耕文化形成于夏商时期，至周代进一步完善，形成农居聚落、农业技术、农政思想、农神祭祀和农事诗篇等系列形态，对汉代文化产生了深远影响。以承接周制的籍田仪式为例，是为来源于原始公社时代的古老习俗，《甲骨文合集》所收材料留下商代籍田记录，西周时期的籍田亲蚕之礼已充分制度化，《国语·周语上》载虢文公言论，反映了周天子亲率农事的古礼。西汉初年，汉文帝效法古制，在汉代首开籍田之礼。《史记·孝文本纪》载二年诏书："农，天下之本也。其开籍田，朕亲率耕，以给宗庙粢盛。"[⑤]西汉的景帝、武帝和昭帝，东汉的明帝、顺帝和献帝都曾亲耕籍田。籍田仪式的制度功能承载"致敬鬼神"、"率劝农功"和"亲民和民"等多重意义，成为汉代塑造农政仪典、倡导重农主义政策的文化象征。[⑥]

其二，宗法文化是上古血缘社会的产物，周朝宗法的原则称为"别子为祖，继别为宗"，其核心是嫡长子继承制和按宗族血缘来"受民受疆土"的分封制。周朝的封邦建国分为同姓封国与异姓封国两种，目的是为王朝设置蕃屏。汉代封国制度就来自西周分封传统，正如王夫之所指出："高帝之大封同姓，成周之余波也。"[⑦]周朝封侯有册命之辞，要在祖庙举行册命典礼。西汉初期封国建侯也循周制在宗庙举行，汉高帝曾"择良日，立诸子洛阳上东门之外，毕以为王"，"使黄河如带，泰山如厉，国以永存"即是册命之辞。研究者指出，汉武帝分封三王的诰文就颇近似于西周封国建侯礼与锡命礼。[⑧]正是在继承西周分封传统的基础上，汉代创建了郡国并行体制和相关的政治文化。

其三，礼制是三代国家的典章制度，西周初年周公制礼，"经国家，定社稷，序民人"[⑨]，囊括了从国家体制到贵族生活规范的方方面面，形成影响久远的礼治传统。两汉文化中传承了很多周代礼制规范，以汉代婚俗为例，其纳采、请期、亲迎等"六礼"均来自《仪礼·士昏礼》。西汉末，王莽当权复古改制时重申亲迎之礼："（元始三年）诏光禄大夫刘歆等杂定婚礼。四辅、公卿、大夫、博士、郎、吏家属皆以礼娶，亲迎立轺併马。"[⑩]朝廷虽新定亲迎之制，仍是遵"六礼"精神行事。再如汉代葬俗中的"正藏"与"外藏椁"制度，约发端于春秋晚期，至战国时至少已成为好几个诸侯国的王陵制度，此即"周制"。汉代诸侯王和列侯的墓葬沿用了这种传统，其表现形式则发生了一定的变化，被称为“汉制”。但后者却是由前者演化而来的，其基本制度即模拟的内容是一致的。[11]

其四，西周在政治文化领域最重要的遗产，就是首倡“以德治国”，开创伦理规范政治的先河。周人倡导的德，“不仅是包含着正心修身的功夫，并且还包含有治国平天下的作用”[12]。汉代思想家“斟酌道德之渊源，肴核仁义之林薮”[13]，承续西周贵族政治的伦理传统，以儒家伦理为核心，融摄道、法等多元伦理精神，建构了中古政治伦理的理论基石。西汉形成的伦理政治结构包含两大机制：一方面，汉廷用纲常伦理控制臣民；另一方面，士大夫用伦理政治原则制衡皇权。这种政治生态对于调节专制弊端，维系中古政治与社会秩序，促进社会稳定发展起到了重要作用。[14] 以上对周文化的远承关系，被史家概括为“承周立汉”。

再来看汉文化的近承关系。近承关系中最重要的是前朝文化，秦朝政治制度为汉制度文化提供了主体构架，《后汉书》称之为“汉承秦制”[15]。楚汉相争期间，刘邦集团曾力图恢复楚制，但开国后很快转向对秦制的全盘继承，当然也有很多创造性的改良。《汉书·百官公卿表》将大量汉朝职官都注明“秦官”，反映了秦制在汉职官制度中占据了主体地位。专家指出：“汉初全国的官制、郡县制、二十等爵制、钱币和度量衡制度皆承自秦制，这加强着文化的统一性。”[16] 这种继承现象，反映了汉代制度建设的高度指向性和自觉性。[17]

为何秦朝制度在列国制度中脱颖而出，得到汉统治集团的青睐？战国数百年间，有丰厚的列国制度资源积淀。经过长期的制度竞争和优胜劣汰的实践检验，秦制的历史优势脱颖而出。这种制度优势可以概括为变革性、创新性和高效性，是秦人政治发展中追求制度创新的雄厚成果。如陈直先生所论：“秦自商鞅变制度之后……采六国之所长，创秦国之定式，始皇并天下以后，更加就损益……成为一套完整的政权体制。”[18] 这笔遗产为西汉开国集团所认同，田余庆先生将这种现象称为“承秦立汉”[19]。正如有的学者所指出：“从秦始皇到汉武帝，历史内在的脉络并没有发生断裂。秦制中许多积极的东西，通过汉初百年的继承和消化，而永远地留存在此后的中国历史之中。”[20]

但问题的复杂性在于，由于秦朝二世而亡，秦朝的大一统文化形态处于一种未完成时态。与借助武力征伐完成的政权递嬗相比，分立文化的整合是一个更为长期的渐进过程。秦始皇虽然抱有一统天下文化的雄心，用行政力量推行秦文化来整合关东文化，但秦与关东六国之间仍存在着文化传统和社会心理上的隔阂、对立，造成了很大的阻力，因此统一进程举步维艰。睡虎地秦简《语书》透露，在秦人统治楚故地南郡半个世纪之后，南郡百姓“私好、乡俗之心不变”[21]，仍在抵制秦朝法令和“匡饬异俗”的政策。另外，秦统一后的行政制度，“总的来说，是以秦人对关东地区的征服、压迫和奴役为前提的”“承担帝国繁重徭役的却主要是关东六国人”。[22]秦地域政策引发的尖锐矛盾和冲突，成为导致秦亡的重要因素。

当秦朝的短命统治结束和楚汉相争尘埃落定，刘邦集团完成了政治上的朝代递嬗。新王朝面对双重的文化遗产——既有秦朝遗留下来的一种远未完成整合的朝代文化形态，也有东周数百年诸侯分立形成的多元文化系统。对汉文化近承的历史资源要作具体解析，这是把握和分析汉文化生成问题的特殊前提。

还要指出，文化分合是一个动态的辩证过程。在指出秦朝文化欠整合、区域冲突严峻的同时，我们还要注意东周期间出现的文化融合现象。随着生产力的进步、市场的拓展以及各大文化圈之间空前频繁交往等多种因素的推动，在各个部族之间、各大文化圈之间出现相互吸纳、逐渐融合的文化趋同。以黄河流域为中心的中原文化对长江流域的扩张浪潮，使后者不断吸收、接纳中原礼仪规范、器用制度和文化习惯，两大流域在经济形态和生活方式上所呈现的一致性，使得南北地区在文化上跨越政治和地域的阻隔而深度交流并加快文化认同，逐渐走向以中原为中心的文化统一体。[23]从民族结构来看，经过东周以来长期的民族融合，华夏民族已出现在历史舞台上，文化分立格局也在逐渐消解之中。事实上，这种华夏文化的发展趋势，为汉朝大一统的汉文化生成创造了条件。

以上揭明，汉初文化的继承并非单纯地借鉴前朝文化遗产，而更多地表现为对东周各大文化圈传统的选择性继承关系。下面就汉文化结构性成分的继承脉络作进一步的分疏。[24]

（一）意识形态：对楚文化和齐鲁文化的重点吸收

在汉代文化建构中，先后有几个融合高潮：西汉初年形成新道家，西汉中叶的儒家独尊和新儒学，西汉中后期的谶纬思潮。其中以楚文化为主体背景的道家文化，以齐鲁文化为背景的儒家体系，先后主导了汉文化的意识形态建构。西汉前期，来自战国楚地、主张清静无为的道家黄老学说，为汉初统治者提供了治国思想。道家文化的源流可以追溯到楚国本土创造及发展，熊铁基先生的新道家研究，充分揭示出道家思想所折射的楚国地域环境及其融入汉文化发展的历史过程。[25]由于刘邦开国集团主要来自西楚，该地域盛行的道家黄老思潮对统治者的抉择产生了不容忽视的影响。[26]

至西汉中叶，主流意识形态面临一场变革，朝廷政治文化酝酿着重大转向，在武帝时代推向演变的高潮。武帝发起的表彰六经、独尊儒术政策，是对百家争鸣时代各种思想遗产的再选择。汉廷推行了一系列儒家制度化举措，使之取代黄老道家，成为汉朝的官方统治思想和主流的社会信仰。孟祥才先生的齐鲁文化史研究，充分解析了这种文化趋势。齐鲁故地是两汉时期输送儒家精英和贡献经学典籍最多的区域，对汉文化精英思想的生成、发展作出了不可替代的贡献。[27]还需指出，以三晋文化为源头的法家文化，以燕齐滨海文化为背景的阴阳五行学说和谶纬思潮，这些来自不同地域背景的精神文化，在汉代正统的意识形态结构中都扮演了不同角色，成为汉文化的有机组成部分。比如，汉代尊儒的表象之下，深层结构则是外儒内法的，其中源于三晋文化的法家思想充当了维护皇权、控制臣民的思想工具。

（二）文学艺术：对楚文学艺术浪漫主义传统和楚辞文体的重点继承

汉代文学成就显赫，被公认为中古文化史上的文学高峰之一。无论是汉赋还是乐府诗歌的艺术特征，在其历史渊源与继承关系的谱系之中，楚文化的传统都占据了显著的主干地位。刘跃进先生的汉代文学地理研究，发掘了汉文学的空间分布和流派特征，揭示了汉赋艺术特色中蕴含的楚文化基因。[28]还有研究者指出，汉人对屈原和楚辞的接受，首先是精神上的。司马迁则更加肯定“屈平之作《离骚》，盖自怨生”的合理性。[29]其次是艺术表现上的接受。汉赋的许多作品在艺术形式方面都直接或间接地接受了楚辞的影响，再转化为汉赋“铺彩摛文，体物写志”的结构形式。如《七发》即是如此。汉代辞赋还直接承受“《离骚》之文，依《诗》取兴，引类譬喻”[30]，在文学上就是用物之美去象征、衬托、彰明人格及人品之美。汉赋对楚辞的这种象征手法的接受还表现在隐喻君臣关系的抒情模式中。在句式上汉赋对楚辞也有较多的接受，如枚乘的《七发》就有明显的楚骚句式。此外，楚辞对汉乐府也产生了极大的影响，汉代五言诗和七言诗的形成也受益于楚辞。[31]

（三）风俗文化

在东周数百年间，七大文化圈的风俗模式有很大差异，形成关东与关西、北方与南方的空间分野，在居住、婚姻、丧葬、祭祀和衣食住行等各个生活层面，存在明显的地方差异。在西汉建立后，不同文化区的风俗形态中凝聚的文化共性因素愈来愈趋于突出，而各个区域本土文化传统却在共性因素生长融合中趋于弱化。

以葬俗文化为例，考古研究揭示出，关东地区以本土文化传统为基础，在相互影响的过程中扬弃了旧传统，逐渐变革而生成新的文化形态。黄晓芬教授的汉墓研究，揭示了汉墓形成过程中存在传统与革新的诸因素。汉墓的变革来自传统的椁墓形制自身的阶段性发展变化，进而转变为新兴室墓。东汉以后，以穹隆顶为特点的砖、石室墓在帝国上下都呈现出一元化普及现象，标志着考古汉文化在墓葬形制上的彻底确立。[32]具体而言，室墓的生成经历了三个阶段，即椁内开通、向外界开通和祭祀空间的确立，“中轴线配置型的前堂后室式室墓就是代表了室墓走向完全成熟后的构造形制”[33]，换言之，墓室层面典型的汉文化至此彻底确立了。

汉文化新生因素的出现，并非完全颠覆传统的全新文化，而是新的思潮与地域文化整合的结果。以汉墓陪葬品之习俗为例，一方面，关中地域秦文化习俗对汉文化形成贡献了富有发展前景的习俗性基因——生活化明器。研究者发现，秦葬俗率先摆脱周礼制的羁绊，对汉文化葬俗的生成具有先导性影响：“随葬囷、车模型始于秦国，反映秦国社会形态和风俗习惯开始发生变革，旧的礼制正在被破坏，开启了汉代随葬囷、灶、井、车、家禽、家畜的先河。”[34]、“从新器物来说，秦墓新出现的器物，常常以某种日用器物取代另一种日用器物，或以实用器物取代陶礼器，最后陶礼器日趋消亡。如战国中、晚期出现的茧形壶、蒜头壶、缶、鍪、瓮等，即先后取代了陶礼器。”[35]亦有研究者指出：“战国晚期，随着秦国征服六国的战争，各地区都不同程度地接受了秦文化，文化面貌已经开始了走向统一的趋势。”[36]这种传播和涵化过程，体现了秦文化具有较强的传播优势。

另一方面，出现关东文化与秦文化互动融合的现象。以秦文化葬俗中屈肢葬蜕变为直肢葬的进程为例，研究者注意到，秦文化并非一成不变地向东传播，其间，也可能受到东方文化的影响而产生融合。例如在湖北云梦睡虎地发掘了一批秦统一前后到汉初的秦人士兵墓葬，“随葬器物具有明显的秦文化传统，但人骨葬式均为直肢葬。这些情况表明，从战国末年到汉初，随着秦人与关东地区的交往，秦人墓葬的人骨葬式也受到了关东地区的影响，由秦式屈肢葬向直肢葬转化”[37]。这些现象说明，不同地域文化接触、融合的过程中出现的改变并非单向度的，而是互有取舍。

汉风俗文化对楚文化也有重要的承传表现。湖北睡虎地 M77 出土的汉代简牍中，《葬律》简为首次发现。[38]简文对西汉彻侯葬制的绞衾、祭奠、棺饰、棺椁、墓坑、墓地、墓园诸制度均有规定，所及葬俗与先秦时期的楚制非常一致，说明汉初葬制是承传了先秦楚制。[39]再以西汉漆器为例，学者对扬州地区西汉墓葬出土漆器的研究表明，该区漆器种类、胎质、工艺及纹饰等均受楚文化的强势影响，延续时间较长，西汉晚期仍可见楚文化的印迹。但该区漆器又有鲜明的本土特色。所以，它是动态继承楚文化，而非一成不变、故步自封的，即继承中有所创新与发展。这个案例表明，西汉先民在吸收楚文化精粹的同时，渐进性地加入自身的文化因素并融入汉文化。[40]

再以汉代东方诸侯王的墓葬文化为例，其“斩山为廓，穿石为藏”的营建方式，前庭后寝的墓室结构，金缕玉衣的使用制度，配套的陵园和寝园制度，这一整套墓葬文化虽然容纳了战国王陵形制的一些元素，但其所呈现的文化共性因素便是典型的汉文化，恰好与汉文化生成的历史进程配合默契，是观察旧的文化壁垒被消除、汉文化逐渐生成的重要侧面。

还要指出，汉代风俗区域的融合是一个相对的过程，要用多样、统一的辩证关系来看待习俗融合的历史进程。《汉书·地理志》中的二十多个风俗区，在大一统的文化进程中仍保留了相当丰富的地方传统，并不是简单无条件的文化统一。这种地域之间的文化个性差异，贯穿了两汉乃至中国通史。[41]

以上考察显示，汉文化在文化源继承的客观选择上是多源并取的，并没有狭隘地拘泥于某种文化形态作自我复制，而是以海纳百川的胸怀，广采博取的策略，来吸收华夏文化圈内不同区系的精华成分，为自身生成和发展服务。这种生成机制，给汉文化带来源头多元、内涵丰富、高度适应社会发展需求的进步属性。

三、汉文化生成的创新表现

汉文化的生成过程，显示了汉文化具有选择性继承的能动机制和强大的创新机制。上文已重点论述了继承机制，此处拟就汉文化的创新机制作概略论析。

人才资源是文化创新的基础。繁荣的社会经济，发达的教育设施，广泛的文化传播渠道，功业建树的人生追求，成为汉代文化人才成长的有利条件。文化精英是文化创造的主体，两汉时期各类文化人才的涌现及其个人创造力的迸发，将汉文化创新推向高潮时段。班固曾有一段话，对西汉中叶人才辈出格局作出经典的表述：

汉之得人，于兹为盛，儒雅则公孙弘、董仲舒、兒宽，笃行则石建、石庆，质直则汲黯、卜式，推贤则韩安国、郑当时，定令则赵禹、张汤，文章则司马迁、相如，滑稽则东方朔、枚皋，应对则严助、朱买臣，历数则唐都、洛下闳，协律则李延年，运筹则桑弘羊，奉使则张骞、苏武，将率则卫青、霍去病，受遗则霍光、金日磾，其余不可胜纪。是以兴造功业，制度遗文，后世莫及。[42]

众多的治理人才，只是汉帝国文化人才辈出格局的一个侧面。两汉文化人才星空璀璨，从西汉的司马迁、贾谊、董仲舒、司马相如、杨雄、李延年、张骞到东汉的班固、张衡、王充、王符、蔡邕、蔡伦等，这成为两汉文化繁盛局面的人才支撑。由于历史的局限，两汉文化的民间人才很难知名见纪，但在汉画像艺术、古诗十九首乃至汉代器物遗存的工艺成就层面上，都可以展现民间的文化创造，杰出的民间文化人也是汉文化创造的历史主体。

汉文化创新的历史表现有五个方面。第一，制度的创新。在政治制度领域，形成了皇帝制度、廷议制度、刺史制度、察举制度和太学制度等系列化的体制性制度，而在中观和微观制度层次上，出现了诏书传布乡里的扁书制、鸠杖尊老制、公车上书制等新制新规。[43]在汉朝问世的新制度中，如察举制的发明，的确是前无古人的制度创造，它使职位不再世袭，“草野之士可以凭自己的才能获取官职。使先秦时期任职制度中任人唯亲的弊端在某种程度上得以克服”[44]。后来又逐渐演变为科举制，在中国的文明模式中，这是唯一的可供选择的文官制度。而且在前工业时代，它还是一种较为理想的政治形态。[45]

还有大量来源于前朝但有显著改良的新制，如弥补、调节汉代君主专制制度缺失的廷议制度。“廷议在秦汉尤其是在西汉，起到了一定的积极作用。这一时期基本是有政必议，朝臣参议者范围比较开放。通过廷议剖析治国课题，集思广益，阐明利害，不同的方案在辩论中比较出它们的利弊长短，在此基础上为国家政务的决策提供了比较合理和切实可行的处理方案”。“两汉以廷议意见为断的情况居多数,这就意味着在一定条件下把君主决断限制在众议可行的方案范围内，使最终决策有可能建立在集思广益和正确判断础之上，对加强封建统治有重要作用”。[46]再如汉代盐铁官营体制的创新性，“这项政策有效地节制了资本，裁抑了兼并,剥夺了私家操纵盐铁的专利”,“由于冶铁作坊的官营适应于批量的铁器制造，极大地促进了生产技术和生产效率的提高”[47]。该体制源于春秋战国时期的齐国，但汉武帝时代创制作了显著的改革，属于改良型的制度创新。

第二，思想文化的创新。在社会思潮领域，先后涌现了新道家、新儒家和谶纬思潮；在学术领域，尊儒政策造就了先秦所未见的经学体系。董仲舒创立的新儒家，在继承儒家学说的基础上，吸收了黄老思想、法家思想、阴阳五行思想和谶纬观念，进而提出具有时代标识意义的“谴告论”“天人感应论”，倡导富有改革精神的“更化论”，是一个在更高阶段上融合各家思想的、更发展了的思想体系。[48]如对传世《孝经》的经学解读、《忠经》的问世，将忠孝思想升华为中古特色的伦理体系。[49]这些纲常伦理等社会观念不仅载入传世文献,还渗透到画像石、墓葬壁画、碑刻和简牍等物态文化载体中，对整合“人识君臣父子之纲，家知违邪归正之路”[50]的儒家社会起到了重要作用。再如文学领域出现的汉赋体、前所未见的五言诗和七言诗，东汉宗教领域形成的原始道教信仰，中外文化交流带来的佛教传播局面等。

第三，社会风俗的更新。以婚礼丧服之制为例，先秦传统为“昏礼不贺”，到西汉中叶，汉宣帝颁发诏书予以解禁。周寿昌曰：“前汉承周制，故郡国二千石禁民嫁娶不得具酒食相贺召。至此特诏弛禁也。”[51] 社会各阶层婚嫁的贺婚、喜宴和饮酒等新习俗出现，婚俗较之先秦有了很大的变化，产生了新的礼制。依周制，“天子七月而葬”，但西汉皇帝的葬期较之周制有很大改革，最短的文帝葬期为七日，最长的哀帝葬期为一百零五天，无一与周制相合，可知西汉葬期迄无定制。[52] 在丧服制方面，周制为父为君为天子服丧三年，文帝对此也有重要改革，定制为三十六日。颜师古注：“此丧制者，文帝自率己意创而为之，非有取于周礼也。”又曰：“汉制，自文帝遗诏之后，国家遵以为常。”[53] 再如葬俗方面，最突出的是家族茔地的兴起。这是土地私有制实行后的一种新现象。如洛阳烧沟汉墓群中郭姓、吴姓、尹姓等系列家族墓地，与周代墓地大异其趣，是为“汉文化的新特点之一”[54]。汉葬俗文化另一个突出特色，是礼制传统的衰落和陪葬明器日趋生活化，模型明器的发达成为汉文化迥异于两周礼俗的新形态。[55]

第四，技术的创新。汉代是中古史上技术创新的辉煌时期，坦普尔教授在《中国：发明与发现的国度》中列举了中国首创发明和发现的100项科技成就，有多达38项注明是发明或发现于汉朝。汉代技术创新的成就包括铁犁、旋转式风车、曲柄摇把、龙骨车、耧车、生铁炼钢、水排鼓风箱、造纸、瓷器、地动仪等，对农业、手工业生产、交通运输等具有极其重要的促进作用。以农技的创新为例，史念海先生指出，汉代农业技术的改革“以赵过的代田法和氾胜之的区种法最为重要”，直到西汉末年，“区种法仅试行于三辅，代田法则三辅而外，曾在西北边地推广，山东似尚未沾其余泽”。[56] 新农具如三脚耧车、水排、石磨等逐渐问世，推动了农业耕作效率的提高和粮食消费习惯的改变。以耧车为例，耧车在汉代又叫耧犁，崔寔《政论》中说“其法三牛共一犁，一人将之，下种挽耧皆取备焉”[57]。耧车的发明不仅有利于抗旱保墒，还大大提高了播种效率，一直沿用至近代。

第五，物态文化的创新。如城市新规制下的汉长安城、洛阳城；社会消费领域涌现出的熏香习俗和焚香专用的博山炉等[58]；葬俗领域出现的墓葬画像石和祠堂祭祀画像石，这种新事物几乎与汉朝相始终，成为断代汉文化的独特艺术事象；皇室、诸侯王葬俗领域出现的黄肠题凑、金缕玉衣和银缕玉衣，以及其墓葬中的生活明器如鉦镂、盆形樽、鋞、魁、灯等，大多是先秦物态文化所未见的。仅以俞伟超先生对汉代灯具的研究为例，就有高灯（豆式）、雁足灯（柄部作雁足形）、行灯（有柄似熨斗式，便于手持行走）、辘轳灯（卧羊式或椭盒式）、卮灯（卮形深腹）等，再现了社会上层考究的生活场景，品类令人目不暇接。[59]

上述带有原创和创新意味的各类文化事象，大都是先秦和秦代文化中所未见的新事物，均是在旧质基地上渐变或突变而产生的新质事物。作为文化生成的结果，一种崭新的、充满生机和朝气的汉文化降临人间。大融合带来文化大更新，文化旧貌变新颜。比如，从思想层面看，新儒家不再是原始儒家，新道家也不再是原始道家；从制度层面看，皇帝制度不再是东周列国的国君制度，墓葬格局也不再是七雄时期各行其是的纷乱制度。新内涵、新形式、新景观在涌现，旧文化很多形态及元素也在黯然退场，比如，制度名物领域中大量东方列国的官职名称、葬俗领域的屈肢葬等均成为历史陈迹。文化形态的新旧演替，充分展现了汉文化除旧布新的强盛创造力。

四、汉文化生成机制的几个特点

汉文化生成模式充满历史运动的辩证法，它对周秦文化和七大文化圈遗产的选择性继承，既表现出中古时期断代文化形成的普遍特征，也带有两汉时期独特的历史烙印。

第一，在汉文化的生成过程中自觉性和自发性两种机制共驱并存。这个历史进程，既是汉代统治集团致力于文化建构的自觉进程，也是文化自我更新、自发融合、自发选择的进程。汉代君主及其官僚集团在实施文化统治方面，具有较强的选择态度和设计意识,通过定向的文化选择和整合举措,来推进文化的不断完善。在承周立汉的过程中，西周确立的伦理政治传统和宗法礼制传统被汉代选择性继承；汉代诸子的思想成就，都是建立在继承东周百家之学基础上并有所扬弃的再创造；在承秦立汉方面，秦制度体系被汉代统治集团主动采用，反映了一种自觉继承的生成机制。

汉文化生成中的所谓自发过程，其实是遵循着文化适应性的进化规律。七大文化圈各自的本土文化成分，除了政策选择的结果之外，更多的是文化适应性在起作用。也就是说，汉代历史条件下社会具有自发选择机制，哪种文化因素更能契合汉代社会发展的客观需要，该因素就能够适者生存，自发地融入汉文化结构中并得以延续和发展；反之，不适应新时代需要的文化成分便蹈入自然淘汰的命运。

第二，创新机制也是新元素的增益和改变，才得以在继承基础上产生新质事象。文化创新未曾割断与渊源文化形态的联系，正如国外学者对文化创新原理的分析：“新事物指向未来，但它不是从未来中产生，而是从过去中成长起来。”[60]以上述汉赋的创新为例，如果仅仅是继承和接受，还不能使汉赋成为汉代的“一代之文学”。除了直接继承楚辞的有关元素外，当今研究者将创新机制主要归结为三个方面：一是多种句式交错运用；二是对楚辞对话体结构的改造；三是对楚辞中自然描写的超越。[61]上述新因素的融入，带来了成功创新，才使汉赋在璀璨的汉文化宝库中占据一席之地。文化生成的结果，使得汉赋这种新的文学形态降临人间，质朴雄浑，超迈往古，焕发着两汉闳阔进取的时代朝气。

第三，汉文化生成是原有各大区域文化整体性变革的结果，是七大文化圈基因的重组和更新。汉文化不是先验地存在的某种文化范型，而是在汉帝国建立后的广袤空间中，由不同地域文化的交融、相互吸收、相互整合的新事物，是整合过程的最终结果。这是由不同地域文化贡献公共因子、不同文化圈基因交互重组的历史过程，也是各个区域文化产生自我变革为背景的整体转化过程，不是某种先验的既有文化对不同区域文化的置换，而是各个区域文化既有所革除和又有所增益的变迁进程。

随着时间的推移，不同区域文化体出现历时性的文化转变，汉文化风俗形态（这里指风俗文化的第一层次）率先在两京文化圈的所谓文化中心区形成，出现一种自两京向外推进的模式，率先辐射外围各大文化圈，然后逐渐向皇朝疆域的边缘文化区推展，各个文化区域共同走进新时代。

由于汉代广袤的疆域和众多文化圈的存在，这就导致共性文化因素的成长及其对旧文化的改良、取代是一个漫长的过程。研究者指出："取代秦文化的汉文化，要经过六七十年至汉武帝时才形成完整形态；汉代初期原有的秦文化和东方六国文化正处在重新组合的状态下。"[62]按照学术界的主流看法，是将汉文化确立的时间节点定在建汉之后大半个世纪左右。

需要指出，这种看法只是就汉文化整体形态的一般发展所作出的大概估计。而根据目前的深入考察，由于各个文化区本土文化传统的强弱不同，距离文化核心区的远近不同，传播渠道的通畅程度不同，所以汉文化形成的进度在空间上是并不平衡的。《汉书》中终军"六合同风，九州共贯"[63]的说法，其实是反映汉代人追求的文化理想。目前学术界对典型区域的实证性研究表明，实际上很多区域的汉文化形态确立、旧传统退场的时间坐标，要晚到两汉之际甚至东汉中、晚期。可见汉文化基调的酝酿到成熟，在汉朝这样一个疆域辽阔的大国范围内，决不是一刀切或一风吹就完成的，而是经历了从六七十年到两百多年，跨越众多世代才完成新旧交替的，所以一定要具体问题具体分析。

第四，汉文化生成过程中的一体多元性。一体是指文化大一统进程中形成统一的文化价值、政治认同、伦理信仰等民族共同体的同一性内涵。如 20 世纪 70 年代曾在长沙马王堆、山东临沂先后出土的西汉帛画，虽然两地遥距千里，但南北两地帛画从内容到风格却极为接近，表明了楚文化的广远影响和汉统一后的文化融合趋势。但一体化并没有完全消解区域文化和民族文化的历史个性。这是大一统文化模式下的多元性，秦文化区、齐鲁文化区、吴越文化区乃至楚文化区，仍旧保留了鲜明的自身个性，例如西汉杨雄的著作《方言》，便是这种区域性的生动例证。文化区域性特点的流风所及，直至现代社会仍旧得以延续。汉代各个民族文化之间也存在交流、融合的互动过程，其中汉民族为主体民族，[64]是汉文化的优势载体和传播主体，其他周边民族在大多仍保持民族自身文化基因的同时，也大量接受了先进的汉文化因素，形成民族文化共同发展、繁荣的历史景观。

第五，文化生成是“内源”与“外力”相互作用的结果，考察文化生成，既要追究本土根源，又要观照外来影响。林剑鸣先生曾将秦汉时期中外文明之间的互动，称为“大规模吸收和远距离传播”[65]，凸显了中外交流对汉文化形成、发展的巨大意义。两汉时期中外文化交流的成果十分辉煌。如同杨联陞所比喻的那样：“整个帝国的网络系统类似于一个巨大的酒瓶，尽管这个酒瓶里大多数时候都装着旧酒，但它能够不时地容纳一些新酒。”[66]外来文明输入的新事物种类极为丰富，研究者曾将其分解为九个大类、近百种形态，认为它们的存在，“丰富和充实了中国思想学术和汉代文化社会生活”。[67]上述看法，就目前中外交流史研究界来说，具有一定的代表性。

但笔者认为，从汉文化生成的角度来考察，新事物输入的意义，绝不止于所谓的“丰富和充实”作用。汉朝这种开放地拥抱外来文明的姿态，固然体现了汉文化的包容性；但更重要的是，某些外来文明因素已开始在与汉文化的互动涵化过程中转化为汉文化结构中的有机元素。最典型的莫过于佛教传入中国，在丰富了国人的宗教信仰的同时，又给予本土宗教信仰重要的启示和影响。[68]印度佛教的一些思想观念、宗教仪轨乃至教团等形式要素，最终与汉朝本土的原始信仰相结合，促进了东汉道教的形成。上述过程中还涉及文化互动双方的深义文化受容问题，有待进一步研讨。[69]由此可见，文化交流绝非单向文化移植，而是一种互相涵化的过程，主体文化和客体文化均发生变迁，从中产生出具备双方要素的新的文化组合。

五、汉文化发祥地说法的认识误区

在汉文化生成的背景中，是否存在某些研究者提出的汉文化发源地或发祥地？在汉文化生成过程中，有没有某种先验的特定文化源或来自外界的某种文化类型被用来置换、替代秦朝文化形态？

众所周知，大凡历史上任何类型的文化渊源，都是依赖于文化创造人群即早期民族为主体的。中国历史上的皇朝系列，按照该朝代开创主体的背景可以分为两种类型：一种是通过民族征服途径所建立的皇朝，通常称之为“征服朝代”，如夏、商、周、辽、金、元、清等；另一种则是由华夏族或汉族内部的各种势力集团通过武力角逐或政变方式所建朝代，如汉、唐、宋、明等。据此，可以分为征服朝代文化和非征服朝代文化。这两种文化类型的文化源头、形成模式有很大的差异。

先看具有征服民族主体的朝代文化。例如，夏、商、周这三个朝代，均具有早期民族征服的历史背景。崛起于晋南的夏族所创建的夏朝，其文化的发源地便是晋南豫西；商朝是由崛起于东夷背景的商族征服而建立，商朝文化的发源地是东夷地区；周朝则是由崛起于周原的周族征服而建立，伴随统治民族的更替，周部族取代商部族成为统治民族，周原文化便成为新兴周王朝的文化之源。岐山是西周王朝肇基之地，是古老璀璨的周文化的发祥地。

一般来说，中古时期的征服朝代中，征服民族的文化就成为该朝代文化的一支重要源头，例如契丹文化、蒙古文化和清朝文化，都具有朝代文化来源的属性，在很大程度上主导或渗透到朝代文化建构之中，所以元文化蕴含蒙古文化的源头成分，清朝文化源头可以追溯到女真族文化之源。例如，元上都遗址位于内蒙古自治区锡林郭勒盟正蓝旗草原，曾是世界历史上最大帝国元王朝的首都，始建于公元1256年，它被认为是中国“大元王朝及蒙元文化的发祥地”，忽必烈在此登基建立了元朝。人们通常也将白山黑水之地视为清朝文化的发源地或发祥地，便是这个道理。而征服民族文化来到中原之后，经过与汉文化的长期交融，最终也整合融入了新的朝代文化。

另一种是基于同一民族内部的不同势力角逐而建立的朝代文化。汉朝文化就属于这一类型，同类型的还有隋朝、唐朝、宋朝和明朝，这种类型所包含的朝代文化，无疑是中古历代文化的主导型。早在战国中后期，古代民族格局已发生巨大的变化，楚、秦部族逐渐高度华夏化，中原地区的夷狄民族被融汇到华夏族体之中。秦朝的建立，标志着华夏民族与周边民族的深度融合进入了新的统一进程。昔日七雄的划分，只能看作是政治实体的分立和文化区域的分野。因此，在汉朝对秦朝的鼎革过程中，刘邦集团取代秦朝和西楚政权，并不存在统治民族的更替，不具有民族征服的性质。刘邦虽然喜欢以“楚人”标榜，但这种身份认同只是视为楚地域文化的归属心态而已。汉初关东集团治理国家，体现了政治权力的更替；汉朝定都长安，是对关中战略优势地位的认同。汉文化形成的具体事实足以证明，关中文化并没有垄断汉文化生成的来源。因此，在中国古史上伴随王朝鼎革带来的文化递嬗，不可一概而论。

汉文化是在秦朝文化的母基上，通过各大文化圈的再整合，并且与周边四夷文化互动融合的复杂进程中生成的新文化。所谓朝代文化发祥地，应包容了该朝代文化的制度、思想和风俗乃至物态文化的基础性发源之地。但在客观上，作为汉文化的整体，其继承层面的系列要素分别来自周秦时期的七大文化圈，是七雄列国以来区域文化精华的整合与荟萃。比如，就制度渊源而言，秦文化是汉制度文化的重要源头；就儒家思想渊源论，齐鲁文化是汉意识形态的基本源头；长安和洛阳两京文化圈则酝酿了汉主流风俗文化。如此说来，汉文化就其渊源而言是多元的。易言之，汉文化的每一种组成要素，各有其历史渊源；我们可以说齐鲁地域是汉文化意识形态的发祥地，但不能说齐鲁地域是整个汉文化的发祥地。这使我们只能就汉文化的某一种结构性要素或局部的事象，来探讨其文化源头或文化发祥地。

作为汉代政治和文化中心，关中土著文化对汉文化形成的资源贡献度比较高，但不能说关中为发源地；同理，丰沛集团成为汉帝国的缔造者，其政治上起家的丰沛之地可视为西汉政权的发祥地；但无论丰沛地域，抑或汉中地域，均非汉文化的发源地，只是对汉文化生成的资源贡献度较高的区域而已。因此，汉文化作为一种整体文化形态，并不存在特定的文化发源地。[70]

综上可见，所谓汉文化发源地的观点，不仅违背了中国历史上朝代文化生成的基本规律，也不符合汉代文化的历史真实。

【注释】

① 1925 年，王国维在其《古史新证》中提出其“纸上材料”与“地下材料”的文献与考古资料互证的“二重证据法”，迄今史学界奉为圭臬。当代海内外时贤对文献史学与考古学之关系多有高论，笔者赞成杜正胜先生的广义历史学方法论：考古学是史学的一部分，这是新史学的历史概念。新史学植根于新资料，而新资料的取得则是来自于二十世纪田野考古。田野考古者和狭义的史学家只有分工之不同，其追求历史重建的终极目标则无异，而且二者合则双美，离则两伤。他们的学问就是广义的历史学。如果能从考古资料发现普遍意义的课题，推衍而成为普世性理论，这时才称得上“中国学派”吧。参见杜正胜：《新史学与中国考古学的发展》，《文物季刊》1998 年第 1 期，第 33–52 页。

② 新时期以来，学术界的代表性著述有熊铁基著《秦汉文化史》、冯天瑜著《中华文化史》秦汉章、河北教育出版社《中华文明史》秦汉卷、郑师渠主编《中国文化通史》秦汉卷，龚书铎主编《中国文化发展史》秦汉卷等。专著和专题论文甚多，不予枚举。新时期考古学汉文化的研究成果，主要集中在汉代大中型墓葬、城市遗址、丝路交通、简牍资料等专题的发掘整理报告中，如《满城汉墓发掘报告》

《徐州北洞山西汉楚王墓》《地下长安》等，以及大量专著和专题论文。

③ 在新时期史学中涉及解读汉文化生成规律的开创性、代表性成果，主要有林剑鸣先生《秦汉史》（上海人民出版社，1989）结束语中提出“主旋律与变调、中外文明的碰撞、挑战与进步”三大规律性总结；熊铁基先生《汉唐文化史》（湖南出版社，1992）对秦汉以来文化发展轨迹概括出三条重要的判断，即连续性中的波浪式发展、统一性中的不平衡发展和承传性中的老翻新；在考古学领域，俞伟超先生的经典论文《考古学中的汉文化问题》（载《古史的考古学探索》，文物出版社，2002），就探索了汉文化生成的问题，俞先生提出了一系列指导性观点，为跨学科探索提供了学术指南。

④ 冯天瑜：《中国文化生成史（上、下）·总序》，武汉大学出版社，2013，第1页。

⑤ 司马迁：《史记》卷十《孝文本纪》，中华书局，1959，第417页。

⑥ 王健：《汉代祈农与籍田仪式及其重农精神》，《中国农史》2007年第2期，17-25页。

⑦ 王夫之：《读通鉴论》卷三《汉武帝》，舒士彦点校，中华书局，2013，第56页。

⑧ 陈戍国：《秦汉礼制研究》，湖南教育出版社，1993，第256页。

⑨ 《左传》隐公十一年，《春秋左传正义》卷四，隐公十一年，《影印十三经注疏》，中华书局，1980，第1736页。

⑩ 班固：《汉书》卷十二《平帝纪》，中华书局，1962，第55页。

⑪ 俞伟超：《汉代诸侯王与列侯墓葬的形制分析：兼论“周制”、“汉制”与“晋制”的三阶段性》，载《先秦两汉考古学论集》，文物出版社，1985，第117-124页。

⑫ 郭沫若：《先秦天道观之进展》，载《郭沫若全集·历史编》第一卷，人民出版社，1982，第336页。

⑬ 范晔：《后汉书》卷四十下《班彪列传》，中华书局，1965，第1385页。

⑭ 王健：《汉代伦理政治传统的历史解析》，《江苏师范大学学报（哲学社会科学版）》2015年第5期，第82-87页。

⑮ 范晔：《后汉书》卷四十上《班彪列传》，中华书局，1965，第1323页。“汉承秦制，改立郡县，主有专己之威，臣无百年之柄。”

⑯ 俞伟超：《考古学中的汉文化问题》，载《古史的考古学探索》，文物出版社，2002，第203页。但文中所列第三条，建筑用瓦的秦式卷云纹图案；第五条，秦文化中独有的茧形壶、蒜头壶、鍪、陶仓、囷等模型明器，并指明为“随葬之俗”。将这两条现象列为继承秦制的表现，似有将习俗等同于制度的嫌疑。

⑰ 以郡县制为例，目前借助于秦简资料，对秦郡县级政区已能复原近千个县级区划，这些区划被西汉初期政区所继承。证明汉承秦制不光是郡县制的体制性继承，而是几乎原封不动地保留了秦县区划。这个历史侧面丰富了我们对汉承秦制的细部认知。

⑱ 陈直：《文史考古论丛》，天津古籍出版社，1988，第 322-323 页。

⑲ 田余庆：《论轮台诏》，《历史研究》1984 年第 2 期，第 3-20 页。

⑳ 罗新：《从萧曹为相看所谓“汉承秦制”》，《北京大学学报（哲学社会科学版）》1996 年第 5 期，第 79-85 页。

㉑ 《语书》是秦王政二十年（前 227 年）南郡郡守腾颁发给本郡各县、道的一篇文告。此时秦在南郡地方已统治半个世纪，但当地楚人势力还有很大的影响。参见睡虎地秦墓竹简整理小组：《睡虎地秦墓竹简》，文物出版社，1978，第 14 页。

㉒ 王子今：《秦汉区域文化研究》，四川人民出版社，1998，第 345 页。

㉓ 张昌平、孙卓：《略论秦统一中国的物质文化基础：以长江流域为视角》，载何驽主编《李下蹊华：庆祝李伯谦先生八十华诞论文集》，科学出版社，2017，第 720 页。

㉔ 为避免重复，上文谈及的制度继承不再列出。

㉕ 熊铁基：《秦汉新道家》，上海人民出版社，2001。

㉖ 王健：《道家与徐州考论：兼论汉初黄老政治与刘邦集团之文化地缘背景的关系》，《江苏社会科学》2001 年第 4 期，第 83-88 页。

㉗ 孟祥才、胡新生：《齐鲁思想文化史：从地域文化到主流文化》先秦秦汉卷，山东大学出版社，2002。

㉘ 刘跃进：《秦汉文学地理与文人分布》，中国社会科学出版社，2012。

㉙ 李桂荣：《论汉赋对楚辞的改造与超越》，《文艺报》2005 年 6 月 16 日理论版。

㉚ 王逸：《楚辞章句》卷一《离骚经序》，载《景印文渊阁四库全书》，台湾商务印书馆，1982，第 1062 册。

㉛ 王勇：《楚文化与秦汉社会》，湖南大学出版社，2009，第 306 页。

㉜ 黄晓芬：《汉墓的考古学研究》，岳麓书社，2003，第 2 页。

㉝ 黄晓芬：《汉墓的考古学研究》，岳麓书社，2003，第 92 页。

㉞ 黄尚明：《东周楚、秦葬俗的简略比较》，《华中师范大学学报（人文社会科学版）》2003 年第 4 期，第 73-77 页。

㉟ 李如森：《略论关中东周秦墓葬制与关东诸国的差异》，《北方文物》1993 年第 4 期，第 18-27 页。

㊱ 滑宇翔、宋杰：《秦与三晋战争对中原葬俗文化的影响》，《西安财经学院学报》2013 年第 3 期，第 101–106 页。
㊲ 滑宇翔、宋杰：《秦与三晋战争对中原葬俗文化的影响》，《西安财经学院学报》2013 年第 3 期，第 101–106 页。
㊳ 彭浩：《读云梦睡虎地 M77 汉简〈葬律〉》，《江汉考古》2009 年第 4 期，第 130–134 页。
㊴ 高崇文：《从楚文化看楚汉文脉关系》，载楚文化研究会编《楚文化研究论集（第十二集）》，上海古籍出版社，2017，第 147–156 页。
㊵ 刘松林：《扬州地区西汉墓葬出土漆器楚文化因素浅析》，载江苏省考古学会编《江苏省考古学会文集》，上海古籍出版社，2018，第 216 页。
㊶ 雷虹霁：《秦汉历史地理与文化分区研究：以〈史记〉、〈汉书〉、〈方言〉为中心》，中央民族大学出版社，2007，第 270 页。
㊷ 班固：《汉书》，大众文艺出版时，1998，第 429 页。
㊸ 刘岱：《中国文化新论·制度篇·立国的宏规》，联经文化出版公司，1998。
㊹ 任爽、石庆环：《科举制度与公务员制度·中西官僚政治比较研究》，商务印书馆，2001，第 22 页。
㊺ 启良：《中国文明史（上、下册）》，国际文化出版公司，2010。
㊻ 王健：《秦汉廷议制度的历史考察》，《徐州师范学院学报》1985 年第 1 期，第 15–20 页。
㊼ 韩国河：《两汉时期文明特点述论：兼及两汉时期中原文明的地位与作用》，《郑州大学学报（哲学社会科学版）》2004 年第 1 期，第 27–31 页。
㊽ 金春峰：《汉代思想史》，中国社会科学出版社，1997，第 209 页。
㊾ 陈少峰：《中国伦理学史新编》，北京大学出版社，2013。
㊿ 范晔：《后汉书》卷七十九下《儒林列传》中华书局，1965，第 2589 页。
51 王先谦：《汉书补注》卷四《文帝纪》，注引周寿昌曰《续修四库全书》，上海古籍出版社，第 269 册。
52 陈成国：《秦汉礼制研究》，湖南教育出版社，1993，第 78–258 页。
53 班固：《汉书》卷四《文帝纪》，中华书局，1962，第 134 页。沈文倬先生认为，“皇帝、诸侯、列侯、公卿是不实行三年之丧的，中下级官吏以至民间是实行三年之丧的。”陈成国解释道：“孝文帝遗诏‘定约礼之制’自在皇帝、诸侯王、列侯、公卿少数人中间实行，而公卿之下的中下级官吏及民间则一如先秦周制，实行三年之丧。”参见陈成国：《秦汉礼制研究》，湖南教育出版社，1993，第 153–154 页。

⑭ 俞伟超：《考古学中的汉文化问题》，载《古史的考古学探索》，文物出版社，2002，第186页。

⑮ 武玮：《黄河中下游地区汉至西晋模型明器研究》，大象出版社，2014。

⑯ 史念海：《秦汉时期的农业生产》，载《河山集》，生活·读书·新知三联书店，1963，第181页。

⑰ 崔寔：《政论校注（佚文部分）》，孙启治校注，中华书局，2012，第180–181页。

⑱ 汉初为豆形，由于神仙思想流行起来之后，人们将熏香之器与海上有神洲之说结合起来，将熏炉做成想象中的神仙仙山状，多为山峦重叠，异兽奔腾。参见俞伟超：《秦汉青铜器概论》，载《古史的考古学探索》，文物出版社，2002，第211页。

⑲ 俞伟超：《秦汉青铜器概论》，载《古史的考古学探索》，文物出版社，2002，第211页。

⑳ 尼·瓦·贡恰连科：《精神文化：进步的源泉和动力》，戴世吉、张鼎芳、王文郁等译，求实出版社，1988，第88页。

㉑ 李桂荣：《论汉赋对楚辞的改造与超越》，《文艺报》2005年6月16日理论版。

㉒ 俞伟超：《秦汉青铜器概论》，载《古史的考古学探索》，文物出版社，2002，第203页。

㉓ 班固：《汉书》卷六十四下《严朱吾丘主父徐严终王贾传》，中华书局，1962，第2816页。

㉔ 吕思勉说："汉族之名，起于刘邦称帝之汉。"参见吕思勉：《先秦史》，上海古籍出版社，1983，第22页。但汉族一词近代方出现。

㉕ 林剑鸣：《秦汉史（上册）》，上海人民出版社，1989。

㉖ 余英时：《汉代贸易与扩张：汉胡经济关系结构研究》，杨联陞序，邬文玲等译，上海古籍出版社，2005，第3页。

㉗ 石云涛：《汉代外来文明研究》，中国社会科学出版社，2017，第612页。

㉘ 王健：《汉代佛教东传的若干问题研究》，《宗教学研究》2004年第1期，第66–71页。

㉙ 王健：《汉唐中外文化交流的宏观审视与断想》，载李国章、赵昌平主编《中华文史论丛》第七十三辑，上海古籍出版社，2004，第13–32页。

㉚ 笔者注意到，已有一些学者对汉文化发祥地的认识误区做过重要辨析。参见孙启祥：《"汉文化"概念及其相关问题》，《陕西理工学院学报（社会科学版）》2009年第1期，第81–84页；李桂云、刘照建：《徐州汉文化研究三题》，《学理论》

2013年第8期，第149–152页。笔者赞成诸位时贤的观点，希望本文能够抛砖引玉，进一步澄清历史迷思。

关于“刘胜项败”的一点思考

王立群
河南大学文学院教授

很感谢这次大会能邀请我来参加，我想讲一讲关于“刘胜项败”的一些思考。“刘胜项败”这个问题的提出很重要，也就是在我们看到的文献记载上，谁最早提出了这个问题，他出于何种动机提出这个问题？这个问题提出以后牵连到哪些方面？其实，我们根据《史记》和《汉书》的记载，都可以知道，这也是个老材料，最早提出这个问题的是汉高祖刘邦，时间应当是在高祖五年（前20年），也就是在项羽死后才几个月，刘邦召集他的大臣，在什么地方呢？在洛阳。大家知道刘邦建汉以后，第一个都城首先选在洛阳，后来听从娄敬的建议才西迁长安。他建都洛阳的时候提出来一个问题：我为什么能够拥有天下？项氏，也就是项羽，他为什么失去了天下？实际上这个问题概括起来，就是刚才我提到的四个字“刘胜项败”。

这个问题的提出，我自己揣测，这是一个胜利者的问题。刘邦跟项羽打了四年，灭项羽当了皇帝，建立了大汉王朝，这是他人生最得意的事，也就是他的高光时刻，在这么一个高光时刻，他提出这个问题，很明显说明他很得意，这也是他最关注的问题。当然这个问题的提出，和刘邦对这个问题的回答隐含了很多问题，至少说和“刘胜项败”并列的还有一个大问题，就是秦亡汉兴。和秦亡汉兴相比，到底是“刘胜项败”重要，还是秦亡汉兴重要？前面我们听了卜宪群先生的高见，他深入地剖析了西楚的一些问题。

作为皇帝提出问题以后，大臣们的回答，特别是高起、王陵的回答很有意思。他们的回答一方面对比了刘邦和项羽两个人的为人，同时着重提出来的是领导者如何对待自己的部下：一个是同隶，一个是专隶，刘邦的做法是封功臣，立了功就封，项羽的做法是专隶。这个做法我没有看到太多的资料，但是我相信一点，来自竞争对手的批评往往是最准确的，古今中外竞争对手对自己的批评往往比自己对自己的认识更深刻、更犀利，应当说这个批评是属实的。刘邦怎么看待自己提出来的这个问题呢？他提出了一个观点：知人善任，我手下有三个人，“运筹帷幄之中，决胜于千里之外”的张良，“镇国家，抚百姓，给馈饷，不绝粮道”的萧何，“连百万之军，战必胜”的韩信，这三个人我都用了，项羽只有范增还没有用。其实他这个话讲得很对，符合历史事实，我们读《史记》和《汉书》可以看到刘邦讲的是实话，但是这个话也包含了一个潜在的问题，就是他重视的是人的作为，他是靠自己的努力打得了天下，所以打天下者坐天下，但是这里他忽略了一个什么问题呢？作为封建制的王朝，非常强调天命，在这里他不讲天命，他讲的是人力，这就留下了一个隐患：是不是其他人通过人力打得天下也可以做皇帝呢？这个问题刘邦没有想到，刘邦也没有思考，后来解决这个问题的是东汉班彪的《王命论》，他不认为所有的人都能靠自己的努力拥有天下，只有拥有天命的人才能够真正拥有天下。当然关于这个问题刘邦的说法又遭到他臣下的拆台，这就是蒯通。蒯通曾经劝韩信，让韩信自立，刘邦听说这件事以后，就把蒯通抓了起来，要杀蒯通。蒯通为自己作了辩护，在辩护中蒯通讲了几句很有名的话，就是“秦失其鹿，天下共逐之，於是高材疾足者先得焉”，即逐鹿天下的人非常多，高材疾足的人，谁能够捷足先登，谁就是最后的胜利者。这个说法同样和刘邦是不谋而合的。蒯通说我当时不知道你，我只知道我的领导者，所以刘邦把他放了。这说明西汉从汉高祖刘邦到他手下的众臣，做到了曾经他的反对者都主张一个的说法——“天下逐鹿说”。谁得了天下，谁先入关中，谁做了关中王，谁就夺得了天下。在《郦生陆贾列传》中，陆贾曾经被派遣去说服南越王，其间，他讲刘邦得天下，特意强调“此非人力，天之所建也”。这个话就和刘邦的说法差别很大了，强调的不是人力，而是强调了天命所归。

到了什么时候汉朝的天子才意识到这个问题？《郦生陆贾列传》中提到了陆贾的说法。陆贾是高祖时期的人，他提出：“乡使秦已并天下，行仁义，法先圣，陛下安得而有之？”他主张刘邦要读史，要总结历史教训，应当说陆贾的见解就比刘邦要高明，但他的意见在当时并不是主流派意见，占主流的仍然是逐鹿说，逐鹿说占绝对的主流地位。经过了高帝、惠帝、吕后，到了汉文帝时期出现了一个大臣张释之。汉文帝在上议院打猎，要封一个上议院的官员，张释之阻止了他，然后汉文帝请他参政，一块儿坐车，问他秦之敝，这是我们目前能看到的史料记载当中最早由皇帝询问大臣秦朝到底有哪些弊政。秦朝的灭亡和秦朝的弊政密不可分，这里面有哪些弊政要改？那么作为皇帝亲自问张释之，张释之作了回答，具体讲了什么，史书没有记载。当然回到宫中，汉文帝升了张释之的官，这个升官并不仅仅是讲秦之敝，而是前面阻止了汉文帝提拔一个官员。张释之说那个官员如果提拔了，走的还是秦朝的老路，所以这一举动引起了汉文帝的兴趣，便顺势问他秦朝的弊端。这样一来可以说高祖时期并没有重视“秦亡汉兴”，刘邦称帝之前做了很多符合战争规律的事情，率先入关，而且最后夺得天下，但是他当了皇帝以后，有一个重大疏忽，就是在“秦亡汉兴”和“刘胜项败”之间，他选择了“刘胜项败”，没有太关注“秦亡汉兴”。“秦亡汉兴”是到文帝时期才引发的众议。我们知道那时候还出现了一个重要的文学家贾谊，他写了一篇重要的文章《过秦论》。也就是说直到这一时期才引发了从帝王到大臣共同对“秦亡汉兴”的重视，这就是汉朝能够延续的非常重要的原因。

我就讲到这里，谢谢大家。

论汉文化的进取性与包容性

——以长城修筑与昭君出塞为视角

王绍东

内蒙古大学历史与旅游文化学院教授

汉代是我国历史上第一个中央集权体制下的大一统时代的封建盛世，确立了以汉民族为主体、多民族交融的大一统文化，体现出继承创新、恢宏豪迈的“大汉气象”。汉文化的进取性与包容性，不仅体现在西安、徐州等汉文化的腹心地区，也体现在北方地区的长城地带。

秦汉时期，中原地区建立了中央集权的大一统国家，北方草原也建立了由匈奴控制的草原帝国，出现了中原农耕政权与草原游牧政权同时并存、直接对抗的局面。在处理与北方游牧民族的关系时，汉政权进行了各种方式的尝试，既有汉高祖刘邦的直接出征，平城被围，也有高祖、惠帝、文帝、景帝时期的被迫和亲；既有汉武帝时期的频繁征讨，也有汉元帝时期的昭君出塞。但不管采用何种手段，都体现了汉朝对付北方民族时的主动性、进取性和手段的多样性，也体现了汉文化的包容性特点。

一、长城体现了华夏民族开拓进取的精神

长城被看作是华夏民族的精神体现，但也有一种观点，把长城视作封闭一家的院墙，得出的结论是：修造长城形成了华夏民族的封闭心理。在《河殇》一书中，有观点认为古人修造长城是一件愚蠢而贻害后代的事情，认为长城是“巨大的悲剧纪念碑”“特大的监狱”。何新认为长城是“空间上扩大的四合院”[①]。还有学者认为长城反映了华夏人封闭、保守、退缩的民族性格。这样的观点，既未考察长城产生的时代精神，也不符合历史事实。实际上，从战国秦汉时期修筑长城的实际情况看，长城的修筑恰恰体现了华夏民族的开拓、扩张、积极有为的精神

（一）长城产生的时期，正是中原华夏民族快速发展、充满活力的时期

春秋战国时期是长城的创始时期，也是中国历史上大变革、大发展的黄金时期。在这样一个激烈的竞争时代，各国以强大图存为目标，除旧布新，竞相改革。

生产力的发展上，牛耕和铁器农具得到普及，各种农耕器具和耕种方法不断改良，大型水利灌溉工程发挥作用，使农业生产力有了一个革命性的提高，农业产量有了突破性的增长。农业的发展，促进了社会的分工。在割据兼并的条件下，给工商业大发展以很大的空间，春秋战国时期商业自由发展与繁荣的程度，为中国几千年古代文明史所罕见。

政治制度上，原来以血缘关系为基础的分封制、世卿世禄制逐渐瓦解。为了富国强兵，魏国的李悝、楚国的吴起、秦国的商鞅等在君主的支持下纷纷进行变法改革，废除旧贵族的特权，变土地国有制为私有制，建立君主集权制度。在社会变革的浪潮中，一大批社会下层人物，特别是掌握知识的士人进入统治集团，在政治舞台上发挥主导作用的新兴地主阶级充满了朝气和进取精神。

思想文化上，生产力发展的飞跃和提高，为精神文化的发展提供了可靠的物质保证。竞争的环境，使各国君主认识到人才不可替代的重要作用，迫使他们争相延揽人才，社会形成了尊贤重士，给人才以受到充分尊重和选择自由的难得氛围。王权衰落，诸侯兼并，多元的政治局面为思想和学术的发展提供了前所未有的广阔舞台。在这样的社会条件下，士人们大胆地探索真理，自由地著书立说，平等地参加争鸣，出现了中国历史上难得的百家争鸣时代。

总之，春秋战国时期，是中国历史上少有的大动荡、大变革、大发展的时期。这一时期的中国，尽管存在着频繁的战争，但政治开放，经济发展，思想解放，言论自由，社会进步。很难想象，在这样的时代里建造的长城，反映的却是与时代脉搏相反的保守、封闭和退缩精神。

秦汉时期是长城建造的成熟时期，也是中原王朝真正实现天下一统，华夏文明迅速向四方辐射扩散的时期。秦朝在中国历史上具有特殊的重要地位，开辟了中国古代历史的新纪元。张金光认为：秦的统一标示着我华夏民族共同体形成而又发展到了一个新的阶段，既标示着汉民族的形成，同时又是以华夏（汉）民族为主体的大中华民族的开端；“车同轨，书同文”，度量衡的统一，以及“行同伦”，为大一统国家的管理提供了数字化基础和共同的文化心理基因；秦统一奠定政治边疆所表现出来的外向精神，对一个以农业立国的民族来说，是最为可贵的，同时在世界历史范围内第一次留下了不可磨灭的永久性影响。② 秦朝虽短，但秦朝所具有的开创精神与独创体制的气魄，却影响了中国几千年的历史发展。秦朝对北方游牧民族采取军事进攻、长城防御、移民实边、屯田驻防相结合的措施，把进攻、防御、屯田结合起来，“这就是一个完整的将耕、战、防结合为一体的新的边防体系的建设。其中更关键的一招便是兵锋过后，随之以农业大军的进垦”③。

秦朝修筑的万里长城，是秦文化所具有的积极、进攻、开放、重功利精神的具体体现，这里没有保守、退缩和畏惧的内涵存在。

秦朝完成了统一中国的伟业，但它以打天下的手段治天下，巩固政权的指导思想是错误的，因而导致了短命而亡。继之而起的汉王朝，一方面吸取了秦朝速亡的历史教训，同时又继承了秦朝中央集权的政治体制，努力寻找一条国家长治久安之路，成就了封建社会的第一个盛世。汉武帝时期，主动对匈奴发起进攻，把长城防线一再向西向北推进，通过丝绸之路，沟通了同欧、亚各国的政治、经济、文化交流。[④] 汉王朝综合国力强盛，汉代社会的中国第一次有人走出国门，与世界其他国家交流往来。汉代人胸襟开阔，思想恢宏，充满自信和自豪，汉代拥有充满朝气和活力的社会氛围，把汉代长城与封闭保守相联系，无论如何也是难以找到理由和依据的。

战国秦汉时期，是华夏民族的一个大发展、大飞跃时期，是一个充满活力和创造精神的时期。这个时期产生和发展起来的长城，特别是针对游牧民族的北方长城，把主动进攻与积极防御结合起来，通过建筑完善的攻防体系，化解游牧民族的骑兵优势，变攻为防，以静制动，以逸待劳，使长城成为一个“集预警系统、驻军系统、屯田系统、后勤保障系统、邮传系统为一体的综合性防御体系”[⑤]。这是一项极具创造力、针对游牧民族成效显著的工程，是农业民族在发展的上升时期，变攻为守，以守为攻，步步为营，稳扎稳打，将农耕文明不断扩张推进的力量体现。

（二）修筑长城，是当时情况下农耕民族对付游牧民族的最佳选择

北方长城的修筑集中于“400毫米等雨线”附近，一般说来，这里是中国半湿润与干旱气候的分界线，是中国的农牧交错带，也是农耕民族与游牧民族争夺优势土地资源的焦点地带。作为人为的防御工事，长城客观上成为中国农牧业生产的分界线。正如《辽史·营卫志》中所记载的那样：“长城以南，多雨多暑，其人耕稼以食，桑麻以衣，宫室以居，城郭以治。大漠之间，多寒多风，畜牧畋鱼以食，皮毛以衣，转徙随时，车马为家。”不同的地理环境与气候特点，使长城南北的人们自然地选择了农业与游牧业两种不同的生产方式。农耕民族占据了相对优势的自然资源，而游牧民族生活的地区环境恶劣，资源贫瘠。游牧业生产具有产品单一性和非自足性的特点，需要农耕地区向游牧地区转移财富特别是粮食，才能维持游牧民族的生存。

战国秦汉时期，农耕民族往往通过战争的方式将土地开拓到适宜农业生产的边界，但这种开拓的限度就是扩张的土地必须能够进行农业开发，生产的粮食足以养活当地的居民并有结余，否则就是一种得不偿失的行为。《盐铁论》曾对此

加以描述："今去而侵边，多斥不毛寒苦之地，是犹弃江皋河滨，而田于岭坂菹泽也。转仓廪之委，飞府库之财，以给边民。中国困于繇赋，边民苦于戍御。力耕不便种籴，无桑麻之利，仰中国丝絮而后衣之，皮裘蒙毛，曾不足盖形，夏不失复，冬不离窟，父子夫妇内藏于专室土圜之中。"⑥ 战国秦汉时期，中原王朝已经把绝大多数能够进行农业开发的地区囊括到长城以里，其中也包括一些农牧交错地区。⑦

游牧民族从农耕民族手中获取财富的手段，是随着双方实力的对比不同而不断变化的。当农耕民族强盛时，游牧民族朝贡于中原王朝，并从中原王朝手中获得大量赏赐；当双方势均力敌时，中原王朝则采取和亲和互市等方式满足游牧民族的财富需求；当农耕民族衰落时，中原王朝则采用称臣纳贡的方式向游牧民族输出财富。对于农耕民族来说，最好的选择是：一方面尽可能占据宜于农业开发的土地资源，另一方面尽可能减少对游牧民族的财富支出。长城的修筑恰好能够同时满足上述两个条件，是农耕民族对付游牧民族的最佳方案。

游牧民族不能从农耕民族手中以贸易等和平方式获取财物时，便通过战争的手段来掠夺之。游牧民族军事与生产的一致性使他们的军事组织成本远低于农耕民族。农耕民族的生产与军事不仅缺乏一致性，而且两者有矛盾和冲突，从而导致农耕民族的军事组织成本较高。在与游牧民族的战争中，北部边境广袤开阔，后勤保障、资源消耗的成本高昂，农耕民族常常被战争拖入内外俱疲的境地。修筑长城，可以极大地化解游牧民族的军事优势，使中原农耕王朝以守为攻，攻守结合，抵消游牧骑兵快速奔袭的机动性优势，将运动战变为阵地战，从而以长应短。⑧ 正如北魏时期大将高闾所总结的那样："计筑长城，其利有五，罢游防之苦，其利一也；北部放牧，无抄掠之患，其利二也；登城观敌，以逸待劳，其利三也；省境防之虞，息无时之备，其利四也；岁常游运，永得不匮，其利五也。"⑨ 修筑长城，不仅保护了农耕民族扩充的土地，而且极大地增加了游牧民族突入农耕地区的成本，最大限度地减少了农耕民族的财富向游牧民族的转移。

（三）长城没有束缚住中原王朝的手脚，反而成为华夏民族向外开拓的桥头堡

认为长城像一个围墙，限制了华夏农耕民族向外的发展，不利于扩大中原农耕王朝的领土和势力范围的观点，与长城在早期发展中所起到的作用是不相符合的。

战国秦汉时期，北方长城本身就是农耕民族向外开拓后，为巩固开拓成果的需要而修造的。但修筑长城的各个政权并没有让长城固定住自己的控制范围，而

是随着实力的增强，不断突破原有的长城防线。

赵国、燕国都是在与南方地区的其他国家争夺领土失利后，另辟蹊径，转而向北方游牧地区发展。他们在攻占了大片游牧民族的土地后，在自己实力所及的范围内修造起一条长城，从而巩固其开拓的成果。但是，由于赵国、燕国后续发展的实力不济，秦国统一已经成为历史的趋势，所以，这两个国家也没有能力对新征服的并圈到长城以内的土地进行充分开发，没能越过长城防线继续向北方发展。如果其实力强盛，它们必然要继续向北发展。

秦国在攻占了包括义渠戎在内的大片西戎人的土地后，秦昭王在那里修筑长城加以防卫，随即在长城以内大力发展农业生产，把原来用于游牧的地区变成了农田，使长城以里的区域都变成了秦国可以直接控制，并能够为其带来经济效益的土地。这样一来，长城以内由原来的前线变成了秦国的后防区域，当秦国的实力继续增长后，又利用长城为桥头堡，继续向外扩张发展。秦始皇时派蒙恬攻取匈奴河南地，把长城向北延伸，可以预见，如果秦朝没有速亡，秦朝向北发展的脚步也不会停止。

汉武帝时期如法炮制，不断把长城防线向北推进，然后继续利用长城作为向前推进的基地。田余庆对汉朝向西域地区推进过程的分析颇为深刻，他指出："汉朝向西域推进，大体程序是，先是军队向西占领据点，然后是：一，在据点的后方修筑亭障；二，在据点的前方向更西的区域扩大声威。元封三年征服楼兰、姑师后，即遵循上述程序进行活动：一，元封四年自酒泉'列亭障至玉门'；二，'因暴兵威以动乌孙、大宛之属'。太初三年降大宛后的活动。也是遵循这一程序：一，天汉元年'西至盐水往往有亭'；二，'风谕 [宛西诸国] 以伐宛之威'。"[⑩] 汉朝在向西域发展的过程中，长城亭鄣不是作为推进的终结点，而是作为向前的基地和据点。这样的推进程序同样体现在汉朝对匈奴的战争与向北方发展的过程中。战国秦汉时期，中原国家与北方游牧民族之间的重大战役，绝大多数是发生在长城以北的地区，也充分说明了这一时期的中原农耕政权从来没有把长城作为限制自己向外开拓的界限。

战国秦汉时期，中原王朝把长城的修筑与农耕经济区域的扩张结合起来，使农耕民族向外开拓的步伐稳健而有力量。对此，张金光先生的分析十分精到："总而言之，游牧民族入侵农业区域，乃是大踏步的、急骤的前进与后退。农业民族仅靠单纯的军事行动并不能真正战胜游牧者。农民的前进，更多的则是以守为攻，步步为营，稳扎稳打。他们最终的利器并不是攻占之具，而是锄头犁耙。每前进一步便在那里发展农业，让农业吃掉牧业，以屋室代替毡帐，只要那里长出了庄稼，就是对游牧者的彻底胜利，也便是中华农民的天下。”[11]

在长期的历史研究中，学者们大多强调长城的防御功能，并认为这是中华民族爱好和平的精神体现。季羡林先生指出：“中华民族由于爱好和平成性，才在极长的历史时期，一个朝代接一个朝代，在北方修筑了万里长城，成为世界上的奇迹。长城充分体现了中华民族爱好和平的本性。”[12]我们认为战国秦汉长城体现了华夏民族的开拓进取精神，这样是否是在否定华夏民族爱好和平的民族特点？这是一个需要辩证看待的问题。我们说华夏民族爱好和平，没有侵略扩张的基因，是从长时段的历史发展过程中总结出来的。当然，爱好和平绝不意味着从来都是防御退守。世界上几乎所有的民族国家，在形成、发展的历程中，都必然有开拓扩张、兼并融合、积极进取的发展阶段，华夏民族在古代社会的历史发展进程中也证明了这一点。从氏族社会，发展到部落林立，到部落联盟的形成，到酋邦方国的出现，到夏商周以黄河中下游地区为中心的政权建立，再到秦汉大一统帝国。华夏民族正是在这样的奋发有为、开拓进取的过程中融合交汇，成长壮大起来的。如果只是一味地防御退守，那么，也就无法形成具有强大凝聚力的伟大的中华民族，也就难以形成今天中国的广阔疆域。在历史发展的不同阶段，长城的修筑，既体现了华夏民族爱好和平、守护文明的民族特点，也体现了进取奋进、开拓有为的民族精神。可以说，这两个方面，对于中华民族的形成与发展具有同等重要的价值和作用。

总而言之，战国秦汉时期是华夏农耕民族飞速发展，充满进取精神和开放精神，充满朝气与活力的时期。这一时期修建的长城，是农耕民族在当时条件下对付游牧民族的最佳选择。战国秦汉时期，中原农耕国家没有用长城束缚住自己的手脚，而是把长城作为向前推进的跳板和桥头堡，不断开拓农耕区域的土地，并使华夏农耕文化迅速向四方辐射扩散。那种认为长城是华夏农耕民族封闭、保守象征的观点，不符合长城的发展历史，也是难以站得住脚的。

除了修筑长城，汉王朝还尝试以各种方式与北方游牧民族相处，但总体上说，最基本的方式就是战争与和亲。战争给各族人民都带来了巨大的灾难与创伤，而以和亲的方式和平相处，使各族人民都摆脱了战争的苦难，是最受中原人民与北方民族欢迎的相处模式，也体现了汉文化包容性的特点。

二、昭君出塞体现了多种文化的交汇融合

中国自古就是一个多民族的国家，和亲是中华民族关系史上的重要内容之一。从汉代来说，与少数民族和亲，昭君不是创始者，也不是终结者，但绝大多数远嫁他乡、和亲异族的妇女，其姓名事迹都被淹没在历史的长河之中，只有和亲匈奴的昭君千百年来受到了人们的关注、同情、赞扬和歌颂，形成一种文化现象，其中的原因值得思考。

中华民族的发展历程，就是华夏族与周边少数民族不断碰撞、冲突、渗透、融合的过程，在这个过程中，不同的文化类型同时存在，同时发展，相互影响，相互作用，交汇升华，为多元一体的中华文化的形成作出了贡献。中华文化倡导兼容并包，取长补短，和谐统一。从昭君充满传奇色彩的人生经历中，也体现了中华文化的这一特点。

（一）民间文化与宫廷文化的融合

关于王昭君的家庭和出身，《后汉书·南匈奴传》记载："昭君字嫱，南郡人也。初，元帝时，以良家子选入掖庭。"[13] 王昭君是今湖北省兴山县宝坪村人。由于西汉时没有设立兴山县，这一带属南郡秭归县所辖，秭归县也是伟大爱国诗人屈原的故乡。王昭君是"良家子"，应该是生活在一个比较富裕的农民家庭。作为农家女儿，她与童年伙伴们在香溪水边嬉戏，也应该参加一些生产劳动。同时，由于家境比较殷实，她也可能接受了一些教育，并受到琴棋书画的训练和熏陶，否则，在选秀的过程中，如果仅凭美貌，缺乏应有的气质和技艺，也是很难被选入宫的。昭君的故乡民风淳朴，多情浪漫，与中原相比，受到的封建礼教束缚相对较少，同时受楚文化与屈原精神的影响，也具有关心国家，独立高洁，不随波逐流的社会风尚。昭君被选为宫女，由民间进入皇宫，也把故土的文化带入宫廷之中。

在皇宫生活期间，昭君也必然受到宫廷文化的影响，从而培养了她关注国家大事，顾全大局的意识。林干、马骥先生认为："昭君久住皇宫，对当时汉匈关系的重要性，对汉匈友好的政治意义，不能没有一定的认识，这是她自请出塞和亲的另一思想基础。"[14] 和寨后，昭君致力于发展汉匈之间的友好关系，不惜牺牲个人的情感和伦理信条，这种以国家为重，以大局为重的意识和选择，无疑与她几年皇宫生活的熏染密切相关。

（二）南方楚文化与中原汉文化的融合

昭君的故乡处于楚文化的源头之地，从小生长在这里的王昭君，必然深受楚文化的熏陶和浸染。楚地湖泊密布，江河纵横，再加上资源丰富，生活无忧，导致楚文化呈现出浓厚的浪漫色彩和情感色彩。由于大自然给这里的人们过多的恩赐，使楚地的人们对大自然有一种特殊的感情，对家乡充满了眷恋。在价值观上，形成了楚文化重个性、尚情感、多情浪漫的特性。楚文化中具有勇于探索、刻意求新、积极进取的精神。楚国的开国君主熊绎"筚路蓝缕，以处草莽；跋山涉水，以事天子"[15]，楚庄王"三年不蜚，蜚将冲天；三年不鸣，鸣将惊人"[16]。面对困境时，他们不甘屈服，勇于创新，善于寻求发展的良机。特别是昭君的故里还产生了另外一位伟大的爱国诗人屈原。屈原是南方楚文化的典型代表人物。作为屈原的同乡，昭君从小应该是听着屈原的故事长大的。屈原“九死未悔”的爱国情怀和“上下求索”的创新精神，深深扎根于王昭君的心灵深处，也必然影响到她后来的行为选择。来到长安后，王昭君的身上又打上了北方汉文化的烙印。北方文化具有恢宏大度、开放包容的特点，这样的特点也集中体现于昭君的身上。

（三）农耕文化和游牧文化的融合

在中国古代，长期存在着农耕文化与游牧文化，两种文化各有特点，各有所长，总体上看，它们之间既有矛盾冲突，也有融合互补。但是由于受历史认识与文化传统的局限，汉族统治阶级上层的大汉族主义思想与农耕文化的优越感非常突出，他们往往怀有强烈的民族偏见与民族歧视情绪，对游牧民族和游牧文化加以诋毁、丑化。汉代史学家班固在《汉书·匈奴传》中写道：“夷狄之人贪而好利，被发左衽，人面兽心，其与中国殊章服，异习俗，饮食不同，言语不通，辟居北垂寒露之野，逐草随畜，射猎为生，隔以山谷，雍以沙幕，天地所以绝外内也。”[17]这段话，相当典型地表达了中原王朝和汉族士大夫对所谓“夷狄”（主要指北方游牧民族）的观点。这里说到了北方游牧民族和汉族经济生活的差异，但更侧重的，是双方的文化差异，特别包含了对游牧文化的歧视与敌对意识。

汉匈之间各种形式的交往，特别是昭君出塞，体现了农耕文化与游牧文化的融合，使中原人民通过多种方式了解游牧民族和游牧文化。呼韩邪单于死后，新即位的复株累单于要求按照匈奴旧俗，复娶王昭君为妻。“昭君上书求归，成帝敕令从胡俗，遂复为后单于阏氏焉。”[18]按照中原地区的习俗观念，这是严重违背伦理道德的行为。但汉成帝要求王昭君遵循匈奴的社会习俗，表现了对匈奴文化传统的尊重和理解，推动了汉匈之间的进一步和平相处。汉成帝时，王昭君的女儿须卜居次云入侍太皇太后，使汉匈之间的高层交往与文化互信进一步加强。

在整个汉代，还没有哪一个人、哪一件事能像昭君出塞一样把民间与宫廷、南方与北方、农耕与游牧等不同文化类型如此巧妙地结合起来，融为一体。这既是汉文化包容性的具体体现，也是昭君出塞受到人们特殊关注的重要原因。

【注释】

① 何新：《中国文化史新论：关于文化传统与中国现代化》，黑龙江人民出版社，1987，第 84 页。

② 张金光：《秦制研究》，上海古籍出版社，2004，第 12 页。

③ 张金光：《秦制研究》，上海古籍出版社，2004，第 55 页。
④ 王绍东：《长城非“中国古代中原政权边界”论：以战国秦汉时期为视角》，《西安财经学院学报》2014 年第 1 期，第 103–106 页。
⑤ 特日格乐：《汉长城预警体系研究》，《内蒙古大学学报（哲学社会科学版）》2010 年第 5 期，第 118–124 页。
⑥ 桓宽：《盐铁论》卷一四《轻重》，载《诸子集成》第十一册，河北人民出版社，1986，第 16 页。
⑦ 王绍东、杜婷：《论战国秦汉时期长城的多重功能》，《内蒙古社会科学（汉文版）》2015 年第 2 期，第 37–42 页。
⑧ 王绍东：《战国秦汉时期的北方长城对游牧民族的影响》，《南开学报（哲学社会科学版）》2015 年第 6 期，第 119–125 页。
⑨ 魏收：《魏书》卷五四《高闾传》，中华书局，1974，第 1202 页。
⑩ 田余庆：《秦汉魏晋史探微》，中华书局，2004，第 48 页。
⑪ 张金光：《秦制研究》，上海古籍出版社，2004，第 55 页。
⑫ 季羡林：《长城与中华民族的民族性》，载中国长城学会编《长城国际学术研讨会论文集》，吉林人民出版社，1995，第 8 页。
⑬ 范晔：《后汉书》卷八九《南匈奴列传》，中华书局，1965，第 2941 页。
⑭ 林干、马骥：《民族友好使者：王昭君》，内蒙古人民出版社，1994，第 31–32 页。
⑮ 李学勤：《春秋左传正义下·昭公十二年》，载《十三经注疏》标点本，七，北京大学出版社，1999，第 1305 页。
⑯ 司马迁：《史记》卷四〇《楚世家》，中华书局，1959，第 1700 页。
⑰ 班固：《汉书》卷九四下《匈奴传下》，中华书局，1962，第 3834 页。
⑱ 范晔：《后汉书》卷八九《南匈奴列传》，中华书局，1965，第 2941 页。

汉文化的特点与传承

阎崇年
北京社会科学院满学研究所研究员

我今天想要就汉文化的三点——特点、传承和使命，同诸位交流，并且向诸位请教。

一、特点

我个人认为，我们中华文明是由五种文化形态组成的：①中原农耕文化；②西北草原文化；③东北森林文化；④西部高原文化；⑤沿海及岛屿海洋文化。以汉文化为核心和主体的中华文化我个人认为有八个特点。因为这八个特点都有不同的声音，所以我还要简单地说明一下。第一，悠久性。之所以有人发出了不同的声音，主要是因为他们对我们汉文献研究得不够，特别是对近百年来考古重要成果的宣传和研究的不足。第二，连续性。这一点也有人发出了不同的声音，我认为四大文明古国中，古埃及、古巴比伦、古印度的语言、文字中断了，只有中国汉语中没有中断。从甲骨文算起，传到至今，《诗经》《楚辞》《论语》《孟子》《老子》《孙子》《史记》以及李白和杜甫的诗，苏东坡和陆游的词，虽然与我们时隔数千年、数百年，今天仍然能够被看懂、听懂，也能够被阅读、欣赏。第三，多元性。我说的多元性有三层意思：一是我们人类初始的考古发掘是多元的，像考古学家说的，满天星斗；二是中华文明有农耕、草原、森林、高原、海洋五种文化并存；三是中华民族的多元性是指56个民族不同的文化同放异彩。第四是包容性，第五是融合性，第六是求新性。大家都很熟悉，“苟日新，日日新，又日新”，这是我们传统的理念。第七，统和性。回顾两汉、隋唐、两宋、明朝，无论是汉族人做皇帝、元朝蒙古人做皇帝，还是清朝满族人做皇帝，都对其他的民族文化进行了统和，统和得不好，这个皇朝就比较短命，统和得比较好，这个皇朝就比较长久。第八，国际性。从秦以后，据文字记载，我们历朝历代都与其他国家有交往，除了战争中断之外，但是战争从某种意义上说，也是特殊的、残酷的文化交往。

二、传承

我们中华文化有文字记载的历史，大约三千多年。我把它大概分了一下，是从甲骨文开始算，有三个千年。第一个千年主要是商、周（西周和东周）、春秋、战国。特别是周朝以后，在春秋和战国期间有八个重要的文化板块，北方的齐鲁、河洛、秦晋和燕赵，南方的吴越、荆楚、巴蜀和岭南，这不同的文化板块不停地冲突融合，最后六国被灭，秦统一六国。汉是什么时候形成的？ 20 世纪五六十年代的时候，出现了汉文化的研究，大家比较统一的意见是从汉开始，汉民族形成。按说应该是在秦统一就形成了，我想第一个原因是秦时间太短暂，15 年。第二个原因是秦始皇焚书坑儒得罪了读书人，读书人没有钱也没有权，但是有话语权，所以把这个功劳归到汉的统一，把汉朝、汉族、汉语、汉文留在那里。

第二个千年主要是秦到唐。这个千年，新的文化因素，比如西北的草原文化，一次一次冲击中原。秦汉的匈奴、西晋的鲜卑等，虽然出现短暂的分治，但是总体来说，汉文化仍然是中华文明的核心和主体。这里面特别说到徐州，汉文化的发祥地应该是在徐州地区。“汉”字，《说文解字》说是水的名字，最初的时候是天河，云河。萧何有一个解释，“汉”有“盛大、美好”的意思。用汉来命名汉朝、汉族、汉语、汉文，表示既盛大又美好，很恰当。汉高祖的基地，以今徐州地区为发祥地。西汉的首都虽然长期在长安，但是汉高祖刘邦为徐州人，汉初的皇亲国戚，比如文臣武将，豪门贵族，文化精英等大多是这个地区的人。徐州有丰富的汉朝考古成果，为中华民族的文化传承提供了一部教科书。

第三个千年，主要特点就是满族文化、蒙古文化进入中原，特别是在满族文化的支撑下建立了清朝。这里面和汉族文化的关系，可追溯至满族开始的时候，先统和本部民族，八个部落整合到一起，把东海的女真、黑龙江的女真统一起来，一直到皇太极，大约面积占到 300 万平方公里。这就牵涉到一个问题：汉族人口众多，满族人口较少，满族怎么以少胜多？又为何可以以小治大、统治中国 268 年？其中一个重要原因就是文化，不仅满族文化统和了自身的文化，而且统和了蒙古文化、高原文化。青藏高原 250 万平方公里，云贵高原 50 万平方公里，通过册封达赖、班禅，在青藏驻军、订立西藏章程等，完成了高原文化的统和。但是怎么对待汉文化？清朝统治者先朝拜孔子，承认儒学，对汉文化进行融合，所以才出现了清朝前期的强大。这里面我们总结出一个经验：三千年来，汉文化不断地发展，不断地强大，其他的文化不断地被汉文化统和和融合，最后，形成了今天这样一个大的国家，屹立在东方。

三、使命

我们今天面临着严峻复杂的国际国内形势。汉文化的历史经验告诉我们，以汉文化为中心，为主体，不断“苟日新，日日新，又日新”，用五种文化形态自信统和，进而使世界文化潮流融合共进。最后，使我们的中华民族、我们的中华文化，不但在中国传承，也在世界文化的融合中发挥巨大的、独特的作用。

谢谢大家。

秦汉时期黄河的文化象征

袁延胜
郑州大学历史学院教授

黄河是中华民族的母亲河，是黄河文化的发源地，与中华民族的发展息息相关。秦汉时期，中国的政治、经济、文化中心都在黄河流域，黄河也与秦汉王朝的盛衰兴替密切相关。当时的统治者根据统治的需要赋予了黄河各种文化象征，使黄河不再仅仅是一条普通的河流，而是一条政治的河、思想的河、文化的河。

本文就历史的记载来分析一下黄河在秦汉时期的文化象征。不当之处，敬请方家批评指正！

一、“水德”的象征

战国时期，在以邹衍为代表的阴阳家的推动下，五德终始学说终于登上了历史舞台，开始受到当时各国国君的关注，并影响到秦汉及以后的历史。

秦始皇统一六国后，就开始了改正朔、易服色等一系列政治活动。其中的一项重要内容就是以“水德”自居，并把黄河改名为“德水”，以作为“水德”的象征。《史记》卷六《秦始皇本纪》载：

始皇推终始五德之传，以为周得火德，秦代周德，从所不胜。方今水德之始，改年始，朝贺皆自十月朔。衣服、旄旌、节旗皆上黑，数以六为纪，符、法冠皆六寸，而舆六尺，六尺为步，乘六马。更名河曰“德水”，以为水德之始。刚毅戾深，事皆决于法，刻削毋仁恩和义，然后合五德之数。于是急法，久者不赦。[①]

秦始皇认为周是火德，而秦灭周，从五行相克的角度，“能灭火者水也”，则秦应为水德，并“更名河曰‘德水’，以为水德之始”，认为把黄河更名为“德水”就象征着“水德”已经开始实行了。

对于秦始皇采纳五德终始学说，自认为秦为“水德”之事，史书还有不少记载。《史记》卷二十六《历书》载：

其后战国并争，在于强国擒敌，救急解纷而已，岂遑念斯哉！是时独有邹衍，明于五德之传，而散消息之分，以显诸侯。而亦因秦灭六国，兵戎极烦，又升至尊之日浅，未暇遑也。而亦颇推五胜，而自以为获水德之瑞，更名河曰“德水”，而正以十月，色上黑。然历度闰余，未能睹其真也。[②]

《史记》卷二十八《封禅书》载：

自齐威、宣之时，邹子之徒论著终始五德之运，及秦帝而齐人奏之，故始皇采用之。[③]（《史记集解》如淳曰："今其书有《五德终始》。五德各以所胜为行。秦谓周为火德，灭火者水，故自谓水德。"）

秦的"水德"说，在秦朝灭亡后，一度被汉朝所继承。《史记》卷九十六《张丞相列传》载：

自汉兴至孝文二十余年，会天下初定，将相公卿皆军吏。张苍为计相时，绪正律历。以高祖十月始至霸上，因故秦时本以十月为岁首，弗革。推五德之运，以为汉当水德之时，尚黑如故。[④]

对于张苍把汉朝当作"水德"的原因，是张苍认为汉朝是周的继承者。

当然，到了汉武帝时期，在儒生们的宣传下，汉朝把"水德"改为"土德"。但在汉武帝改"土德"之前，西汉前期一直以"水德"自居，那么这一时期的黄河作为"水德"的象征，应该没有什么变化。也就是说，在秦和西汉前期，黄河一直是作为"水德"的象征，具有重要的政治文化含义。

二、永久的象征

黄河自古以来就是中国的母亲河，秦汉时期被称为"大河""泰河"，加上之前大禹治水的故事和大禹划九州的传说，黄河被赋予了永久存在的形象。

刘邦经过秦末的反秦战争和四年的楚汉之战，终于登上了皇帝的宝座。西汉初年，高祖刘邦确立了同姓封王、异姓封侯的原则，大封功臣，先后分封了一百多位列侯。在分封列侯的诏书中，第一次提出了"黄河"的名称，而且把黄河作为一个福祚绵长、江山永固的象征。《史记》卷十八《高祖功臣侯者年表》载：

太史公曰：古者人臣功有五品，以德立宗庙定社稷曰勋，以言曰劳，用力曰功，明其等曰伐，积日曰阅。封爵之誓曰："使河如带，泰山若厉。国以永宁，爰及苗裔。"始未尝不欲固其根本，而枝叶稍陵夷衰微也。[⑤]

对于"使河如带，泰山若厉"一语，《史记集解》引应劭曰："封爵之誓，国家欲使功臣传祚无穷。带，衣带也；厉，砥石也。河当何时如衣带，山当何时如厉石，言如带厉，国乃绝耳。"按照汉人应劭的解释，所谓"使河如带，泰山若厉"，就是说什么时候黄河水小得如同一个衣带、泰山小得如同一个磨刀石，所封功臣的侯国才灭绝。古人多以黄河、泰山当作山河永久、国家永存的一个象征，因此刘邦在封侯诏书中，以黄河和泰山作比喻，就是希望功臣"传祚无穷"、永久存在。

高祖刘邦的封侯诏书，司马迁记载得较为简略，而班固记载得较为详细。《汉书》卷十六《高惠高后文功臣表》载此事曰：

自古帝王之兴，曷尝不建辅弼之臣所与共成天功者乎！汉兴自秦二世元年之秋，楚陈之岁，初以沛公总帅雄俊，三年然后西灭秦，立汉王之号，五年东克项羽，即皇帝位，八载而天下乃平，始论功而定封。讫十二年，侯者百四十有三人。时大城名都民人散亡，户口可得而数裁什二三，是以大侯不过万家，小者五六百户。封爵之誓曰："使黄河如带，泰山若厉，国以永存，爰及苗裔。"於是申以丹书之信，重以白马之盟，又作十八侯之位次。⑥

《汉书》把"河"明确为"黄河"，这也是"黄河"名称第一次见于记载。如果班固所载属实，则"黄河"名称早在西汉初年已经产生。

当然，刘邦封侯时的誓言"使黄河如带"，寓意长久的愿望是美好的，但现实是残酷的。这一百多个列侯的子孙骄奢淫逸、违法乱纪，以至于到汉武帝后期，即西汉建立一百年后，这些列侯子孙大多失去侯国，成为普通的百姓。《史记》卷十八《高祖功臣侯者年表》载：

子孙骄溢，忘其先，淫嬖。至太初百年之间，见侯五，余皆坐法陨命亡国，秏矣。罔亦少密焉，然皆身无兢兢于当世之禁云。⑦

从汉初刘邦分封列侯，到汉武帝太初年间基本一百年。一百年过去了，高祖刘邦当初分封的143个列侯传袭到太初年间的只有5个，其余138个侯国都被取消了。而太初年间仅存的5个侯国，到汉武帝后元年间，也不存在了。《汉书》卷十六《高惠高后文功臣表》载：

子孙骄逸，忘其先祖之艰难，多陷法禁，陨命亡国，或（云）亡子孙。讫于孝武后元之年，靡有孑遗，耗矣。罔亦少密焉。故孝宣皇帝愍而录之，乃开庙臧，览旧籍，诏令有司求其子孙，咸出庸保之中，并受复除，或加以金帛，用章中兴之德。⑧

汉成帝时一位大臣曾总结说："迹汉功臣，亦皆割符世爵，受山河之誓，存以著其号，亡以显其魂，赏亦不细矣。百余年间而袭封者尽，或绝失姓，或乏无主，朽骨孤于墓，苗裔流于道，生为愍隶，死为转尸。以往况今，甚可悲伤。"⑨由此可见，封侯时的誓言"使黄河如带"，在列侯子孙的"骄逸"中，失去了初始的本意。

三、文化中心的象征

黄河中下游的今山西南部、河南洛阳、焦作、安阳一代，秦汉时期设置有河东郡、河内郡、河南郡，史称"三河"之地，这里是夏、商、周三代王朝的政治中心地带，是黄河文化的核心区。因此，秦汉时期所称的"三河"之地，就成了黄河中心文化的象征。

《史记》卷一百二十九《货殖列传》在叙述各地的民风时特别指出了“三河”的独特历史地位。其言：

昔唐人都河东，殷人都河内，周人都河南。夫三河在天下之中，若鼎足，王者所更居也，建国各数百千岁，土地小狭，民人众，都国诸侯所聚会，故其俗纤俭习事。[10]

对于“唐人都河东”，《史记集解》徐广曰：“尧都晋阳也。”对于“殷人都河内”，《史记正义》曰：“盘庚都殷墟，地属河内也。”对于“周人都河南”，《史记正义》曰：“周自平王已下都洛阳。”也就是说尧都河东（今山西临汾）、盘庚都河内（今河南安阳）、周平王都河南（今河南洛阳），是中国早期王朝的政治文化中心，因此司马迁说“夫三河在天下之中，若鼎足，王者所更居也”，充分肯定了“三河”天下之中、文化中心的特殊地位。我们知道，所谓“三河”就是黄河中下游从山西南下，到三门峡地区折而向东，又在河南荥阳折而向东北，而黄河河道在这折变中形成的 3 个重要的区域，也是黄河中下游既濒临黄河又相对安全的 3 个地区。古人在这 3 个地区分别建都，体现了祖先的智慧，也体现了黄河中下游这 3 个地区的重要地位。

“三河”之地，有时又叫作“河洛”之地。《史记》卷二十八《封禅书》曰：“昔三代之居皆在河洛之间。”[11]《史记正义》引《世本》云：“夏禹都阳城，避商均也。又都平阳，或在安邑，或在晋阳。”又引《帝王世纪》云：“殷汤都亳，在梁，又都偃师，至盘庚徙河北，又徙偃师也。周文、武都酆、鄗，至平王徙都河南。”《史记正义》总结：“三代之居皆在河洛之间也”。又《汉书》卷二十五上《郊祀志上》亦载：“昔三代之居皆河洛之间”[12]。唐代颜师古注曰：“谓夏都安邑，殷都朝歌，周都洛阳。”总体来看，“三河”地区又称“河洛”，可能更强调的是殷都偃师、周都河南的历史，因为这两个都城都在洛河流域，从而强调“河洛”地区的重要性。

在汉代，“三河”仍是重要的地区。刘邦建立西汉王朝，曾大封子弟为诸侯王，封功臣为列侯，这些王国、侯国基本都在关东地区。但由于“三河”地区的特殊地位，朝廷没有分封给诸侯王，而是直属中央管辖。《史记》卷十七《汉兴以来诸侯王年表》载：

汉兴，序二等。高祖末年，非刘氏而王者，若无功上所不置而侯者，天下共诛之。高祖子弟同姓为王者九国，唯独长沙异姓，而功臣侯者百有余人。自雁门、太原以东至辽阳，为燕、代国；常山以南，大行左转，度河、济，阿、甄以东薄海，为齐、赵国；自陈以西，南至九疑，东带江、淮、谷、泗，薄会稽，为梁、楚、淮南、长沙国：皆外接于胡、越。而内地北距山以东尽诸侯地，大者或五六郡，连城数十，置百官宫观，僭于天子，汉独有三河，东郡、颍川、南阳，自江陵以西至蜀，北自云中至陇西，与内史凡十五郡，而公主列侯颇食邑其中。何者？天下初定，骨肉同姓少，故广强庶孽，以镇抚四海，用承卫天子也。[13]

从记载来看，西汉前期，中央直辖的只有“三河、东郡、颍川”等15郡，在这15郡中，“三河”就占了3郡，由此可见“三河”的重要地位。这里在秦汉时期仍然处于黄河文化的中心地位。

四、天下神水的象征

五经之一的《周易》有“河出图、洛出书”的记载，由此赋予了黄河神圣性，使得黄河具有了神河的形象。秦汉时期，“河出图、洛出书”经常被提起，并且和圣人联系在一起。

《汉书》卷二十七上《五行志上》载：

《易》曰：“天垂象，见吉凶，圣人象之；河出图，雒出书，圣人则之。”刘歆以为虙羲氏继天而王，受《河图》，则而画之，八卦是也；禹治洪水，赐《雒书》，法而陈之，《洪范》是也。圣人行其道而宝其真，降及于殷，箕子在父师位而典之。周既克殷，以箕子归，武王亲虚己而问焉。故经曰：“惟十有三祀，王访于箕子，王乃言曰：‘乌呼，箕子！惟天阴骘下民，相协厥居，我不知其彝伦逌叙。’箕子乃言曰：‘我闻在昔，鲧陻洪水，汩陈其五行，帝乃震怒，弗畀《洪范》九畴，彝伦逌斁。鲧则殛死，禹乃嗣兴，天乃锡禹《洪范》九畴，彝伦逌叙。’”此武王问《雒书》於箕子，箕子对禹得《雒书》之意也。[14]

按照汉代刘歆的说法，上古伏羲氏受河图，画八卦；大禹治水得洛书，而作《尚书·洪范》。伏羲和大禹都是圣人，因此才“河出图，洛出书”，也就是说只有圣人在世，才会“河出图，洛出书”。“河出图，洛出书”是难得的吉祥。相反，如果天下不太平，则黄河决口泛滥，危害社会。所以汉代谷永说：

河，中国之经渎，圣王兴则出图书，王道废则竭绝。今溃溢横流，漂没陵阜，异之大者也。修政以应之，灾变自除。[15]

谷永所谓“圣王兴则出图书，王道废则竭绝”，体现了汉代灾异思想的影响下，社会上对黄河的神圣性的看法。

黄河的神圣性主要体现在黄河中游的河洛地区，也就是夏、商、周3代兴起的地区。而在河洛地区之外，国君治国理政不好的话，则会出现灾异以谴告。《汉书》卷二十七中《五行志中》载：

昔三代居三河，河洛出图书，秦居渭阳，而渭水数赤，瑞异应德之效也。京房《易传》曰："君湎于酒，淫于色，贤人潜，国家危，厥异流水赤也。"[16]

就是以祥瑞与灾异学说来解释"河洛出图书"现象的。

正因为黄河具有神圣性，秦汉时期祭祀山川时把黄河地位抬得很高。黄河被视为"诸侯"，按照诸侯王的礼节予以祭祀。《汉书》卷二十五上《郊祀志上》载：

天子祭天下名山大川，怀柔百神，咸秩无文。五岳视三公，四渎视诸侯。而诸侯祭其畺（疆）内名山大川，大夫祭门、户、井、灶、中霤五祀，士、庶人祖考而已。各有典礼，而淫祀有禁。[17]

对于"四渎视诸侯"，唐代颜师古注曰："师古曰：'江、河、淮、济为四渎。渎者，发源而注海者也。视，谓其礼物之数也。'"而在四渎之中，黄河居于首位。《汉书》卷二十九《沟洫志》载班固赞语曰：

古人有言："微禹之功，吾其鱼乎！"中国川原以百数，莫著于四渎，而河为宗。[18]

班固所言的"中国川原以百数，莫著于四渎，而河为宗"，充分肯定了黄河在天下所有河流中的"宗主"地位。黄河河神祭祀的地点在濒临黄河的左冯翊临晋县。《汉书》卷二十五《郊祀志》载："水曰河，祠临晋。""其河巫祠河于临晋。"

到了汉宣帝时期，五岳四渎的祭祀制度固定下来，但黄河的祭祀次数比江、淮、济次数要多。《汉书》卷二十五《郊祀志下》载：

制诏太常："夫江海，百川之大者也，今阙焉无祠。其令祠官以礼为岁事，以四时祠江海雒水，祈为天下丰年焉。"自是五岳、四渎皆有常礼。东岳泰山於博，中岳泰室於嵩高，南岳灊山於灊，西岳华山於华阴，北岳常山於上曲阳，河於临晋，江於江都，淮於平氏，济於临邑界中，皆使者持节侍祠。唯泰山与河岁五祠，江水四，余皆一祷而三祠云。[19]

在五岳、四渎的祭祀中，泰山和黄河的地位最为崇高，一年祭祀5次，长江次之，一年祭祀4次，其余的淮河、济水等一年只祭祀3次，由此可见黄河在秦汉时期地位的尊崇。

五、天下治乱的象征

黄河经过黄土高原之后，河水变得浑浊起来，以至于在孟津以下号称"浊河"。《汉书·沟洫志》又有"河水重浊，号为一石水而六斗泥"的记载。在古人看来，浑浊的黄河水是很难变清的，如果黄河水变清了，则一定是天下太平所致。汉代易学大家京房就在《易传》中说："河水清，天下平。"京房这个说法，就赋予了黄河之水代表天下治乱的文化象征。

西汉时期，黄河多次在下游决口，最有名的就是瓠子（今河南省濮阳县西南）

决口，泛滥关东16郡二十多年，直到汉武帝元封二年（前109年），决口才被堵塞。王莽时期黄河再次决口，泛滥五十余年，直到汉明帝永平十二年（69年）王景治河，才使得黄河安澜。正是西汉时期黄河下游的多次泛滥，使得社会对黄河水变清赋予了理想和向往的成分。让西汉的京房等人想不到的是，黄河居然在东汉后期的桓灵时期变清了。如：

《后汉书·孝桓帝纪》延熹八年（165年）四月载，“济阴、东郡、济北河水清。”延熹九年（166年）“夏四月，济阴、东郡、济北、平原河水清。”[20]

《后汉书·孝灵帝纪》建宁四年（171年）载“二月癸卯，地震，海水溢，河水清。”[21]

《后汉书·孝桓帝纪》所载的济阴、东郡、济北、平原4郡，都在黄河的下游，也就是今天的河南濮阳，山东聊城、菏泽、泰安、济宁、莱芜、德州等地。《后汉书·孝灵帝纪》所载的“河水清”没有明确说明地点，但从常理推断，应该还是黄河下游的今河南、山东段。黄河清本是祥瑞的象征，但在东汉后期社会黑暗的桓灵时期，黄河清则成了不正常的现象，当时的人认为是妖异之象，并给予了不同的解读。《续汉书·五行志三》载：

延熹八年四月，济北河水清。九年四月，济阴、东郡、济北、平原河水清。襄楷上言：“河者诸侯之象，清者阳明之征，岂独诸侯有规京都计邪？”其明年，宫车晏驾，征解犊亭侯为汉嗣，即尊位，是为孝灵皇帝。[22]

东汉的襄楷把桓帝时期延熹八年（165年）、延熹九年（166年）的黄河水清，看作是诸侯觊觎皇权的征兆。因为黄河的地位是诸侯，现在黄河变清，而清明是天子的象征，因此浑浊的河水变清并不是什么吉兆，而是诸侯要谋夺天子之位的预兆。当然，巧合的是，河水清之后的第二年，汉桓帝就去世了，享年36岁。桓帝崩，无子，窦太后与父亲窦武定策禁中，遣使到河间国奉迎解渎亭侯刘宏为帝，这就是汉灵帝。在襄楷看来，这正是应验了他的看法。

襄楷正是延熹九年“河水清”段的平原郡人，他“好学博古，善天文阴阳之术”，对黄河和阴阳关系的理论有自己的看法。《后汉书·郎𫖮襄楷列传》：

案春秋以来及古帝王，未有河清及学门自坏者也。臣以为河者，诸侯位也。清者属阳，浊者属阴。河当浊而反清者，阴欲为阳，诸侯欲为帝也。太学，天子教化之宫，其门无故自坏者，言文德将衰，教化废也。京房《易传》曰：“河水清，天下平。”今天垂异，地吐妖，人厉疫，三者并时而有河清，犹春秋麟不当见而见，孔子书之以为异也。[23]

襄楷认为“河水清，天下平”，应该是天下平，即天下大治的时候，河水才会清。相反，如果天下乱象环生、天下不太平而出现“河水清”，则是妖异的象征。这正如天下大乱的春秋之时麒麟现世，孔子认为是灾异。而东汉桓帝时期，政治腐败、羌人起义、疫病流行、民不聊生，在这样的时刻出现“河水清”，难怪襄楷认为是灾异。当然，透过京房、襄楷等人的记载，我们能真切感受到秦汉时期人们对黄河的重视、对黄河的关注，以至于把黄河的清浊看作是象征天下治乱的大事。由此凸显秦汉时期黄河在政治文化中的重要象征意义。

六、中国的象征

黄河在秦汉时期有“河”“德水”“大河”“泰河”“浊河”“黄河”等不同的称谓，这都是立足中原的称呼。跳出黄河文化圈，从西域的角度来看，黄河又被称为“中国河”，黄河被看作中国的象征。《汉书》卷九十六《西域传》载西域概况时提到了黄河的源头问题：

西域以孝武时始通，本三十六国，其后稍分至五十余，皆在匈奴之西，乌孙之南。南北有大山，中央有河，东西六千余里，南北千余里。东则接汉，阸（厄）以玉门、阳关，西则限以葱岭。其南山，东出金城，与汉南山属焉。其河有两原：一出葱岭山，一出于阗。于阗在南山下，其河北流，与葱岭河合，东注蒲昌海。蒲昌海，一名盐泽者也，去玉门、阳关三百余里，广袤三〔四〕百里。其水亭居，冬夏不增减，皆以为潜行地下，南出於积石，为中国河云。[24]

另外，《汉书·西域传》在记述于阗国时说：

于阗国，王治西城，去长安九千六百七十里。户三千三百，口万九千三百，胜兵二千四百人。辅国侯、左右将、左右骑君、东西城长、译长各一人。东北至都护治所三千九百四十七里，南与婼羌接，北与姑墨接。于阗之西，水皆西流，注西海；其东，水东流，注盐泽，河原出焉。多玉石。西通皮山三百八十里。[25]

对于“水东流，注盐泽，河原出焉”，苏林注曰：“即中国河也。”按照《汉书·西域传》的说法，黄河的源头是西域的“蒲昌海”或者叫“盐泽”，也就是今天的罗布泊。古人认为，塔里木河的水汇集到“蒲昌海”，而“广袤三百里”的大湖泊“蒲昌海”的水则“潜行地下”，即形成地下河，地下河潜行到积石山的时候，流出地表，即所谓“南出于积石”，形成了黄河的源头，最终形成了“中国河”，也就是黄河。

河出昆仑、河出积石的说法来源较早。《尚书·禹贡》说：“道河积石。”《尔雅》云：“河出昆仑墟，其色白。”都认为黄河的源头在积石山和昆仑墟，也就是源自西域地区。抛开黄河源头是否为“蒲昌海”的说法，我们这里需要特别注意的是“中国河”的说法。这个说法一是把西域的“蒲昌海”与黄河联系起来，二是称黄河为“中国河”。“中国河”的称谓极具文化象征意义，这个称谓表明在中原以外的地区，是把黄河看作是中国的象征，黄河与中国密不可分。

【注释】

① 司马迁：《史记》卷六《秦始皇本纪》。
② 司马迁：《史记》卷二十六《历书》。
③ 司马迁：《史记》卷二十八《封禅书》。
④ 司马迁：《史记》卷九十六《张丞相列传》。
⑤ 司马迁：《史记》卷十八《高祖功臣侯者年表》。
⑥ 班固：《汉书》卷十六《高惠高后文功臣表》。
⑦ 司马迁：《史记》卷十八《高祖功臣侯者年表》。
⑧ 班固：《汉书》卷十六《高惠高后文功臣表》。
⑨ 班固：《汉书》卷十六《高惠高后文功臣表》。
⑩ 司马迁：《史记》卷一百二十九《货值列传》。
⑪ 司马迁：《史记》卷二十八《封禅书》。
⑫ 班固：《汉书》卷二十五上《郊祀志上》。
⑬ 司马迁：《史记》卷十七《汉兴以来诸侯王年表》。
⑭ 班固：《汉书》卷二十七上《五行志上》。
⑮ 班固：《汉书》卷二十九《沟洫志》。
⑯ 班固：《汉书》卷二十七中《五行志中》。
⑰ 班固：《汉书》卷二十五上《郊祀志上》。
⑱ 班固：《汉书》卷二十九《沟洫志》。
⑲ 班固：《汉书》卷二十五下《郊祀志下》。
⑳ 范晔：《后汉书》卷七《孝桓帝纪》。
㉑ 范晔：《后汉书》卷八《孝灵帝纪》。
㉒ 范晔：《后汉书》志十五《五行三》。
㉓ 范晔：《后汉书》卷三十《郎顗襄楷列传》。
㉔ 班固：《汉书》卷九十六上《西域传上》。
㉕ 班固：《汉书》卷九十六上《西域传上》。

《白虎通义》与汉政权的合法性论证

张　功
湖北经济学院法学院教授

政权合法性问题受到社会学、政治学、法学等学科的关注，卢梭、韦伯、哈贝马斯、帕森斯等西方学者都对这一问题作过深刻分析。韦伯指出："一切经验表明，没有任何一种统治自愿地满足于仅仅以物质的动机或者仅仅以情绪的动机，或者仅仅以价值合乎理性的动机，作为其继续存在的机会。毋宁说，任何统治都企图唤起并维持对他的'合法性'的信仰。"① "合法性信仰"即社会成员对公权力的信仰和服从，对政权的社会治理权利的认同与遵从。合法性信仰是维持政治体系稳定与有效运转的基础。政权的合法性是一个实践问题，其形成途径有二：一是政权的理论建构与论证，通过政权的合法性叙述表述出来；二是社会成员对政权治理行为的价值判断与评价，两者之间存在复杂的互动关系。西汉初期的《过秦论》可以看作汉政权合法性论证的开始，而《白虎通义》的合法性论证则带有明显的官方色彩，其内容代表了汉政权自身对政权合法性的基本认知。

为什么是必须服从的？刘氏家天下为什么是合理的？政权对社会展开治理的依据何在？对这些问题的追问与回答，构成政权的合法性论证。

一、汉政权存在的历史依据

政权合法性论证中，历史哲学的刻画与叙说是非常重要的一个方面。《白虎通义》通过对汉代流行的"皇帝王霸""五德始终""三统说""文质互变"等历史演变理论的辨析，阐明了政权的存在是一种历史现象，是古来就有的。

"皇帝王霸"作为一种历史哲学，通过三皇五帝三王之间更替的分析，形成一种解释历史演变的理论模型。皇帝王霸论包括三皇、五帝、三王、五霸的历史功绩及其更替机制的解读。

三皇者，何谓也？谓伏羲、神农、燧人也。或曰伏羲、神农、祝融也。《礼》曰："伏羲、神农、祝融，三皇也。"古之时未有三纲、六纪，民人但知其母，不知其父，能覆前而不能覆后，卧之法法，行之吁吁，饥即求食，饱即弃余，茹毛饮血而衣皮苇。于是伏羲仰观象于天，俯察法于地，因夫妇正五行，始定人道，画八卦以治下。

下伏而化之，故谓之伏羲也。谓之神农何？古之人民，皆食禽兽肉，至于神农，人民众多，禽兽不足。于是神农因天之时，分地之利，制耒耜，教民农作。神而化之，使民宜之，故谓之神农也。谓之燧人何？钻木燧取火，教民熟食，养人利性，避臭去毒，谓之燧人也。谓之祝融何？祝者，属也；融者，续也。言能属续三皇之道而行之，故谓祝融也。[②]

关于三皇的说法由来已久，在先秦子书中多有记载，《白虎通义》综合了各家说法作了整齐表述，具体内容有三：一是三皇是为人类社会的进化作出巨大贡献的人物；二是三者之间有明显的演进顺序；三是人类社会演进的顺序是人伦观念和社会秩序的设定、农业生产手段的改善、生活方式的改进这一先后顺序。

五帝者，何谓也？《礼》曰："黄帝、颛顼、帝喾、帝尧、帝舜，五帝也。"《易》曰："黄帝、尧舜、尧氏作。"《书》曰：'帝尧、帝舜。'黄者中和之色，自然之性，万世不易。黄帝始作制度，得其中和，万世常存，故称黄帝也。谓之颛顼何？颛者，专也；顼者，正也；能专正天人之道，故谓之颛顼也。谓之帝喾者何也？喾者，极也，言其能施行穷极道德也。谓之尧者何？尧犹哓哓也，至高之貌，清妙高远，优游博衍，众圣之主，百王之长也。谓之舜者何？舜犹僢僢也，言能推信尧道而行之。[③]

五帝之所以受到尊重，作为时代的代称，是因为他们超卓的德行，都是有功于华夏民族文明进步的英雄人物。

三皇五帝作为先秦秦汉时期人们构建的解释古代历史的理论框架，代表了当时的人对华夏历史演进的基本观念。三皇五帝并非华夏族上古神话中所固有的人物，其产生当在战国秦汉之际。战国诸子特别喜欢谈论三皇五帝，追述上古的事情。其中尤以韩非子与庄子所言为最详。《韩非子》中的《五蠹》《十过》，《庄子》、的《盗跖》《天运》等篇都有三皇五帝的相关记载。韩非子、庄子等先秦学者追述上古历史大体上一致，说明战国诸子对上古社会谱系的追溯，从大的时段来说，应该是可以信据的。[④]"三皇五帝说"表明，三皇五帝的历史贡献带动了社会文明的进步，无三皇五帝即无上古历史，更遑论文明进步。

三王者，何谓也？夏、殷、周也。……王者受命，必立天下之美号以表功自克，明易姓为子孙制也。夏、殷、周者，有天下之大号也。百王同天下，无以相别，改制天子之大礼，号以自别于前，所以表著己之功业也。必改号者，所以明天命已著，欲显扬己于天下也。己复袭先王之号，与继体守文之君无以异也，不显不明，非天意也。故受命王者必择天下美号表著己之功业，明当致施是也。所以预自表克于前也。[⑤]

《白虎通义》关于“三王”的论述中，对“易姓”即政权更替有了清楚的认识。“受命而王”成为解释三王相继出现的基本理论。桓潭《新论》说：“夫上古称三皇五帝，而次有三王五霸。此天下君之冠首也，故言三皇以道治，而五帝用德化，三王由仁义，五霸用权智。”三皇、五帝、三王、五霸之间存在着特征明显的变化，是一种特征明显的历史哲学。这一历史演进理论与政权合法性论证的内在逻辑在于，无论社会如何变化，总是要由天子为核心的政权主持社会秩序的运行和社会文明的进化；政权之所以获得好的名声，是因为给社会带来了进步与发展；政权的变迁与更替，有“天命”在主宰，“天命靡常，惟德是辅”则是西周以来流行的政治哲学，也是解释政权更替与天命转移之关系的关键所在。

“五德始终说”也是两汉时期影响很大的一种历史哲学，它设想历史的发展是沿着金、木、水、火、土五种德运按照一定规律和顺序依次演变的，依据“五德”演变顺序的不同，分为“五行相胜说”和“五行相生说”。“五行相胜说”认为，历史循着土、木、金、火、水的顺序发展演变，后一朝代战胜前一朝代的“德运”，并取而代之；“五行相生说”由刘歆修订《世经》而形成，认为历史沿着木、火、土、金、水的顺序发展演进，后一朝代之“德运”为前一朝的“德运”所生。“五德始终说”的价值并非对人类历史演变的科学解释，而是借历史演变对现实政治秩序的确认、论证。司马迁在《史记·孟子荀卿列传》中指出：

驺衍睹有国者益淫侈，不能尚德，若大雅整之於身，施及黎庶矣。乃深观阴阳消息而作怪迂之变，终始、大圣之篇十馀万言。其语闳大不经，必先验小物，推而大之，至於无垠。先序今以上至黄帝，学者所共术，大并世盛衰，因载其禨祥度制，推而远之，至天地未生，窈冥不可考而原也。先列中国名山大川，通谷禽兽，水土所殖，物类所珍，因而推之，及海外人之所不能睹。称引天地剖判以来，五德转移，治各有宜，而符应若兹。⑥

邹衍利用金木水火土等所谓“五德”来比附、论证政治问题的做法被秦汉时的人们所延续，用作论证政权合法性的理论模型。《白虎通义》说：

五行所以更王何？以其转相生，故有终始也。木生火，火生土，土生金，金生水，水生木。是以木王，火相，土死，金囚，水休。王所胜者死、囚，故生王者休。木王火相何？以知为臣，土所以死者，子为父报仇者也。之子慎之物归母，木王火相，金成，其火燋金。金生水，水灭火，报其理；火生土，土则害水，莫能而御。

五行所以相害者，天地之性，众胜寡，故水胜火也；精胜坚，故火胜金；刚胜柔，故金胜木；专胜散，故木胜土；实胜虚，故土胜水也。

火阳，君之象也；水阴，臣之义也。臣所以胜其君何？此谓无道之君也，故为众阴所害，犹纣王也。是使水得施行，金以盖之，土以应之，欲温则温，欲寒则寒，亦何从得害火乎？

曰：五行各自有阴阳，木生火所以还烧其母何？曰金胜木，火欲为木害金。金者，坚强难消，故母以逊体助火烧金，此自欲成子之义。又阳道不相离，故为两盛，火死子乃继之。

木王所以七十二日何？土王四季，各十八日，合九十日为一时，王九十日。土所以王四季何？木非土不生，火非土不荣，金非土不成，水非土不高。土扶微助衰，历成其道，故五行更王，亦须土也。王四季，居中央不名时。五行何以知同时起？丑讫义相生。《传》曰："五行并起，各以名别。"⑦

在这一复杂的五行生化体系中，五行之间既相生又相胜，君臣之间更是如此，既有臣对君的服从，也有君主应该承担的责任。如纣王被臣下所取代，在于其行为的"无道"。《东观汉记》卷一说：

自汉草创德运，正朔服色未有所定，高祖因秦，以十月为正，以汉水德，立北畤而祠黑帝。至孝文，贾谊、公孙臣以为秦水德，汉当为土德。至孝武，倪宽、司马迁犹从土德。自上即位，案图谶，推五运，汉为火德。周苍汉赤，水生火，赤代苍，故上都雒阳。制郊兆于城南七里，北郊四里，为圆坛，天地位其上，皆南面西上。行夏之时，时以平旦，服色、牺牲尚黑，明火德之运，徽炽尚赤，四时随色，季夏黄色。

"五德始终说"作为汉帝国政治运作的理论依据之一，影响到两汉政权对自身合法性的理解，影响到东汉政权的合法性建设。

"三统说"也是汉代流行的一种历史哲学，作为解释朝代更替的理论模型，为新朝代的建立提供合法性依据。《白虎通义·三正》说：

正朔有三何？本天有三统，谓三微之月也。明王者当奉顺而成之，故受命各统一正也，敬始重本也。朔者，苏也，革也，言万物革更于是，故统焉。《礼三正记》曰："正朔三而改，文质再而复也。"

三微者，何谓也？阳气始施，黄泉动，微而未著也。十一月之时，阳气始养根株，黄泉之下，万物皆赤。赤者，盛阳之气也，故周为天正，色尚赤也。十二月之时，万物始牙而白。白者阴气，故殷为地正，色尚白也。十三月之时，万物始达，孚甲而出，皆黑，人得加功，故夏为人正，色尚黑。《尚书大传》曰："夏以孟春月为正，殷以季冬月为正，周以仲冬月为正。夏以十三月为正，色尚黑，以平旦为朔。殷以十二月为正，色尚白，以鸡鸣为朔。周以十一月为正，色尚赤，以夜半为朔。"不以二月后为正者，万物不齐，莫适所统，故必以三微之月也。三正之相承，若顺连环也。孔子承周之弊，行夏之时，知继十一月正者当用十三月也。[8]

在农业社会，历谱的制订关乎农业生产的管理和社会生活的安排，对政权的政治运行也会产生影响。《汉书·艺文志》载："历谱者，序四时之位，正分至之节，会日月五星之辰，以考寒暑杀生之实。故圣王必正历数，以定三统服色之制，又以探知五星日月之会。"按照这一说法，"三统服色之制"与"历数"关系极为密切，折射出"三统说"理论与天道运行间的密切关系。《白虎通义》中"三正"以及由此衍生的"三统"就是效法"天道"运行的结果，是汉代理论建构上的"法天"倾向的表现，是汉代政治、政权具备正当性的天道基础。孔子就曾对政权更替有过论证，《论语·为政》说："殷因于夏礼，所损益可知也；周因于殷礼，所损益可知也；其或继周者，虽百世可知也。"《四书章句集注》引马融曰："所因，谓三纲五常。所损益，谓文质三统。"朱熹按曰："三纲，谓君为臣纲，父为子纲，夫为妻纲。五常，谓：仁、义、礼、智、信。文质，谓：夏尚忠，商尚质，周尚文。三统，谓：夏正建寅为人统，商正建丑为地统，周正建子为天统。三纲五常，礼之大体，三代相继，皆因之而不能变。其所损益，不过文章制度小过不及之间，而其已然之迹，今皆可见。"[9]历史的发展过程有常有变，这是孔子在总结夏、商、周三代历史经验的基础上提出的，"三统说"理论的提出和发展正是这一认识的升华和推演。《白虎通义》在"三统说"的基础上推演出了"三教"理论：

王者设三教者何？承衰救弊，欲民反正道也。三王之有失，故立三教，以相指受。夏人之王教以忠，其失野，救野之失莫若敬。殷人之王教以敬，其失鬼，救鬼之失莫如文。周人之王教以文，其失薄，救薄之失莫若忠。继周尚黑，制与夏同。三者如顺连环，周而复始，穷则反本。[10]

对夏、商、周三代更替的历史现实的解读与分析是"三教说"理论得以产生的基础，无论是"救鬼之失莫若文"，还是"救薄之失莫若忠"，都是在"承衰救弊"前提下，推演出新政权的存在合法性和必要性。

汉代的"三统说"与"受命改制"有着密切关系。"王者必受命而后王，王者必改正朔，易服色，制礼乐，一统于天下，所以明易姓非继人，通以己受之于天也。"[11]《史记·历书》说："王者易姓受命，必慎始初，改正朔，易服色，推本天元，顺承厥意。"《白虎通义·三正》："王者受命必改朔何？明易姓，示不相袭也。明受之于天，不受之于人，所以变易民心，革其耳目，以助化也。"汉儒"受命改制"理论的核心是通过"改正朔"来"顺应天命"，并适应"变易民心"的现实。从而实现政权更替是"明受之于天，不受之于人"，即政权更替的根源在于"天命"转移，而非人力所为，由此剔除了"成王败寇"和力争天下的可能性。“万物春生、夏长、秋收、冬藏。天地之正，四时之极，不易之道。夏数得天，百王所同。其在商汤，用师于夏，除民之灾，顺天革命，改正朔，变服殊号，一文一质，示不相沿，以建丑之月为正，易民之视。若天时大变，亦一代之事，亦曰我周王致伐于商，改正异械，以垂三统，至于敬授民时，巡狩祭享，犹自夏焉。是谓周月，以纪于政。”⑫《逸周书》的上述文字明确指出三代“改正朔”的目的仅仅是为了“易民之视”，至于自然意义上的“敬授民时”则还是要依据“夏时”。而汉儒董仲舒则从“名实”的角度指出了这种改制的象征价值，他说：“今所谓新王必改制者，非改其道，非变其理，受命于天，易姓更王，非继前王而王也。若一因前制，修故业，而无有所改，是与继前王而王者无以别。受命之君，天之所大显也。事父者承意，事君者仪志，事天亦然。今天大显已，物袭所代而率与同，则不显不明，非天志。故必徙居处，更称号，改正朔，易服色者，无他焉，不敢不顺天志而明白显也。若夫大纲、人伦、道理、政治、教化、习俗、文义尽如故，亦何改哉？故王者有改制之名，无易道之实。”⑬“改正朔”是传统政权“受命”的主要标志，“奉谁家正朔”在古代社会也就成为一个重要的政治问题，关系到政权更替是否顺应了“天道”的问题。

“三统说”作为政权传承合法性的论证模式，与儒家政权“大一统”理论关系密切。“改正之义，奉元而起，古之王者受命而王，改制称号正月，服色定，然后郊告天地及群神，远追祖安道尔，然后布天下。诸侯庙受，以告社稷宗庙山川，然后感应一其司。三统之变，近夷遐方无有，生煞者独中国。而三代改正，必以三统天下。曰：三统五端，化四方之本也。”“其谓统三正者，曰：正者，正也，统致其气，万物皆应，而正统正，其余皆正，凡岁之要，在正月也。法正之道，正本而末应，正内而外应，动作举错，靡不变化随从，可谓法正也。”⑭《春秋公羊传》说：“统者，始也，总系之辞。夫王者，始受命改制，布政施教于天下，自公侯至于庶人，自山川至于草木昆虫，莫不一一系于正月，故云政教之始。”⑮在汉代儒家看来，无论王朝更替出于什么原因，既然是王朝更替，其标志就是“颁正朔”，以此作为改制度、布政教、行政令的标志。“王者受命必改朔何？明易姓，示不相袭也。明受之于天，不受之于人，所以变异民心，革其耳目，以助化也。”⑯儒家学者通过对三代以来“颁正朔”的历史事实的阐发，使“正朔”成为政权的象征。正朔的变更，将自然物候、天命转移与政权更替联系在一起，以论证政权更替的合法性。

二、汉政权存在的现实依据

政权合法性的现实依据是通过对政权存在必要性的论证来叙述的。《白虎通义》卷一《爵》章：

天子者，爵称也。爵所以称天子者何？王者父天母地，为天之子也。故《援神契》曰："天覆地载，谓之天子，上法斗极。"《钩命决》曰："天子，爵称也。"帝王之德有优劣，所以俱称天子者何？以其俱命于天，而王治五千里内也。《尚书》曰："天子作民父母，以为天下王。"何以知帝亦称天子也，以法天下也？《中候》曰："天子臣放勋。"《书·逸篇》曰："厥兆天子爵。"何以"言皇"亦称天子也？以其言天覆地载俱王天下也。故《易》曰："伏羲氏之王天下也。"

天子是一种"爵"，是一种行政职位，因其受命于天，故称天子。虽然用作论证依据的材料并不充分，但将"天子"的神秘外衣剥除，直接指称其本质是一种爵位，正是众多参会者出于建构政权合法性理论的需要而作出的判断。

天子又称帝王，对此《白虎通义》解释道：

帝王者何？号也。号者，功之表也，所以表功明德，号令臣下者也。德合天地者称帝，仁义合者称王，别优劣也。《礼记谥法》曰："德象天地称帝，仁义所生称王。"帝者天号，王者五行之称也。皇者，何谓也？亦号也。皇，君也，美也，大也。天人之总，美大之称也。时质，故总称之也。号言为帝何？帝者，谛也。象可承也。王者，往也。天下所归往。[17]

帝、王等称号则含有较多的功利评价成分，是依据其对社会的贡献大小而给予不同的称呼。"或称天子，或称帝王何？以为接上称天子者，明以爵事天也。接下称王者，明位号天下至尊之称，以号令臣下也。"[18]天子对上天而言称为天子，对群臣百姓而言才称为帝王，获得天子这一爵位的关键在于人君的德行修养，天子一旦丧失德行，上天便会剥夺这种爵位，故亡国败家丧失天子之位者多先丧其德。《社稷》篇说："王者、诸侯必有诫社何？示有存亡也。明为善者得之，恶者失之。"《三正》篇说："王者所以存二王之后，何也？所以尊先王，通天下之三统也。明天下非一家之有，谨敬谦让之至也。故封之百里，使得服其正色，用其礼乐，永事先祖。""诫社""天下非一家"等说法，是说君主、天子必须履行该职位所承担的政治责任，否则，就会被取代。这是历史上政权多次更迭在理论认识上的反映。

上述论证并无特别深刻之处，但却与当时人们的知识水准和思维习惯相吻合，其中三皇、五帝、三王、五霸都是历史人物，是存留于时代历史认知中的帝王形象。《白虎通义》关于天子、帝王的一切爵、号、谥的规定，其目的十分明确，就是要在政治制度、思想观念、治理活动中确立帝王至高无上的地位，"接上称天子者，明以爵事天也。接下称帝王者，得号天下至尊言称，以号令臣下也。……所以尊王者也。以天下之大、四海之内，所共尊者一人耳。"[19]天子对上天而言称为天子，在对群臣百姓而言才称为帝王，不管何种称呼，天子至高无上的政治地位却是不变的。

天子在社会治理中的职责。天子是凭借自己的德行获得天命护佑而拥有这一爵位，《日月》篇说："日行迟，月行疾何？君舒臣劳也。"《天地》篇说："君舒臣疾，卑者宜劳。"《五行》篇说："太阳精微，人君之象。象尊常藏，犹天子居九重之内，臣下卫之也。藏于木者，依于仁也……天子所以内明而外昧，人所以外明而内昧何？明天人欲相向而治也。"德参天地，化育万物是天子在人间的主要职责。《灾变》说："天所以有灾变何？所以谴告人君，觉悟其行，欲令悔过修德，深思虑也。《授神契》曰：'行有点缺，气逆干天，情感变出，以戒人也。'"沟通天人，感知天意，指导政权的社会治理活动，及时发现并修正社会治理过程中的缺陷和错误，是天子承担的最基本的政治责任。

根据《白虎通义·爵》论证："天子者，爵称也。爵所以称天子何？王者父天母地，为天之子也。"即天子作为爵位是直接来自天的赐予，"受之于天，不受之于人"。天子以下，效法宇宙中的三光或五行，确立爵位等级。《白虎通义·爵》曰："爵有五等，以法五行也；或三等者，法三光也。"爵位分为两个系统，一个是按血缘划分为公、侯、伯、子、男的诸侯宗室系统，一个是按功绩、才能划分为公、卿、大夫的官僚系统。"'王者之制禄爵，凡五等。谓公、侯、伯、子、男。'此周制也。""公、卿、大夫何谓也？内爵称也。""内爵所以三等何亦法三光也。"这些爵位都是天子所赐予的，臣下不得自封。天子可以封"公"的爵位给臣下，但是诸侯却不能封下治之国的臣民"公"的爵位，这是因为诸侯在天子之下，不具有这样的权力。诸侯能封的最大爵位是"上大夫"。"诸侯所以无公爵者，下天子也。故《王制》曰：'上大夫、下大夫、上士、中士、下士，凡五等。'此谓诸侯臣也。"再往下，就是地位卑下而不算爵位的士和无爵位的妇人。"妇人无爵何？阴卑无外事，是以有三从之义。"其中，天子的士人可以独享"元士"的称谓，"天子之士独称元士何？士贱不得体君之尊，故加元以别诸侯之士也"。还专门谈到皇帝、诸侯及其后代的称谓。它说："汉制天子称皇帝，其嫡嗣称皇太子，诸侯王之嫡嗣称代子，后代咸因之。"清晰的等级作为国家的根本制度被确立以后，各个等级就要严格执行自己的权力与义务，不可逾越，否则就触犯了法律，而应受到符合其等级的刑法。《白虎通义》中就各个等级的各项行为规范都有规定，如封地、俸禄、封赏、溢、号、祭祀、礼仪、服饰、丧葬、刑法，甚至连占卜用具都有等级方面的明确规定。

《白虎通义·封公侯》篇认为天子作为唯一发号施令的人，他的绝对权力源于他是“有土之君”：“普天之下，莫非王土，率土之滨，莫非王臣。”天下都是他的私有财产，对其具有绝对的控制权和支配权，天下臣民都依附于他才得以生活。正是这种人身依附关系，才产生了与此相对应的权利与义务关系，并最终形成一套严格的政治等级制度。天子依靠隶属于他的各个等级行使自己的权力，各个等级也凭借天子赐予的权力履行统治的职能，这套政治等级制度也就是国家得以运行的根本制度。“王者所以立三公九卿何？曰：天虽至神，必因日月之光；地虽至灵，必有山川之化；圣人虽有万人之德，必须俊贤。三公九卿二十七大夫八十一元士，以顺天成其道。”“必复封诸侯何？重民之至也。善恶比而易知，故择贤而封之，使治其民，以著其德，极其才。上以尊天子，备辅藩；下以子养百姓，施行其道。开贤者之路，谦不自专，故列土封贤，因而象之，象贤重民也。”天地有阴阳，那么人间就有尊卑；宇宙有四方与中央，人间就有群臣与帝王；天有众星，君主就有众民。《白虎通义》凭借宇宙法则的象征性，比附演绎出了一个以君主为中心的社会等级制度。

构成政权核心的是各级政府官员，即公卿大夫，他们才是社会治理的核心力量。《白虎通义》说：“公、卿、大夫者，何谓也？……公之为言公正无私也；卿之为言章，善明理也；大夫之为言大，扶进人者也。……大夫，职在之适四方，受君之法，施之于民，故独两字下之。或曰大夫，爵之下者也。称大夫，明从大夫以上受下施，皆大自着也。”[20]公、卿、大夫作为君主之下的官僚队伍，是承接君主命令推行社会治理的主要成员。《白虎通义》坚持官职乃天下公器，不能私相授受的传统，《爵》篇说：“爵人于朝者，示不私人以官，与众共之义也。封诸侯于庙者，示不自专也，明法度，皆祖之制也，举事必告焉。”《爵》篇说：“王者太子亦称士何？举从下升，以为人无生得贵者，莫不由士起，是以舜时称为天子，必先试于士礼。《士冠经》曰：‘天子之元子士也。’”大臣的选拔以得贤才为要领。《阙文》说：“诸侯所以贡士于天子者，进贤劝善者也。天子聘求之者，贵义也。治国之道，本在得贤。得贤则治，失贤则乱。”公卿百官负责具体的行政事务，必须具备相应的行政能力。《封公侯》说：“王者所以立三公九卿何？曰：天虽至神，必因日月之光；地虽至灵，必有山川之化；圣人虽有万人之德，必须俊贤。三公九卿二十七大夫八十一元士，以顺天成其道。”这种天地人、日月星的数字化比附，应该是当时社会成员普遍的知识水准。东汉政权的官员设置，也是遵循同样的逻辑来理解，《封公侯》说：

司马主兵，司徒主人，司空主地。王者受命为天、地、人之职，故分职以置三公，各主其一，以效其功。一公置三卿，故九卿也。天道莫不成于三：天有三光，日月星；地有三形，高下平；人有三等，君父师。故一公三卿佐之，一卿三大夫佐之，一大夫三元士佐之。天有三光然后而能遍照，各自有三法，物成于三：有始、有中、有终，明天道而终之也。三公、九卿、二十七大夫、八十一元士，凡百二十官，下应十二子。

东汉王朝的行政机构就这样以“三”为基数在理论上被建构出来。《封公侯》说：“《别名记》曰：司徒典民，司空主地，司马顺天。天者施生，所以主兵何？兵者，为诸除害也，所以全其生、卫其养也，故兵称天。寇贼猛兽，皆为除害者所主也。《论语》曰：‘天下有道，则礼乐、征伐自天子出。’司马主兵，言马者，马阳物，乾之所为，行兵用焉，不以伤害为度，故言马也；司徒主人，不言徒人者，徒众也，重民；司空主土，不言土言空者，空尚主之，何况于实？以微见著。”

三公指导卿大夫将中央政令推行于地方，“大夫，职在之适四方，受君之法，施之于民”。“适四方”的大夫就是郡县长官。《封公侯》说：“州伯者，何谓也？伯，长也。选择贤良，使长一州，故谓之伯也。”汉代郡县制体制之下，郡守、县令执掌地方大权，作为一元性的地方行政长官，是推行地方治理的核心力量。

汉代的地方郡县长官在社会治理中，除处理各类行政事务外，还强调通过其自身的典范作用影响地方社会。察举制度下，具备“忠孝廉洁”的品德成为为官的基本条件，换句话说，为官者一定是践行主流价值观的典范。“政权对基层社会的权力渗透，仅仅通过资源的控制和政权的延伸是不可能完全实现的。如果这一过程不能取得基层社会的认同，它最终会出现‘国家权力内卷化’的尴尬局面。因此，除了组织机构上的渗透，国家还需要进行政治文化上的渗透，让普通大众接受自己的政治文化，从而承认自己政治权力的合法性。”[21] 基层官员作为践行主流价值观的典范，应该有效地将政府提倡的行为模式和价值观灌输于民众的日常生活之中。基层官吏通过对地方社会熟悉的个人、组织、行为或话语的定义和诠释，将其升华为符合政治权威的意识形态符号，使政权的社会治理方针、政策具体化，潜移默化地改变普通民众的价值取向和认知框架。按照官吏选拔标准选拔的基层官员，成为国家公权力与基层社会的连接点，他们因为很好地践行了政权提倡的价值观和道德规范而得到政权的认可与推崇；同时，官吏的身份又使他们成为国家公权力的代表，这种身份的重叠，使国家公权力和主流价值观与道德规范之间互相强化，对基层社会成员产生了很强的示范作用。

郡县官员结合地方社会具体情况，进行社会治理。余英时指出：“事实上汉代郡守、县令长其政治倾向是儒是法，都可以在他们的治境之内设‘条教’。每一套‘条教’都代表一个地方官在他任内的政治措施；这种政治措施之所以称为‘条教'，则是因为它是以分条列举的方式着之文字的。所以，'条教'对于每一郡内的吏民都具有法律效力，任何人违反了每一条'教令'都是会受到惩罚的。……可见汉代郡守权力之大，他们事实上可以是地方政府的立法者，但'设教'最重要的原则，即察人情，度时势；'教'之为善为劣由此而判。"[22]《白虎通义》设定的社会治理主体，以天子为核心，三公、卿大夫、地方郡守、县令长等一起构成体系化的社会治理主体，承担着社会治理的任务。社会之所以有序，是因为存在以天子为核心的各级政权机构，这一机构的运行，为社会提供了秩序，维持了社会的运行与发展，这是政权合法性的现实基础。

政权合法性论证并非科学问题，论证的目的在于说明东汉政权存在的合理性和必要性，在社会成员中形成对政权治理社会行为的服从、信仰，以维持政权统治的稳定与高效。《白虎通义》关于政权合法性等论证，杂糅了天人感应、阴阳五行、谶纬学说，是当时政治理论之学科范式的产物，通过提出问题、分析问题、解答问题的方式，从历史叙说与现实依据两方面，论述了汉政权存在的合理性与必要性，为汉政权的存在、运行提供了哲学基础。

【注释】

① 马克斯·韦伯：《经济与社会》上卷，林荣远译，商务印书馆，1997，第239页。
② 班固：《白虎通义》。
③ 班固：《白虎通义》。
④ 李衡眉：《三皇五帝传说及其在中国史前史中的定位》，《中国社会科学》1997年第2期，第12页。
⑤ 班固：《白虎通义》。
⑥ 司马迁：《史记》卷七十四《孟子荀卿列传》。
⑦ 班固：《白虎通义》。
⑧ 班固：《白虎通义》。
⑨ 朱熹：《四书章句集注》，中华书局，1983，第59页。
⑩ 班固：《白虎通义》。
⑪ 苏舆：《春秋繁露义证·三代改制质文》，中华书局，1992。
⑫ 黄怀信：《逸周书汇校集注·周月解》，上海古籍出版社，1995。
⑬ 苏舆：《春秋繁露义证·楚庄王》，中华书局，1992。
⑭ 苏舆：《春秋繁露义证·三代改制质文》，中华书局，1992。
⑮ 《十三经注疏·春秋公羊传注疏》"隐公元年"。

⑯ 班固：《白虎通义》。
⑰ 班固：《白虎通义》。
⑱ 班固：《白虎通义》。
⑲ 班固：《白虎通义》。
⑳ 班固：《白虎通义》。
㉑ 冯仕政：《典型：一个政治社会学的研究》，《学海》2003年第3期，第124–128页。
㉒ 余英时：《士与中国文化》，上海人民出版社，2003，第177页。

“大汉气象”与“大汉盛世”论略

张小锋
对外经济贸易大学马克思主义学院教授

汉承秦制，由秦始皇开创、汉代统治者继承的中央集权的大一统的封建王朝，成为后世王朝遵奉的统治模式。汉朝时期进一步巩固和加强了中国的统一趋势，汉朝采取的一系列政治、经济、文化、法律、民族等制度，很多为后来的历代王朝所承袭，有些内容直到今天仍有着一定的影响。汉朝创造的高度发展的科学技术和思想文化，不仅在中国，而且在世界人类文化史上也放射着异样的光芒。

近年来，“大汉气象”“大汉盛世”的内蕴和特征逐步被挖掘，但往往更多的是把“大汉气象”用在文学、艺术领域[①]，对“大汉盛世”基本特征的探讨仍有不逮。笔者认为，“大汉气象”不仅仅体现在文学、艺术领域中，而是体现在包括政治、经济、军事、思想文化、社会习俗乃至人们的行为习惯在内的方方面面之中，“大汉气象”以“大汉盛世”时期表现得最为明显，它既是凝聚、引领和激励汉代生民砥砺奋进、接续前行的“硬”实力和“软”实力，也是大汉帝国留给后世的丰富给养和宝贵财富。本文拟就“大汉气象”“大汉盛世”所体现的十个方面的特点，作一简单勾勒。

一、疆域之辽阔

疆域是一个国家赖以生存和发展的基础，广袤疆域是大国气象的首要标志。秦统一六国，建立中央集权的统一大帝国，其疆域“东至海暨朝鲜，西至临洮、羌中，南至北向户，北据河为塞，并阴山至辽东”[②]，然其疆域西仅界陇西，北及河套地区。建立在秦废墟之上的汉帝国，特别是经过汉武帝时代的开疆拓土，汉代疆域“东、南至海，西到巴尔喀什湖、费尔干纳盆地、葱岭，西南至云南、广西，北到大漠，东北到辽东”[③]。据《汉书·地理志下》记载：到西汉末年的平帝时期，汉代“地东西九千三百二里，南北一万三千三百六十八里”。汉代的一里约等于今天的0.415公里[④]，也就是汉代的疆域东西长为3860.33公里，南北宽为5547.72公里。

二、人口之繁息

历代统治者总是将户口的多寡作为国力盛衰、社会治乱的标志，对户口的增减极为重视。汉代的统治者也不例外。在汉代四百年间，中国的人口迎来历史上第一次人口大发展时期。

刘邦立国之后，为了恢复农业生产以维护并巩固其统治秩序，采取了一系列比较现实的措施，如罢兵归农、招抚流亡、释放奴婢、减免田租、推行早婚、鼓励生育、加强户口管理等。通过这些措施的实施，西汉前期人口急剧上升，到武帝时期，人口达到了3700万。⑤

到了哀帝、平帝时期，人口达到了西汉历史上的最高点。《汉书·食货志》记载：“哀帝即位……百姓訾富虽不及文、景，然天下户口最盛矣。”《汉书·地理志》记载：“自高祖讫于孝平，民户千二百二十三万三千六十二，口五千九百五十九万四千九百七十八，汉极盛矣。”颜师古注曰：“汉之户口，当元始时最为殷盛。”

应该说，这个数字并不是汉代全部实际存在的户口数字，如果将众多的流民人户、奴婢、宗室列侯、西域都护管辖地区、一部分少数民族户口估算在内，全国的总人口估计在6500万以上。

三、经济之富庶

物产丰饶、家给人足是“大国气象”的物质基础。《汉书·食货志》记载：“孝惠、高后之间，衣食滋殖。文帝即位，躬修节俭，思安百姓。”经过高帝、惠帝、高后、文帝、景帝六十余年的努力，汉王朝国力迅速强盛，百姓生活大为改善。

《汉书·西域传》记载：“遭值文、景玄默，养民五世，天下殷富，财力有余，士马强盛。故能睹犀布、玳瑁则建珠崖七郡，感枸酱、竹杖则开牂柯、越巂，闻天马、蒲陶则通大宛、安息。自是之后，明珠、文甲、通犀、翠羽之珍盈于后宫，薄梢、龙文、鱼目、汗血之马充于黄门，巨象、师子、猛犬、大雀之群食于外囿。殊方异物，四面而至。于是广开上林，穿昆明池，营千门万户之宫，立神明通天之台，兴造甲乙之帐，落以随珠和璧，天子负黼依，袭翠被，冯玉几，而处其中。设酒池肉林以飨四夷之客，作巴俞都卢、海中砀极、漫衍鱼龙、角抵之戏以观视之。”

《汉书·食货志》记载：“至武帝之初七十年间，国家亡事，非遇水旱，则民人给家足，都鄙廪庾尽满，而府库余财。京师之钱累百巨万，贯朽而不可校。太仓之粟陈陈相因，充溢露积于外，腐败不可食。众庶街巷有马，阡陌之间成群，乘牸牝者摈而不得会聚。”武帝晚年，政策调整，改弦更张，“悔征伐之事，乃封丞相为富民侯，下诏曰：‘方今之务，在于力农。’”到了昭帝时期，“至始元、元凤之间，匈奴和亲，百姓充实。”⑥“宣帝即位，用吏多选贤良，百姓安土，岁数丰穰，谷至石五钱。”⑦汉帝国的雄强奋发之底蕴和魅力，在班固的《西都赋》、张衡的《二京赋》中更是得以淋漓尽致地体现。

四、政治之稳固

中央集权大一统的封建国家，要发挥制度优势，必须依赖政治的稳固。秦虽是第一个统一的中央集权的封建王朝，但六国的复国活动从未停息，高压政治之下的民间反抗势力持续在积累。汉朝初建，囿于实力对比和形势逼迫，实行了郡国并行制，埋下了诸侯坐大、国家分裂的隐患。事实上，从开国之君刘邦南面称尊之际，就已开始思考消解诸侯王羽翼丰满后离叛中央的隐忧，直到汉武帝时最终彻底解决。

武帝采纳主父偃的献策，“武帝施主父之册，下推恩之令，使诸侯王得分户邑以封子弟，不行黜陟。而籓国自析。”[⑧]此外，武帝还颁布《左官律》《附益法》等法令，防范诸侯王结党营私，制裁依附他们的豪强。元鼎五年(前112年)，武帝借诸侯王“酎金”弄虚作假、偷工减料而一次夺爵106人。武帝时期，“诸侯惟得衣食税租，不与政事。”[⑨]诸侯对抗朝廷的问题彻底解决。

汉武帝不断采取措施加强中央集权。汉初，丞相位重权大，百官唯命是从。武帝十分注意削弱相权。他亲自过问一切政务，令九卿直接向他奏事，不通过丞相；规定诏书等文件的下发，由丞相与御史大夫共同签署。同时，把宫中的尚书、侍中、中书等身边侍臣作为自己的助手，处理朝政。这样，在中央官员中形成了“内朝”与“外朝”官之分。内朝成为决策机构，以丞相为首的外朝官成为了执行者。内朝成员官卑位低，完全听命于皇帝。

元封五年（前106年），武帝设刺史，建立严密的监察制度。他将全国划分为十三州部，即十三个监察区，每州置一刺史，代表皇上，每年秋天去巡视该州各郡国。刺史以“六条问事”[⑩]，查处郡国长官和豪强的犯罪行为。遇有特殊情况，武帝还派官员以“绣衣直指”的身份专程去地方处理案件。

五、思想之统一

汉初采用黄老思想。“君臣俱欲休息无为”[⑪]，“从民欲而不扰民”，在黄老无为的思想指导下，汉初七十多年来，生产得以恢复，轻徭薄赋，人民负担有所减轻，百姓安定了下来。

黄老之术为汉初带来了几十年的稳定与发展，但“无为”的思想终不免过于消极，到汉武帝时就不再能适应形势发展了。武帝开拓疆域，四海一统，汉朝空前强大。

武帝即位之初，即下诏各地推举“贤良方正直言极谏之士”，并亲自策问以古今治道及天人关系问题，应对者有上百余人。其中董仲舒三次上书应对，献“天人三策”，主张黜刑名，崇儒术，明教化，兴太学，令郡国尽心于求贤。董仲舒指出：《春秋》大一统者，天地之常经，古今之通谊也。其所谓大一统，即损抑诸侯，一统于天子，并使四海“来臣”。他说：今师异道，人异论，百家殊方，指意不同，是以上亡以持一统。法制数变，下不知所守。臣愚以为诸不在六艺之科孔子之术者，皆绝其道，勿使并进。邪辟之说灭息，然后统纪可一而法度可明，民知所从矣。他以儒家学说作为封建国家统治思想的主张，被武帝采纳。

六、文化之远播

从某种程度而言，“大汉气象”就是汉帝国的文化“软实力”[⑫]，这种“软实力”是指依靠政治制度的吸引力、文化价值的感召力和国民形象的亲和力等释放出来的无形影响力。而文化的远距离传播则是提升文化“软实力”的重要途径。相较而言，汉代的文化远播无论是规模还是程度，都是空前的，为后世的文化远播树起了高高的“桅杆”。

张骞出使西域，意义深远，进一步密切了汉朝同西域各国的联系，将汉文化传入中亚，又由中亚传往更遥远的西方。有学者称，西通西域是中国人有组织地迈出国门、走向世界的开端，也是汉武帝对人类文明发展的一大贡献。此后，西域各国相继归汉，天山南北第一次与中原联成一体，中原同西域以至更远的地方建立起日益密切的经济、文化联系。

元封年间，大汉使者沿着张骞的足迹，来到了今天的伊朗境内，拜见了安息国王。汉使臣在安息国王面前展开了华丽光洁的丝绸，国王非常高兴，以鸵鸟蛋和一个魔术表演团回赠汉朝廷。中国同西亚和欧洲的通商关系发展起来，中国的丝织品、茶叶等物品以及先进的农业技术从长安出发，经河西走廊，沿着天山南北两路源源不断地输送到中亚、南亚、西亚，直到欧洲，这条大路被誉为“丝绸之路”。

张骞之后，汉朝使者踏着张骞的足迹，源源不断地向西行去，他们相望于道，每年多的十几趟，少的也有五六趟，每一行多的五六百人，少的也几十人。这些携带重资的使团，实际上多是政府的对外贸易团体。同时，西域的民间商人也很多。

大规模的吸收和远距离的传播是秦汉文明的显著特点，秦汉时代大规模地吸收外来文明，是我国文明发展史上的一次飞跃时期。这种飞跃后来还出现多次，但秦汉时代为首开其端、规模最大的一次。[⑬]

七、精神之进取

林剑鸣先生认为秦汉时代人们的精神面貌是积极进取。[⑭]汉代社会充满了生机，时代潮流蓬勃向上。

（一）志存高远

汉武帝派唐蒙开通夜郎道，是何等的冒险；他派人勘察褒水、斜水，试图新开漕运的打算，是何等的富于幻想；他遣使通西域，断匈奴之右臂，是何等的大胆；他颁布轮台诏令，公开向天下承认“征伐之悔”，是何等的气度。

也许你并不熟悉主父偃，更不谈不上喜欢他，但你一定会喜欢这句话：“丈夫生不五鼎食，死则五鼎亨耳。”这就是汉武帝时期著名政治人物主父偃的人生格言。元狩元年（前122年），18岁的济南人终军被选为博士弟子，送至京城长安受业。途经函谷关时，守关官吏查验出入关凭——“繻”，并嘱咐他一定妥善保存，返回时仍需交验。终军笑答：“大丈夫西游，终不复传还。”[15]言下之意，大丈夫志在四方，想我既西入关，自当干出一番事业，功成名就之时，哪里还用得着繻呢。说罢将繻丢在一旁，扬长而去。

（二）矢志爱国

文天祥《正气歌》云“在汉苏武节”，苏武成为汉代矢志爱国的典型代表。

天汉元年（前100年），苏武奉命持节出使匈奴，为匈奴所拘。匈奴单于威逼苏武投降，软硬兼施，以高官厚禄相诱，但苏武不为所动，最后被流放到了北海（今贝加尔湖）放牧羝羊（雄性的羊）。苏武坚贞不屈，“渴饮月窟冰，饥餐天山雪”。无论环境有多恶劣，他都手持汉节，须臾不曾离手。最后汉节上的旄毛都全部掉光了，八尺节柄也被磨得溜光。雪雨风霜，交相袭来，缺衣少食，遥遥无期。就这样，日复一日，年复一年，苏武在常人难以想象的环境中，带着对汉朝无限的热爱和渴望，顽强地活了下来。

天汉二年（前99年），兵败投降匈奴的李陵来到北海劝降苏武。李陵带来了苏武家族迭遭变故的噩耗：兄长（苏嘉）伏剑自刎，胞弟（苏贤）服毒自尽，父亲已不幸谢世。夫人现已改嫁他人，家里只剩下两个妹妹和三个年幼的孩子，下落不明，存亡未知。苏武尽管万分悲痛，但仍然拒绝投降。苏武在匈奴度过了19个春秋，最终历尽磨难，于昭帝始元六年（前81年）返回了朝思暮想的长安。苏武在匈奴期间，虽娶匈奴妻、生子，但对故国的思念却一日不断。苏武当初出发时，正是意气风发、风华正茂的年龄，返回汉朝时，已是鬓发皆白、垂垂耄耋。

（三）先国后家

元朔六年（前123年）春，年仅18岁的霍去病首次随军出征匈奴。尽管初出茅庐，但他胆识过人，率领着800骁骑，远离主力部队几百里，一往无前地向北冲去，以迅雷不及掩耳之势对匈奴腹地发起了攻击。霍去病身先士卒，生擒单于的叔父罗姑比，出奇制胜，勇冠全军。此后霍去病又多次参战，均大胜而归。可以说，霍去病把自己短暂的一生，全部投入了征服匈奴、防守边疆的事业上。他多次领兵出塞，攻打匈奴，沉重地打击了匈奴势力。他是中国历史上著名的、年轻的军事统帅。霍去病屡立战功，获得了高官厚禄，但他把个人的享受搁在一边，一心以国家利益为重。元狩二年（前121年）河西战役胜利后，汉武帝为了奖励他的卓越战功，特意命人在长安为他建造了一座豪华住宅，叫他去看看是否满意。霍去病谢绝了汉武帝的好意，豪气满怀地说：“匈奴未灭，何以家为！”这句传诵千古的名言既是霍去病“先国后家”精神的传神写照，也是激励汉代乃至后世军人保家卫国的军魂。

（四）急公好义

在汉代，世人表现出一种高度的事业心、责任心。这种慷慨赴国难、决然分君忧的事业心和责任心，若体现在食君之禄的臣僚们身上，并不奇怪，但若体现在普通的黎庶百姓身上，则显得难能可贵。汉武帝时的卜式，就是这样一个心里时时装着国家大事和天下百姓的人。卜式靠牧羊致富。汉武帝与匈奴征战期间，由于战争旷日持久，导致国库空虚，财政拮据。此时，卜式上书朝廷，说愿捐献家中的一半财产充当军费，帮助国家渡过难关。元狩二年（前121年），匈奴浑邪王率众降汉，汉武帝发车两万乘前往迎接，又给予巨额奖赏，并指令当地官府供给衣食等物资，而此时边郡一带长期虚耗，官府已无力供给。适逢山东发生水灾，朝廷将70万山东难民迁到关西及朔方一带，这些难民连同匈奴降人一起，急待国家接济。此时许多富商大贾，乘机囤积居奇，牟取暴利，卜式却急国家所急，将20万钱捐赠河南太守。武帝深感卜式助国的诚心，于是下诏厚赐卜式，卜式将所得赏赐分文不取，又尽数捐赠官府。元鼎五年（前112年），南越丞相吕嘉谋反，满腔忠诚的卜式又上书说，他父子愿意与齐国善于射箭操船的人一起到南越决一死战，为国效力。尽管卜式最终没有前往南越，但他急国家之所急的精神，成为激励后进的榜样。

八、人才之隆盛

国以才立，政以才治，业以才兴。人才对一个国家、一个政权乃至社会进步的意义重大。

“汉初布衣将相之局”和论功定封之举，使每一个为帝国缔造而建立功勋和付出辛劳者，都得到了相应的回报。

汉武帝、汉宣帝是识人用人的高手，当时罗用的人才很多。其中包括精通儒学的公孙弘、董仲舒、倪宽；著名法官赵禹、张汤；著名史学家司马迁；著名文学家枚乘、司马相如、东方朔；著名天文历数家唐都、洛下闳；著名将军卫青、霍去病等。所以《汉书·公孙弘卜式兒宽传·赞》称："上（武帝）方欲用文武，求之如弗及。始以蒲轮迎枚生，见主父而叹息。群士慕向，异人并出。卜式拔于刍牧，弘羊擢于贾竖，卫青奋于奴仆，日磾出于降虏，斯亦曩时版筑饭牛之朋矣。汉之得人，于兹为盛。儒雅则公孙弘、董仲舒、兒宽，笃行则石建、石庆，质直则汲黯、卜式，推贤则韩安国、郑当时，定令则赵禹、张汤，文章则司马迁、相如，滑稽则东方朔、枚皋，应对则严助、朱买臣，历数则唐都、落下闳，协律则李延年，运筹则桑弘羊，奉使则张骞、苏武，将帅则卫青、霍去病，受遗则霍光、金日磾。其余不可胜纪。是以兴造功业，制度遗文，后世莫及。孝宣承统，纂修洪业，亦讲论六艺，招选茂异，而萧望之、梁丘贺、夏侯胜、韦玄成、严彭祖，尹更始以儒术进，刘向、王褒以文章显。将相则张安世、赵充国、魏相、邴吉、于定国、杜延年，治民则黄霸、王成、龚遂、郑弘、邵信臣、韩延寿、尹翁归、赵广汉之属，皆有功迹见述于后。累其名臣，亦其次也。"

九、教育之勃兴

元朔五年（前124年），汉武帝下诏让丞相、太常博士等官讨论教化、给博士官置弟子、厉贤才等问题。当时的丞相公孙弘等人秉承汉武帝的旨意，认为"教化之行也，建首善自京师始，由内及外"。故建议"为博士官置弟子五十人"，这一建议得到了汉武帝的采纳，拉开了汉代太学创设的序幕。最初，太学只有50人，此后太学规模如滚雪球般发展起来，到汉昭帝时增至100人，汉宣帝时增至200人，汉元帝时增至1000人，汉成帝末增至3000人。东汉的开创者光武皇帝也爱好儒家经术。他刚一建立东汉政权，就"先访儒雅、采求阙文"，建武五年（29年），又于都城洛阳修起太学，当时"诸生横巷，为海内所集"。汉明帝也尊师重道，提倡教育。他多次大会诸儒，亲自讲学，听者甚众。当时匈奴也派遣子弟前来求学，学校教育又趋兴盛，史称"济济乎，洋洋乎，盛于永平矣"。

汉景帝末年，文翁为蜀郡守。为改变蜀地文化落后的状况，文翁选派十几个聪明有才的郡县小吏到京城博士处受业，或学律令。学成归蜀，根据学习情况给予不同的官职。文翁任他们为郡中的高级官吏，参加察举，这些人后有官至郡守刺史者。与此同时，文翁又在成都修起学校，招收郡下各县的青年前来学习，毕业后授以一定的职务。"由是大化，蜀地学于京师者比齐、鲁焉。"后来汉武帝注意到了文翁的经验，"乃令天下郡国皆立学校官"。自此以后，汉代的地方官学逐渐发展起来。到汉平帝元始三年（3年），由于王莽的提议，开始明确地制定地方的学校系统：郡国曰学，县、道、邑、侯国曰校。校、学置经师一人。乡曰庠，聚曰序。庠、序置《孝经》师一人。这种学制体系初步奠定了我国封建时代学校制度的基础。

十、科技之发达

两汉时代的数学、天文、历法的成就，在当时的世界上居于最先进的地位，对人类文化史作出了有益的贡献。

1984 年湖北江陵张家山 247 号汉墓中出土一部完整的数学专著《算数书》，成书年代为西汉文景时期，体裁与《九章算术》有不少共同之处，是目前公认的中国最早的数学专著。

两汉时代天文、历法取得了惊人成就。世界天文学界公认最早的有关太阳黑子的记录是西汉时期。《汉书·五行志》记载：“河平元年……三月乙未，日出黄，有黑气大如钱，居日中央。”

1972 年在山东临沂银雀山汉墓中发现元光元年（前 134 年）的历谱，是我国迄今发现的最早的完整历谱。汉武帝时，司马迁、落下闳等人改《颛顼历》而作《太初历》，以正月为岁首，采用有利于农时的二十四节气，并插入闰月。到汉成帝时，刘歆又依《太初历》作《三统历》，太阳年的计算精确度到达了新高度。

汉代的地理学也已达到很高的水平。《史记》《汉书》都列有专篇记载山川地理、城市等。长沙马王堆 3 号汉墓出土的三幅西汉地图，第一幅是西汉长沙国南部地形图，据推算主区比例为十七万分之一至十九万分之一，这是中国，也是世界现存最古老的地图。其绘制方法十分出色，已有统一图例。地形图的居民点采用两种符号，县治用方框，水道用上游细、下游粗的曲线，道路用细直线。对九嶷山的表示更有独特之处，除用比较粗的闭合曲线勾出山体外，又用细线画成鱼鳞状层层重叠，表示峰峦起伏的特征，充分表现出汉代地图绘制和测量的高度发展。

汉代的中医成就斐然，名医辈出。近年来考古发现中有不少这一时期的医学典籍出土，如马王堆汉墓帛书中的《五十二病方》《胎产书》《导引图》，张家山汉简《脉书》等都是西汉医学成就的代表。长沙马王堆汉墓发现的女尸及湖北江陵汉墓发现的男尸，在地下保存了两千多年，尸体基本完好，成为直到现在仍然轰动全世界的文化大事。

汉代的造纸术是中国古代四大科技发明之一，不仅使人们的书写材料发生了根本性的变化，而且推动了中国乃至世界文明的进程。在东汉“蔡伦造纸”之前，已有西汉纸屡屡被发现，如 1957 年西安灞桥纸、1973 年居延金关纸、1978 年扶风中颜纸、1986 年天水放马滩纸以及甘肃敦煌悬泉置遗址出土的数百片纸文书残片和麻纸等。种种事实证明，汉武帝时期，中国就已经有了纸。

“大汉气象”“大汉盛世”缔造的原因及对当代社会的启迪意义，更是一个值得深入讨论的话题，囿于篇幅，拟另文论述。

【注释】

① 参见仲秋融：《略论汉代官文书中的大汉气象》，《兰台世界》2018年第10期，第123–126页；张崇琛：《大汉气象的生动体现：论汉大赋的壮大之美》，《甘肃广播电视大学学报》2004年第2期，第1–3、14页；杨许波：《大汉文章与盛唐气象：汉赋精神影响唐诗考论》，《文化学刊》2015年第10期，第210–213页；王麒越、李晓松：《徜徉在汉画艺术的世界里：记“大汉气象：中国汉代画像艺术展”》，《文物天地》2016年第10期，第68–70页；杨树增：《汉代文化特色及形成》，人民出版社，2008。

② 《史记·秦始皇本纪》。

③ 王建辉、易学金：《中国文化知识精华》修订本，湖北人民出版社，1991，第13页。

④ 崔瑞德、鲁惟一：《剑桥中国秦汉史》前附《汉代的度量衡》，中国社会科学出版社，1992。

⑤ 王育民：《中国人口史》，江苏人民出版社，1995，第83页。

⑥ 《汉书·昭帝纪·赞》。

⑦ 《汉书·食货志》。

⑧ 《汉书·诸侯王表》。

⑨ 《汉书·诸侯王表》。

⑩ “六条问事”：一、宗强豪右田宅超过定制，以强凌弱；二、郡国长官背公向私，侵渔百姓；三、郡国长官不恤百姓，肆意杀人；四、郡国长官任人不当，徇私弃贤；五、郡国长官的子弟仗势欺人，为非作歹；六、郡国长官与豪强勾结，背令枉法。

⑪ 《史记·吕太后本纪》。

⑫ “软实力”是由美国哈佛大学教授约瑟夫·奈最早提出，指一切非物化要素所构成的实力。

⑬ 林剑鸣：《秦汉史（下册）》，上海人民出版社，1989，第535页。

⑭ 林剑鸣：《秦汉史（下册）》，上海人民出版社，1989，第481页。

⑮ 《汉书·终军传》。

东汉桓灵时期的社会诚信问题

郑先兴
南阳师范学院汉文化研究中心教授

诚信问题，作为伦理范畴，是沟通君、臣、民的纽带，也是维系社会平安发展的基础。东汉政府非常重视诚信的构建，《白虎通义》就是以国家法典的形式重申了三纲五常的诚信目标与基本要求。可以说，白虎观会议是成功的。东汉政府在桓灵时期仍倾而不倒，危而不殆，甚而至于献帝时期还能名存实亡近四十年，其主要原因在于构筑了强大的诚信机制。具体说，诚信在政治生活中有所形存，而在经济、社会生活中却得以实际的贯彻施行。

一、理念：诚信问题的政治与哲学认识

作为伦理行为，诚信实施的前提是对其有着充足的认识。桓帝、灵帝时期及其前后，理论上谈论诚信的，有王符、王充与袁宏。

王符从政治学的角度，对诚信作了两个方面的阐释。

一方面，解释了诚信的实体。诚信存在于君、臣、民之间，其核心以民为本，君明臣忠。《潜夫论·忠贵》：

帝王之所尊敬，天之所甚爱者，民也。今人臣受君之重位，牧天之所甚爱，焉可以不安而利之，养而济之哉？是以君子任职则思利民，达上则思进贤，功孰大焉？故居上而下不重也，在前而后不殆也。《书》称“天工人其代之”，王者法天而建官，自公卿以下，至于小司，辄非天官也？是故明主不敢以私爱，忠臣不敢以诬能。夫窃人之财，犹谓之盗，况偷天官以私己乎？以罪犯人，必加诛罚，况乃犯天，得无咎乎？

君、臣、民三者的关系中，民为本，君为主，臣为辅，君托付臣管理民。诚信的关键在于君臣之间。其中，臣起沟通君、民的桥梁作用。“利民”“进贤”，就是臣的诚信要求。君是人类文明与社会进步的体现者，并根据需要安排臣，无论职务高低，目的都是推进历史的发展。君的诚信要求就是选贤任能，不能任人唯私。可见，诚信的核心是君、臣，君明臣忠，君与臣要保持天下为公的心态，不能假公济私、中饱私囊。可见，王符的诚信观，是以传统儒家的民本政治思想

为其内容的。

此外，他还揭示了诚信实施的途径，关键在于君的治理。

王符认为，诚信的实施，首先是君主要掌握权力，要掌握赏罚分明的尺度。《潜夫论·明忠》：

夫明据下起，忠依上成。二人同心，则利断金。能知此者，两誉俱具。要在于明操法术，自握权秉而已矣。所谓术者，使下不得欺也；所谓权者，使势不得乱也。术诚明，则虽万里之外，幽冥之内，不得不求效；权诚用，则远近亲疏，贵贱贤愚，无不归心矣。

凡为人上，法术明而赏罚必者，虽无言语而势自治。治势一成，君自不能乱也，况臣下乎？法术不明而赏罚不必者，虽日号令，然势自乱。乱势一成，君自不能治也，况臣下乎？是故势治者，虽委之不乱；势乱者，虽勤之不治也。尧、舜恭己无为而有余，势治也；胡亥、王莽驰骛而不足，势乱也。故曰：善者求之于势，弗责于人。是以明王审法度而布教令，不行私以欺法，不黩教以辱命，故臣下敬其言而奉其禁，竭其心而称其职。此由法术明而威权任也。

其次是君主要掌握物质财富，以鼓励和奖赏臣民，以供其驱使。《前史论·明忠》：

夫帝王者，其利重矣，其威大矣。徒悬重利，足以劝善；徒设严威，可以惩奸。乃张重利以诱民，操大威以驱之，则举世之人，可令冒白刃而不恨，赴汤火而不难，岂云但率之以共治而不宜哉？若鹰，野鸟也，然猎夫御之，犹使终日奋击而不敢怠，岂有人臣而不可使尽力者乎。

最后是虚心接受臣民的建议，广开言路。《前史论·明忠》：

《诗》云："伐柯伐柯，其则不远。"夫神明之术，具在君身。而君忽之，故令臣钳口结舌而不敢言。此耳目所以蔽塞，聪明所以不得也。制下之权，日陈君前，而君释之，故令群臣懈弛而背朝。此威德所以不照，而功名所以不建也。

《诗》云："我虽异事，及尔同僚。我即尔谋，听我敖敖。"夫恻隐人皆有之，是故耳闻啼号之音，无不为之惨凄悲怀而伤心者；目见危殆之事，无不为之灼怛惊而赴救之者。君臣义重，行路礼轻，过耳悟目之交，未恩未德，非贤非贵，而犹若此，则又况于北面称臣被宠者乎？

是故进忠扶危者，贤不肖之所共愿也。诚皆愿之而行违者，常苦其道不利而有害，言未得信而身败尔。历观古来爱君忧主敢言之臣，忠信未达，而为左右所鞫按，当世而覆被，更为否愚恶状之臣者，岂可胜数哉？孝成终没之日，不知王章之直；孝哀终没之日，不知王嘉之忠也。此后贤虽有忧君哀主之情，忠诚正直之节，然犹且沈吟观听行己者也。

比王符稍早的王充，也对诚信问题作了政治学的解释。

《论衡·验符篇》说，汉明帝永平十一年（68 年），在庐江郡皖侯国境内，两个十多岁的少年陈爵、陈挺，在湖中钓鱼，发现了金酒樽、金钱，回家告诉其父陈贤，再下水打捞，捞出黄金十余斤。陈贤告知了太守，太守命手下人奉献给皇帝，皇帝要求查询真实情况。太守如实禀报，并要求皇帝给予赏赐。郡中有人说，这些金子取自官方水库，不是陈贤家的，理应上交，不应赏赐。一年后，皇帝下诏书："视时金价，畀贤等金直。"王充说："汉瑞非一，金出奇怪，故独纪之。"进而，王充分析说，金子的出现，表征了皇帝的祥瑞：

土生金，土色黄。汉，土德也，故金化出。金有三品，黄比见者，黄为瑞也。圯桥老父遗张良书，化为黄石。黄石之精，出为符也。夫石，金之类也，质异色钧，皆土瑞也。

瑞出必由嘉士，佑至必依吉人也。天道自然，厥应耦合。圣主获瑞，亦出群臣。君明臣良，庶事以康。文武受命，力亦周邵也。

在这里，王充认为，诚信有两层意义：其物质层面的，臣民得到宝物献给皇帝，皇帝赐予同等价值的奖励；其精神层面的，黄金的出现，彰显了汉皇的祥瑞，体现了君臣之相合。

比王符更晚点的袁宏，借着桓帝杀寇荣事件，对诚信问题作了哲学的论析。

寇荣作为中常侍，其侄子娶了公主，侄孙女又嫁给了桓帝做妃子，其政治地位与社会关系不可不谓高，但是竟然遭遇诬陷，被处以死刑。这件事的原因，表面看是当时所流行的"飞书奏章"即诬陷成风的政治风气，深层看则是袁宏所以为的诚信理念的缺失。

袁宏《后汉纪·孝桓皇帝纪》记载了这一过程，并且感叹说：

寇荣之心良可哀矣！然终至灭亡者，岂非命也哉！性命之致，古人岂肯明之。其可略言乎？《易》称："天之所助者顺，人之所助者信。"然则顺之与信，其天人之道乎？得失存亡，斯亦性命之极也。夫向之则吉，背之则凶，顺之至也；推诚则通，易虑则塞，信之极也。故顺之与信，存乎一己者也。而吉凶通塞，自外而入。岂非性命之理致之由己者乎！夫以六合之大，万物之众，一体之所栖宅，犹秋毫之在马背也。其所资固小许处耳，而贤者顺之以通，不肖者逆之以塞。彼之所乘，岂异途辙哉！致之在己，故祸福无门顺逆之殊应也。

夫松竹贞秀，经寒暑而不衰，榆柳虚挠，尽一时而零落，此草木之性，修短之不同者也。廉洁者必有贪浊之对，刚毅者必遇强勇之敌，此人事之对，感时之不同者也。咸自取之，岂有为之者哉？万物之为，莫不皆然。动之由己，应之在彼，犹影响形声，不可得而差者也。故君子之人，知动静为否泰，致之在己也，缮性治心，不敢违理；知外物之来，由内而至，故得失吉凶，不敢怨天。夫然，遇泰而不变其情，遭否而不愠其心，未尝非己，夫何悲哉！

袁宏的话，表面看来，不知所云，但若仔细分析，即可知道，他是在为寇荣鸣不平的。他说：顺从自然规则，迎合人的心愿，这就是通常所要求人们要做到的"顺从""信用"。只有做到顺从、信用，才能成就人生。因此，"顺从"与"信用"才是人类历史的发展规律，才是人类历史的自然属性的体现。"顺从"的最大体现，就是遵守历史规律才可以达到吉利，违背历史规律就会出现凶险；"信用"的最高境界，则是真心践行才可以畅通无碍，有所顾忌不履行约定就会蔽塞有害。可见，"顺从"与"信用"，主要在于主观的认识与实践；至于是好是坏，是顺利是蔽塞，则在于客观外部的社会条件。这样说来，人的幸运与否，成功与否，难道还是取决于个人的诚信吗？大千世界，万物纷呈，任何个体都是微不足道的。正如秋毫之在马背，其所仰仗的客观外部条件，实际上是很小一块儿。所以贤能者以顺从推进发展，不肖者则以违逆阻碍其进步。贤者与不肖者所凭借的，难道真的是选择路径不同吗？可见，成功与否取决于个人，所以才有福祸的不同报应。退一步说，"顺从""信用"也是有着自然的差异的，如松竹贞秀，经过寒暑不衰落，杨柳盛茂，竭尽季节即零落。这是草木的本性，各自的生命长短是有所不同的。至于人类社会，廉洁与贪腐、刚毅与强勇的相互对立，既是辩证统一的，又是时代的际遇。可见，都是有一定的必然性的，难道个人还能选择吗？由此，事物的发展都有自己的规律，做与不做在于自己，至于成功与否，却取决于客观条件及其发展。没有谁能脱离历史规律而随心所欲。所以，在社会生活中，创造历史的人，都充分了解历史发展的趋向，趋吉避凶，明白自己的责任和使命之所在，修身养性，不敢违逆规律，尽心尽力去做，至于得失吉凶，不敢抱怨。社会芜杂，人们能够得志而不忘初衷，遭遇不幸而保持平常心，是很少见的。可以说，这是人类的悲哀啊。

由此，袁宏形成了自己的人生哲学："缮性治心，不敢违理，知外物之来，由内而至，故得失吉凶，不敢怨天。"在这里，如果将诚信看作是双方的事情的话，那么，袁宏的历史哲学观点强调了主观的一面，主张主观的积极、主动与能动。虽然显得幼稚，但却是士人阶层心理情怀的实际反映。用唯物史观的话来说，就是历史虽然是人们追求自己目的的活动，是人们自己所创造的，众多人们的愿望形成推进历史发展的合力；但历史中的个人却不能随心所欲，只能在有限的条件内来实现，而且，其结果也可能是完全相反的。用今天通俗的话说就是，做好自己，得失随他；只知耕耘，不问收获。这可能是桓帝、灵帝时期党人固执己见、不惧生死的思想基础，也是众多士人看破世俗、不愿承担社会责任而选择隐居生活的原因。

二、现实与信仰：诚信的缺失与其落实

桓帝、灵帝时期的社会，诚信作为社会伦理，在现实生活中，遭遇了极大的缺失与损害，但是在精神生活中，却被毫不犹豫地践行。

从现实社会看，诚信的缺失，主要表现在两个方面。

一方面，是王符的政治思想批判。《潜夫论·忠贵》：

且夫窃位之人，天夺其鉴，神惑其心。是故贫贱之时，虽有鉴明之资，仁义之志，一旦富贵，则背亲捐旧，丧其本心。皆疏骨肉而亲便辟，薄知友而厚狗马。财货满于仆妾，禄赐尽于猾奴。宁见朽贯千万，而不忍赐人一钱；宁积粟腐仓，而不忍贷人一斗。人多骄肆，负债不偿，骨肉怨望于家，细民谤讟于道。前人以败，后争袭之，诚可伤也。

孔子曰："不患无位，患己不立。"是故人臣不奉遵礼法，竭精思职，推诚辅君，效功百姓，下自附于民氓，上承顺于天心，而乃欲任其私知，窃君威德，以陵下民，反戾天地，欺诬神明，偷进苟得，以自奉厚；居累卵之危，而图泰山之安，为朝露之行，而思传世之功，譬犹始皇之舍德任刑，而欲计一以至于万也。岂不惑哉！

另一方面，是崔寔的政治经济学披露。《政论》：

《易》曰："言行，君子所以动天地也。"仲尼曰："人而无信，不知其可。"今官之接民，甚多违理，苟解面前，不顾先哲。作使百工，及从民市，辄设计加以诱来之，器成之后，更不与直。老弱冻饿，痛号道路。守阙告哀，终不见省。历年累岁，乃才给之，又云"逋直，请十与三，此逋直岂物主之罪邪？不自咎责，反复灭之，冤抑酷痛，足感和气。既尔复平弊败之物与之，至有车舆。故谒者冠，卖之则莫取，服之则不可。其余杂物，略皆此辈。是以百姓创艾，咸以官为忌讳，遁逃鼠窜，莫肯应募。因乃捕之，劫以威势，心苟不乐，则器械行沽，虚费则用，不周于事。故曰："上为下效，然后谓之教。"上下相效殆如此，将何以防之？罚则不恕，不罚则不治。是以风俗移于诈，俗易于欺，狱讼繁多，民好残伪。为政如此，未睹其利。斯皆起于典藏之吏，不明为国之体。苟割胫以肥头，不知胫弱亦将颠仆也。《礼》讥聚敛之臣，《诗》曰"食人败类"，盖伤之也。

信仰生活中，诚信得到了普遍的、毫不吝啬的践行与落实。这体现在考古出土的买地券上。

买地券的出现，当是社会经济贸易往来讲究诚信的折射，是汉代社会经济繁荣的产物。其出现的时间，已经发现最早的当是西汉的“建元元年（前 140 年）武阳王兴圭买田铅券”，东汉最早的是“建武中元元年（前 56 年）广阳郡徐胜买地铅券”，东汉最晚的“建安三年（前 198 年）崔坊买地铅券”。

作为阴阳两界的诚信协议，买地券反映了当时人们的诚信约定：买地的面积，四至，地上地下的，显现的隐匿的，都属于购买者所有；交易时有公证人作证。买地券的书写格式也是固定的。而且，买地券本身，也是作为诚信的证据。如说：“何以为真？铅券尺六为真”“何以为信？尺六桃券丹口口为信”。正如有的学者所言：买地券虽然是作为一种明器给死者随葬的，但是，在当事人看来，这应该是同地上契约同样具有一定法律效力的，是作为死者阴宅土地的证明，使得死者在阴间能够有所凭恃。所以，在他们看来，这种契约同样也是神圣不可侵犯的，故土地所有者也就是当事人特别重视这份契约。[①] 由此可见，买地券彰显了当时人们诚实守信的愿望及其努力。此外，买地券中，有“天地教如律令”“丹书铁券”“如天帝律令”“如律令”等词汇的运用，说明道教作为诚信的实施与监督主体，已经深入民众之中。换句话说，诚信作为伦理主体，在桓帝、灵帝时期已经孕育了道教的产生。

三、斛、权与图像：诚信的制度约束及其精神培育

斛和权是古代社会的计量单位，是诚信伦理在社会经济生活中的制度约束。

传世文献、文物中，有灵帝时期的斛三件，被学者称之为“光和二年（179 年）铜斛”。

按高大伦先生的考证，光合斛、权，作为东汉时期的量器，是东汉政府为统一度量衡而为诸州作标准量器，然后各州县按政府的统一的规格去做。

光合斛、权的出现，与上述的买地券，可以说明，桓帝时期的社会诚信还是有着基本保障的，尤其是在社会经济生活方面，桓帝、灵帝时期的政府是有着基本制度规范的。

最重要的是，在精神生活层面，买地券的大量涌现，表明了信仰生活中对诚信的落实。大量汉画像石的题材，尤其是嘉祥武梁祠的“列士”、“孝子”与“列女”图像，表明东汉政府以“三纲”为核心，以诚信为旨趣，对百姓以直观的教化与培育。

创建于桓帝时期的山东嘉祥武梁祠画像石多以“忠臣”“刺客”“列女”“孝子”等为题材。武梁祠中除了 11 幅古代帝王画像外，还有 33 幅表现了生活在周代到汉代之间的三组历史人物——列女、义士及忠臣的画像。古代帝王是以单个肖像来表现的，而这一大群男女英雄则被描绘为人物故事画的中心。主要原因是古代帝王本人被看作历史观念和人类道德的化身，而这些历史人物的杰出美德却只能在各种具体情况下和与其他人物相联系时才能显示出来。这些叙事图画的出发点是人际关系的伦理原则。33 幅作品以 33 个人物为中心，他们在其有生之年展示了这些原则，因此成为“忠”、“孝”和“贞”的典范。这一理解是探寻这些石刻画像内在逻辑的关键。三个系列中的古史围绕着君臣、父子、夫妇之间的关系展开。并非巧合的是，这种分类恰好与作为汉代儒家伦理基础的“三纲”相吻合。②

可见，武梁祠中的“忠臣”与“刺客”图，体现、宣扬了“君为臣纲”，加之“列女”图所表征的“夫为妻纲”，“孝子”图所表征的“父为子纲”，至此，汉代政治伦理中所强调的“三纲五常”理念，在这里得以传播与展现。由此也说明，东汉政府的诚信教育，与传统的祖先崇拜相结合，已经深深注入日常的社会生活之中。

【注释】

① 韩姣姣：《东汉买地券研究》，山西大学硕士学位论文，2013 年；吴天颖：《汉代买地券考》，《考古学报》1982 年第 1 期，第 15–35 页。

② 巫鸿：《武梁祠：中国古代画像艺术的思想性》，柳扬、岑河译，生活·读书·新知三联书店，2006，第 184–185、186 页。

汉代文物研究

汉代人的幸福观及其表达

——以考古发现为中心

白云翔

中国社会科学院考古研究所研究员

幸福，既是人们的一种主观感受，也是人类社会的一种客观存在，是人类与生俱来的，与人类社会相伴始终。幸福是自古以来人们的一种追求。

何谓幸福？按照《现代汉语词典》的一般解释：幸福者，使人心情舒畅的境遇和生活之谓也。这种境遇和生活，是由若干因素构成的，并且既有人类共有的一面，更有因人、因地和因时而异的一面。从历史发展的角度观察，不同时代的人们对幸福的理解和感受有所不同，对幸福的追求也有所不同，于是形成了具有时代特色的幸福感和幸福观。

那么，两千年前汉代人追求的幸福是什么？这里主要对有关考古发现进行梳理，并据此就汉代人的幸福观及其表达作简要阐述。

一、健康长寿观

健康长寿是人类的一种本能性追求，同样也是汉代人的一种追求，成为汉代人幸福观的首要组成部分。汉代人在社会生活的各个方面都表现出对健康长寿的追求。

铜镜是汉代人最常用的日用器具之一，铜镜上又往往铸有铭文，而这些铭文在很大程度上是当时思想观念的直接反映，其中常见内容之一是健康长寿。广州汉墓出土一件西汉前期的草叶纹镜（M1175:13），其钮座周围方格框内的铭文为“与天相寿，与地相长”①。山东滕州朱洼村汉墓出土一件新莽至东汉时期的四神博局镜（M22:2），其铭文为：“作佳镜哉真大好，上有仙人不知老，渴饮玉泉饥食枣，寿如金石为国保”②。镜铭中的“寿如金石”表达的就是对健康长寿的向往和祈盼。这种表达方式，常见于新莽至东汉时期的铜镜之上，还常常写为“寿而金石天之保”等。与之类似，东汉时期流行的云雷连弧纹铜镜，其铭文简化为“寿如金石”或“寿如金石佳且好兮”等。东汉晚期流行的变形四叶夔凤镜中，有的铭文为“延寿万年”“明如日月”③。

汉代铜带钩上，也有类似的铭文，如铸有“日益寿”铭文的铜带钩等[④]。

瓦当，作为汉代建筑上的陶建筑构件之一，常用于皇室和官府建筑、地主庄园建筑以及瓦顶民居建筑上，而文字瓦当又是汉代瓦当的一种常见类型，有的文字就表达了人们对健康长寿的祈盼。汉长安城西南角楼遗址曾出土“长生无极”文字瓦当（T4④A:11）[⑤]，西安市长安县（今长安区）窝头寨汉代铸钱遗址等地曾出土“延年益寿”文字瓦当[⑥]，徐州郭庄汉墓发现一件“寿福无疆”文字瓦当[⑦]等。至于汉长安城以及各地官府建筑遗址常见的“万岁”和“千秋万岁”文字瓦当，尽管其含义非常宽泛，但同样包含着人们对长寿的祈盼。与之相似，汉代砖瓦上也发现有类似的铭文。陕西洛川县发现西汉时期的两块铺地方砖，边长 34 厘米、厚 4.5 厘米，其正面的右上部和左下部上分别模印有“人生”和“长寿”两个字[⑧]。

作为健康长寿观的形象表达，最为常见的莫过于汉代铜器上的龟的造型。譬如，南昌西汉海昏侯刘贺墓出土的铜镇中，有一种镇作龟的造型，鎏金并在其背部镶嵌玉片，在同出的多种铜镇中凸显珍贵[⑨]。又如，济南魏家庄汉墓（M55:1）[⑩]、河北阳原县北关汉墓[⑪]，陕西朔县秦汉墓[⑫]、内蒙古呼和浩特市郊格尔图汉墓[⑬]以及海昏侯刘贺墓等地发现的炉柄和底座为“立鹤踏龟”造型的铜熏炉，一只仙鹤展翅伫立在龟背之上，其年代均为西汉后期。仙鹤自古以来就是寓意长寿的神鸟，有“千年之鹤”之说；神龟同样是长寿的象征，“龟以享年长久，受到人们的尊重，形成中国人的长寿观念，为世俗共同祈求的福、禄、寿三者之一[⑭]。

二、子孙蕃昌观

恩格斯曾经指出：根据唯物主义观点，历史中的决定性因素，归根结底是直接生活的生产和再生产。但是，生产本身又有两种——另一方面是人类自身的生产，即种的繁衍[⑮]。离开了人类本身的繁衍，人类社会是无法存在和发展的。正因为如此，对人类本身的繁衍的渴望，也是与人类与之俱生的一种精神和客观需求。汉代人也不例外，子孙蕃昌成为当时人们强烈的精神愿望和需求，并且与当时占星术中表达“天意”的“五星聚合”联系在了一起[⑯]。

汉代铜镜的铭文中，充满了有关子孙蕃昌的内容，尤其是新莽和东汉时期更是常见“宜子孙”之类的镜铭，而“宜子孙”在当时已经是社会普遍的习用语，也是一种公共愿望[⑰]。譬如，河南发现一件东汉时期的九乳禽兽纹铜镜，钮座柿蒂纹之间有铭文“长宜子孙”；主纹区有铭文一周：“脩翦义兮，报善阴行。记□沼兮，肃□天端。朝光照兮，宜子孙。长保永福兮，寿万年”。[⑱]又如，山东淄博发现一件东汉末年的四乳四兽纹铜镜，主纹区外环绕铭文一周：“吾作明镜，幽涞三商，统德宜道，配象万疆，延年益寿，子孙蕃昌宜王”[19]。实际上，东汉铜镜中有许多镜类都铸有“宜子孙”“子孙蕃昌”之类的铭文，如东汉中期出现并迅速流行的云雷连弧纹镜，其四字铭文布列于钮座周围，常见“长宜子孙”“长生宜子”之类的镜铭[20]；东汉后期流行的连弧纹带镜，最常见的镜铭是“长宜子孙”，有的是“长宜子生”[21]。

汉代的瓦当中，也有表现子孙繁昌观念的文字瓦当。譬如，陕西凤翔凹里秦汉宫殿遗址[22]和西安汉长安城遗址[23]等曾出土“大宜子孙”文字瓦当。

汉代的纺织品上，也有表达子孙蕃昌观念的文字。如1995年新疆尼雅遗址发掘的东汉末年的95MNI号墓地8号墓出土的织锦中，有“千秋万岁宜子孙”、“延年益寿长葆子孙”和“宜子孙”等文字织锦[24]。

汉代的其他器物中，也常见有“宜子孙”之类的文字。譬如，铸有铭文“宜子孙”“长宜子孙”“大吉利，长宜子孙”的铜熨斗[25]；江苏邗江甘泉老虎墩东汉墓[26]和山东青州马家冢子东汉墓[27]等地，都曾出土透雕“宜子孙”三字的出廓玉璧；山东章丘东平陵城出土的一件东汉铜洗，内底的装饰图案是左右两侧各一条鱼，两鱼之间是“长宜子孙”四字[28]。

值得注意的是，汉代人的这种“宜子孙”观念，不仅表现在现实生活中，而且在埋葬逝者的墓葬中也有所表达。譬如，河南洛阳偃师辛村新莽壁画墓后室门楣的空心砖上，正面模印有龙虎图案和“富贵宜子孙”字样[29]；贵州平坝4号东汉墓出土有模印“宜子孙”的墓砖[30]。这种“要求死去的亲人为活着的子孙服务”[31]的做法，实际上是子孙蕃昌观念的另一种表达方式。

三、平安喜乐观

平安和喜乐作为人们的基本追求之一，同样是汉代人幸福观的重要组成部分，并且通过各种不同的形式进行表达。

汉代铜镜铭文中，平安和喜乐是最为常见的内容之一，并且二者往往同时出现。西汉前期流行的四乳草叶纹镜上，常见“乐毋事”“乐未央”等表达欢乐和平安无事之意的铭文。譬如，山东临淄乙烯墓地出土草叶纹铜镜（M21:3）的铭文为“见日之光，长乐未央”，同墓地另一件草叶纹铜镜（M3:1）的铭文为“长相思，毋相忘，常贵富，乐未央”[32]；满城1号西汉墓出土的一件草叶纹铜镜（M1:5224）的铭文为“长贵富，乐毋事，日有熹，常得所喜，宜酒食”[33]。西汉后期流行的连弧纹铭带铜镜上，也有类似的铭文。山西朔县西汉墓出土的一件连弧纹铭带镜（M222:6）上的铭文为：“日有喜，月有富，乐无事，宜酒食，居必间，无患息，于瑟侍，心忠驻，乐已岁固常”[34]。

汉代其他文物上，也常有类似的文字。譬如，“长乐未央”是西汉常见的一种文字瓦当，陕西、河南和山西等地多有发现[35]；陕西渭南辛市发现一枚“日乐富昌”文字瓦当[36]；辽宁建平西胡素台古城址发现一枚“安乐未央”文字瓦当[37]。历史文献和考古资料都证明，“未央是汉代习用的吉语”[38]。又如，新疆尼雅遗址东汉末年的95MNI号墓地8号墓出土的织锦中，有“安乐如意长寿无极”等文字织锦[39]。

四、酒食富足观

饮食是人们得以生存的最基本的生活需求，“食色，性也”，或曰“饮食男女，人之大欲存焉”[40]。于是，饮食富足成为人们最基本的追求之一，汉代亦然。

汉代铜镜上，常见表现酒食富足的铭文。青岛平度界山西汉中期墓出土的草叶纹镜中有5枚带有“宜酒食”的铭文，其中一枚（M1:13）的镜钮周围方格框内的16字铭文为：“日有熹，得长熹，常宜酒食，长贵富，乐毋事”[41]。广西贺县（今贺州）河东高寨西汉墓出土的一件草叶纹镜（M3:25）的铭文为：“日有喜，宜酒食，长贵富，乐毋事”[42]。铸有类似铭文的草叶纹铜镜，在全国各地多有发现[43]。

汉代其他器物上，也常见有类似的铭文。河北满城1号西汉墓出土两件错金银鸟虫书铜壶，周身用纤细的金银丝错出鸟虫书文字和动物纹带[44]，其中一件（M1:5015）下腹部的铭文被释读为4句16个字：“口味充闾，□□益肤；延寿却病，万年有余”，今译为“美食塞破门巷，越养越发膘壮。长命还要免病，万年也不过量”[45]，其第一句就是美食充盈。长沙马王堆1号西汉墓椁室东边箱出土的漆耳杯中，有49件的底部黑色漆书“君幸食”三字[46]。在汉代画像石和画像砖中，常见有各种宴饮的图像，一般认为是墓主死后继续享受生前这种生活的表现，“是墓主生前现实生活的延伸和继续”[47]。实际上，在“事死如事生”的丧葬观念下，这种图像是人们在现实生活中追求酒食富足的一种表现。

作为酒食富足观的一种形象表达，当时鱼的图像十分流行。作为模型明器的陶灶中，有不少灶面上模印了鱼的图案；汉画像石中，常可见到“四叶四鱼图”、“四叶八鱼图”和“双鱼五璧图”等图像；东汉时期，流行一种内底有两条鱼纹（有的在两鱼之间铸出钱币图案或“长宜子孙”“富贵昌，宜侯王”之类的吉祥语）的“双鱼铜洗”等。这类情景中的鱼的图像，便成为富裕的象征和化身。汉代人用鱼的形象表达丰足、富裕、年年有余的美好期盼，可以看作是当时酒食富足观的一种形象表达。

五、家常贵富观

富贵，是人类社会出现阶级分化之后人们的一种追求，“崇高莫大乎富贵”[48]。

汉代社会更是崇尚富贵，“耻贫贱而乐富贵”[49]，当时社会对于富贵有比较一致的价值取向，“富贵追求，在当时完全是一种正面的人生目标，人们公开地毫不掩饰地宣示这一志愿”[50]。

汉代文物中，最直白地表达这种观念的是铜镜上的铭文。譬如，西汉前期流行的草叶纹铜镜上，“日有熹，宜酒食，长贵富，乐毋事”，是常见的铭文之一[51]；西汉后期流行的铜镜中，有一种“家常贵富镜”，其主纹区四个乳丁之间铸出“家常富贵”四字作为其主要装饰，凸显其含义[52]。

汉代其他文物中，也有类似的表达。汉代铜器中，有铸出“大富”“富贵”“乐未央，宜酒食，长久富”之类铭文的铜壶和铜钫[53]；安徽芜湖贺家园 1 号西汉墓出土一件西汉后期的铜缶（M1:9），其盖上铸有铭文“长相思，毋相忘，常富贵，乐未央”[54]。内蒙古包头麻池古城遗址[55]、天津武清兰城遗址[56]等地，曾出土“安乐富贵”和“大乐富贵”等文字瓦当。居延新出汉简中，有一枚（EPT59・340A）的简文为“富贵昌宜侯王富贵昌宜侯王”[57]。

至于如何达到富贵、怎样才是富贵，史学家曾做过专门研究[58]。从考古发现来看，财富和高官（详见下文）是富贵的主要内涵，并且两者紧密相连。汉代墓葬中，除了随葬死者生前使用的一些器物之外，从西汉初年开始出现模型明器陶仓和灶，此后种类逐步增加，从井、房屋建筑、猪圈、鸡埘、水田到马、牛、羊、鸡、狗、猪等各种畜禽，有的陶仓上还墨书有“粟万石”“小麦万石”“大麦万石”“大豆万石”等文字[59]，并且从平民百姓到达官贵人，莫不如此[60]。即使东汉末年的魏王曹操，在其墓葬中也随葬陶灶、井、磨、圈厕、灸炉、釜、甑以及日用器皿等各种模型明器[61]。这样的模型明器，当然是供死者在冥间使用的，但在“事死如事生”的丧葬观念下，它们“象征大地产和财富”[62]，作为现实生活中的一种变形折射，反映出当时人们追求财富的观念。汉代铜器中，有铸出“日入八千”“日入大万”等铭文的铜钟[63]；陕西勉县发现一件双鱼纹铜洗，其内底双鱼纹之间铸有铭文“日入百千万”[64]。汉代瓦当中，见有“五谷满仓”、“百万石仓”和“六畜藩息”等文字瓦当[65]。当然，不同的社会阶层对财富的理解也有所不同。山东苍山柞城遗址出土一件东汉章帝元和四年（87 年）铜壶，其圈足上刻有 40 字铭文：“元和四年，江陵黄阳君作，宜子孙及酒食。吏人得之，致二千石；□人得之，致二千万；田家得之，千厨万仓”[66]。这从一个侧面反映出官吏、商贾、地主及农民等不同社会阶层的财富观念。

六、高官厚禄观

在阶级社会里，高官不仅与财富直接相连，更是政治权力和社会地位的一种表征。于是，高官成为汉代人的另一种追求，高官厚禄观成为当时幸福观的有机组成部分，并在社会生活中给予充分的表达。

高官厚禄观的直接表达，首先是在铜镜铭文中。山东临淄水泥厂墓地（M33:2）和临淄乙烯墓地（M46:1）出土的草叶纹铜镜的铭文均为“见日之光，服者君卿”，而临淄乙烯墓地 M15：1 草叶纹铜镜的铭文为“仙镜万明，服者君卿”，其年代均为西汉[67]。“君卿”者，高官之谓也。上海博物馆馆藏的一件始建国天凤二年（15 年）四神博局纹镜的铭文为：“始建国天凤二年作好镜，常乐贵富庄君上，长保二亲及妻子，为吏高迁位公卿，世世封传于毋穷”[68]。东汉中期出现并流行于北方地区的双头龙纹铜镜（又称之为“直行铭文夔龙镜”），其主体纹饰是左右两侧为双头龙纹，中间是竖向直行铭文，铭文最为常见的是“君宜高官”“位至三公”四字铭，或“君宜高官，位至三公”“君宜高官，长宜子孙”八字铭[69]。东汉中期出现并逐步流行的变形四叶夔凤镜上，常见“位至三公”铭，偶见“君长宜官”铭和“君宜高官”铭[70]；山西曲沃苏村东汉晚期墓出土一件变形四叶夔纹镜（SM:6），钮座四周四叶之间的铭文为“位至公侯”[71]；东汉晚期流行的连弧纹带镜上，以“君宜高官”铭为常见，也可见到“位至三公”铭[72]。东汉“三公”者，太尉、司徒、司空之谓也[73]。

汉代其他文物中，也常见类似的文字表达乃至图像表达。汉代铜器中，发现有“位至三公”“君宜高官”铭铜带钩[74]。浙江绍兴南郊东汉铜器窖藏出土的铜器中，有一件铜洗的内底铸出双鱼纹，双鱼之间铸出“富贵昌宜侯王”六字[75]。山东苍山柞城遗址出土的东汉铜器中，有一件铜洗的内底铸出的图案是左鹿右鹤，两者之间是“蜀郡董氏造，宜侯”七字铭文[76]。河南南阳、西安南郊缪家寨遗址等地曾发现一种造型为猴子骑在马背上的陶俑，汉画像砖和画像石上也有类似的图像，利用汉字的谐音，象征“马上封侯”，“无疑都是表达为官封侯的愿望”[77]。

即使在墓葬遗存中，也发现有期盼子孙高官厚禄的表达。河南灵宝张湾 5 号东汉墓出土的陶罐上朱书长篇解適文，文中写道：令后世子子孙孙士（仕）宦位至封公侯，富贵将相不绝[78]。这反映出当时人们在安葬逝者的同时，还要祈愿后世子子孙孙官运亨通，富贵永续。

七、结语

上述考古资料中表达汉代人幸福观的语言文字，大多是当时的吉祥语，有的甚至是商品生产者迎合消费者心理、推销其产品的“广告语”，是“对使用者的一种人生前景的许愿”[79]；有关的图像和器物造型及纹样，也大都是当时流行的吉祥图案或吉祥物。也正因为如此，它们直接反映了当时人们对美好生活的向往和祈盼，表现的是在当时具有普遍意义的思想观念，是汉代人幸福观的一种客观、真实的表达——包括健康长寿观、子孙蕃昌观、平安喜乐观、酒食富足观、家常贵富观和高官厚禄观等。

汉代人幸福观中的各种观念之间是相辅相成、密切相关的，因此，在很多场景下往往是多种观念同时或综合表达，尤其是铜镜铭文，但表达的内容往往多有差异，有的可能不具有普遍性意义。譬如，河南偃师汉墓出土的一件东汉晚期的变形四叶镜上，钮座周围有“位至三公”四字铭，主纹区的铭文为：“长宜子孙保父母，五男七女八九子，位至□□生有□，宜高官世少有兮，大□伯意世未有”[80]，同时表达了健康长寿、子孙蕃昌、高官厚禄等观念，但其中“五男七女八九子”的表达很少见。又如，山东五莲张家仲崮村出土的一件西汉后期的连弧纹铭带镜（M1:24），其铭文为“日有熹，月有富，乐毋事，常得意，美人会，竽瑟侍，贾市程万□”[81]，其中的“常得意，美人会，竽瑟侍”在镜铭中很少见。再如，广西梧州河西松山发现的一件东汉晚期的龙虎纹铜镜，其铭文为：“朱氏作镜四夷服，多贺国家人民息，胡虏殄灭天下复，风雨时节五谷熟，长保二亲得天力，传告后世乐无极”[82]。这些铜镜铭文内容的相同和不同，一方面表达了当时人们共同的价值追求，另一方面也表现出不同社会阶层的价值追求有所差异。

综合起来看，汉代人的幸福观中，既有人类普遍的价值观念，又有具有时代特色的观念。作为前者，健康长寿、子孙蕃昌、平安喜乐和酒食富足等，是自古以来人们普遍具有的思想观念和追求；作为后者，主要表现在家常贵富和高官厚禄等方面。

就家常贵富观而言，这里主要指的是财富，而财富的多寡及差别，是史前时代晚期伴随着社会生产的分工及其专业化、社会阶层的分化和私有制的起源而产生的，于是追求财富的观念也随之而生。然而，在夏商和西周时期，社会经济掌握在各级贵族手中，平民或者说“庶人”几乎不可能依靠自身的努力真正获得大量财富。春秋战国时期，随着封建生产关系的出现和私营工商业迅速发展，地主阶级和“富商大贾”逐步登上了历史舞台。到了秦汉时期，封建生产关系和私营工商业进一步发展，社会各阶层获取财富已经没有了制度上的障碍，社会上出现了拥有巨量土地及其他财富的大地主、大工场主和大富商。在这样的社会背景之下，以财富为主要内涵的富贵，自然而然地成为当时人们的一种普遍追求。

就高官厚禄观来说，这种观念最初的起源，可以上溯到史前时代晚期，但在夏、商、西周时期的王国时代实行贵族政治的社会背景下，这种观念一直很微弱。但是，经过春秋、战国时期社会历史由王国时代向帝国时代的转型，秦汉时期“中央集权统治取代了王国统治，官僚政治取代了贵族政治”[83]，平民入仕为官真正成为可能[84]，一批出身于社会下层的人士成为高官。“王侯将相宁有种乎？”成为当时人们思想观念的一种真实反映。入仕为官，不仅可以改变其社会地位，而且可以改善其经济状况，可以实现家常贵富、酒食富足、健康长寿等追求。正是在这样的社会背景下，高官厚禄成为当时人们一种普遍的向往和追求。

正如秦汉王朝及其社会治理对此后的中国历史产生了极其深远的历史影响一样，汉代人的幸福观对近两千年来中国人的幸福观同样产生了深刻的影响。当然，随着历史的发展，幸福观的具体内涵因时代不同而有所变化，幸福观的表达也往往因时代不同而有所差异，但幸福，是人类亘古不变的追求。

【注释】

① 全洪：《南越国铜镜论述》，《考古学报》1998 年第 3 期，第 307–330 页。
② 山东省文物考古研究所：《滕州朱洼汉代墓葬发掘报告》，载《海岱考古》第八辑，科学出版社，2015，第 154 页。
③ 米士诫、苏健：《洛阳藏镜述论》，《考古与文物》1987 年第 4 期，第 45–54 页。
④ 容庚：《汉金文录》卷六，载《秦汉金文录》，中央研究院历史语言研究所 1931 年初版，1992 年影印版。
⑤ 中国社会科学院考古研究所汉长安城工作队：《西安市汉长安城城墙西南角遗址的钻探与试掘》，《考古》2006 年第 10 期，第 40–52 页。
⑥ 陕西省博物馆、文管会考古调查组：《长安窝头寨汉代钱范遗址调查》，《考古》1972 第 5 期，第 31–32、55 页；陕西省考古研究所秦汉研究室：《新编秦汉瓦当图录》，三秦出版社，1986，第 302–304 页。
⑦ 邱永生：《徐州郭庄汉墓》，《考古与文物》1993 年第 1 期，第 15–17 页。
⑧ 左正：《陕西洛川发现西汉文字方砖瓦当》，《考古与文物》1987 年第 5 期，第 104 页。
⑨ 江西省文物考古研究所、首都博物馆：《五色炫曜：南昌汉代海昏侯国考古成果》，江西人民出版社，2016，第 87 页。按：该墓还出土另外一种嵌背铜龟镇。
⑩ 济南市考古研究所：《济南魏家庄：战国至明清墓葬》，线装书局，2017，第 25 页。
⑪ 河北省文物研究所：《河北阳原县北关汉墓发掘简报》，《考古》1990 年第 4 期，第 322–328 页。
⑫ 平朔考古队：《山西朔县秦汉墓发掘简报》，《文物》1987 年第 6 期，第 1–52、

98–103 页。

⑬ 内蒙古博物馆：《内蒙古呼和浩特市郊格尔图汉墓》，《文物》1997 年第 4 期，第 9–14 页。

⑭ 饶宗颐：《论龟为水母及有关问题》，《文物》1999 年第 10 期，第 35–37 页。

⑮ 恩格斯：《家庭、私有制和国家的起源》，人民出版社，1972，第 3 页。

⑯ 《汉书》卷二十六《天文志》载："五星若合，是谓易行：有德受庆，改立王者，掩有四方，子孙蕃昌；亡德受罚，离其国家，灭其宗庙，百姓离去，被满四方。五星皆大，其事亦大；皆小，其事亦小也"。

⑰ 王子今：《秦汉社会的"宜子孙"意识》，载雷依群、徐卫民《秦汉研究》第一辑，三秦出版社，2007，第 20 页。

⑱ 刘东亚：《介绍两面古代铜镜》，《中原文物》1981 年第 2 期，第 63 页。

⑲ 于加方：《淄博市博物馆藏四兽镜》，《考古》1986 年第 2 期，第 188 页。

⑳ 孔祥星、刘一曼：《中国古代铜镜》，文物出版社，1984，第 86–89 页。

㉑ 霍宏伟、史家珍：《洛镜铜华：洛阳铜镜发现与研究》上册，科学出版社，2013，第 171 页。

㉒ 田亚岐：《凤翔凹里秦汉宫殿遗址》，载《中国考古学年间（1986）》，文物出版社，1987，第 262 页。

㉓ 陕西省考古研究所秦汉研究室：《新编秦汉瓦当图录》，三秦出版社，1986，第 314 页。

㉔ 新疆文物考古研究所：《新疆民丰县尼雅遗址 95MNI 号墓地 M8 发掘简报》，《文物》2000 年第 1 期，第 4–40 页。

㉕ 容庚：《汉金文录》卷四，载《秦汉金文录》，中央研究院历史语言研究所 1931 年初版，1992 年影印版。

㉖ 扬州博物馆：《江苏邗江县甘泉老虎墩汉墓》，《文物》1991 年第 10 期，第 62–70、105 页。

㉗ 魏振圣：《山东省青州市发现东汉大型出廓玉璧》，《文物》1988 年第 1 期，第 31 页。

㉘ 宁荫棠、牛祺安：《山东章丘市东平陵故城出土汉代铜器》，《文物》1997 年第 4 期，第 77–79 页。

㉙ 洛阳市第二文物工作队：《洛阳偃师县新莽壁画墓清理简报》，《文物》1992 年第 12 期，第 1–8、97、99 页。

㉚ 贵州省博物馆：《贵州清镇平坝汉墓发掘报告》，《考古学报》1959 年第 1 期，

第 85–103、139–144 页。

㉛ 杨爱国：《东汉人对墓葬功能认识研究：以考古发现为主的观察》，《南方文物》2020 年第 2 期，第 154–161 页。

㉜ 山东省文物考古研究所：《鉴耀齐鲁：山东省文物考古研究所出土铜镜研究》，文物出版社，2009，第 364、373 页。

㉝ 中国社会科学院考古研究所、河北省文物管理处：《满城汉墓发掘报告》上，文物出版社，1980，第 81 页。

㉞ 平朔考古队：《山西朔县秦汉墓发掘简报》，《文物》1987 年第 6 期，第 1–52、98–103 页。

㉟ 山西省考古研究所、上海大学历史系、夏县博物馆：《山西夏县师冯汉代窑址发掘简报》，《考古》2010 年第 4 期，第 28–37 页。

㊱ 陕西省考古研究所秦汉研究室：《新编秦汉瓦当图录》，三秦出版社，1986，第 318 页。

㊲ 李宇峰：《辽宁建平县两座西汉古城址调查》，《考古》1987 年第 2 期，第 105–108 页。

㊳ 王子今：《“未央”释义》，《文史》第三十七辑，中华书局，1993，第 265–268 页。

㊴ 新疆文物考古研究所：《新疆民丰县尼雅遗址 95MNI 号墓地 M8 发掘简报》，《文物》2000 年第 1 期，第 4–40 页。

㊵ 《礼记·礼运》，载《十三经注疏·礼记正义》卷二十二，中华书局，1980，第 1422 页。

㊶ 青岛市文物局、平度市博物馆：《山东青岛市平度界山汉墓的发掘》，《考古》2005 年第 6 期，第 32–42、98–103、2 页。

㊷ 广西壮族自治区文物工作队、贺县文化局：《广西贺县河东高寨西汉墓》，载文物编辑委员会《文物资料丛刊》第四集，文物出版社，1981，第 40 页。

㊸ 白云翔：《汉代临淄铜镜铸造业的考古学研究》，《探古求原考古杂志社成立十周年纪念技术文集》，科学出版社，2007，225–232 页。

㊹ 中国社会科学院考古研究所、河北省文物管理处：《满城汉墓发掘报告》上，文物出版社，1980，第 43 页。

㊺ 肖蕴：《满城汉墓出土的错金银鸟虫书铜壶》，《考古》1972 年第 5 期，第 49–52、76 页。

㊻ 湖南省博物馆、中国科学院考古研究所：《长沙马王堆一号汉墓》，文物出版

社，1973，第 83 页。

㊼ 罗二虎：《川渝地区汉代画像砖墓研究》，《考古学报》2017 年第 3 期，第 373–398 页。

㊽ 《周易·系辞上》，载《十三经注疏·周易正义》卷七，中华书局，1980，第 82 页。

㊾ 范晔：《后汉书》卷三十《郎顗襄楷列传》，中华书局，1965，第 1069 页。

㊿ 王子今：《秦汉社会的“富贵”观》，载《秦汉社会意识研究》，商务印书馆，2012，第 357、361 页。

51 青岛市文物局、平度市博物馆：《山东青岛市平度界山汉墓的发掘》，《考古》2005 年第 6 期，第 32–42、98–103、2 页。

52 山东省文物考古研究所：《鉴耀齐鲁：山东省文物考古研究所出土铜镜研究》，文物出版社，2009，第 192 页。

53 容庚：《汉金文录》卷二，载《秦汉金文录》，中央研究院历史语言研究所 1931 年初版，1992 年影印版。

54 安徽省文物工作队、芜湖市文化局：《芜湖市贺家园西汉墓》，《考古学报》1983 年第 3 期，第 383–402、419–428 页。

55 陈永志：《内蒙古出土瓦当》，文物出版社，2003，第 14 页。

56 天津市历史博物馆考古部：《天津市武清县兰城遗址的钻探与试掘》，《考古》2001 年第 9 期，第 35–50 页。

57 甘肃省文物考古研究所、甘肃省博物馆、中国文物研究所等：《居延新简（上）甲渠候官》，中华书局，1994，第 167 页。

58 王子今：《秦汉社会的“富贵”观》，载《秦汉社会意识研究》，商务印书馆，2012，第 356–377 页。

59 洛阳市第二文物工作队：《洛阳五女冢 267 号新莽墓发掘简报》，《文物》1996 年第 7 期，第 42–53、95、2、1 页。

60 中国社会科学院考古研究所：《中国考古学·秦汉卷》，中国社会科学出版社，2010，第 339–543 页。

61 河南省文物考古研究院：《曹操高陵》，中国社会科学出版社，2016，第 122–160 页。

62 练春海：《器物图像与汉代信仰》，生活·读书·新知三联书店，2014，第 240 页。

63 容庚：《汉金文录》卷二，载《秦汉金文录》，中央研究院历史语言研究所 1931 年初版，1992 年影印版。

⑭ 郭清华：《勉县征集一件有铭文的汉铜洗》，《考古与文物》1986 年第 3 期，第 110 页。
⑮ 陕西省考古研究所秦汉研究室：《新编秦汉瓦当图录》，三秦出版社，1986，第 180 页。
⑯ 刘心健、刘自强：《山东苍山柞城遗址出土东汉铜器》，《文物》1983 年第 10 期，第 75–77 页。
⑰ 山东省文物考古研究所：《鉴耀齐鲁：山东省文物考古研究所出土铜镜研究》，文物出版社，2009，第 360、361、374 页。
⑱ 孔祥星、刘一曼：《中国铜镜图典》，文物出版社，1992，第 265 页。
⑲ 韩茗：《汉晋时期双头龙纹镜研究》，《考古学报》2020 年第 1 期，第 67–88 页。
⑳ 霍宏伟、史家珍：《洛镜铜华：洛阳铜镜发现与研究》上册，科学出版社，2013，第 178 页。
㉑ 临汾地区文化局、曲沃县文化馆：《晋南曲沃苏村汉墓》，《文物》1987 年第 6 期，第 61–68 页。
㉒ 孔祥星、刘一曼：《中国铜镜图典》，文物出版社，1992，第 372–389 页。
㉓《续汉书·百官志》，《后汉书》志第二十四，中华书局，1962，第 3557–3562 页。
㉔ 容庚：《汉金文录》卷六，载《秦汉金文录》，中央研究院历史语言研究所 1931 年初版，1992 年影印版。
㉕ 绍兴市文物管理处考古组：《浙江绍兴市发现东汉窖藏》，《文物》1991 年第 10 期，第 95–96 页。
㉖ 刘心健、刘自强：《山东苍山柞城遗址出土东汉铜器》，《文物》1983 年第 10 期，第 75–77 页。
㉗ 邢义田：《“猴”与“马”造型母题》，载《画为心声：画像石、画像砖与壁画》，中华书局，2011，第 520–527 页。
㉘ 河南省博物馆：《灵宝张湾汉墓》，《文物》1975 年第 11 期，第 75–93、107 页。
㉙ 田旭东：《汉镜铭文中的广告语》，载《考古文物研究：纪念西北大学考古专业成立四十周年文集》，三秦出版社，1996，第 357–360 页。
㉚ 霍宏伟、史家珍：《洛镜铜华：洛阳铜镜发现与研究》上册，科学出版社，2013，第 180 页。
㉛ 潍坊市博物馆、五莲县图书馆：《山东五莲张家仲崮汉墓》，《文物》1987 年第 9 期，第 76–83 页。
㉜ 广西壮族自治区博物馆：《广西铜镜》，文物出版社，2004，第 132 页。

⑧③ 白云翔：《中国古代社会发展阶段论纲》，载山东大学东方考古研究中心《东方考古》第一集，科学出版社，2004，第296-297页。
⑧④ 中国社会科学院历史研究所《简明中国历史读本》编写组：《简明中国历史读本》，中国社会科学出版社，2012，第122-125页。

让文化遗产资源活起来

单霁翔
故宫博物院原院长

尊敬的各位专家、学者，各位领导，大家好！

非常荣幸参加这次汉文化论坛——两汉文化传承与发展。我今天看到这么多两汉文化的专家齐聚徐州，非常感动。我认为这样的论坛非常重要，两汉文化的传承与弘扬也非常重要。3个星期前，我在山西的壶口参加一个大河文明旅游论坛，那个论坛有很多外国人士参加，一位大使说到他们国家有5000年的文明，比中国早了2000年。听到这个发言，我实在是忍不住，我在随后的演讲中就说，我们中国也有五千年的文明，特别是2019年“良渚古城遗址”成功列入《世界遗产名录》，“良渚古城遗址”续上了中华文明5000年的文明。今天看到这么多两汉文化研究的学者发表这些重要的观点，我觉得非常感动。我们要通过不断的国际论坛和研讨，使我们的真实历史文化在国际社会得到弘扬。

良渚古城遗址成功申报《世界遗产名录》对我们是很大的激励。其实，遗产保护在国际社会是一个新的课题，特别是第二次世界大战以后，人们开始关注自己国家、自己城市中的一些突出普遍价值的文化和自然遗产遗存，受到威胁的时候会举全国之力和全球之力进行拯救，这样就诞生了一个重要的理念：这些文化遗产不是一个国家和一个民族独有的，是人类共同的遗产，他们受到威胁时我们要共同拯救。于是诞生了一个著名的公约，就是《保护世界文化和自然遗产公约》。这个公约在1972年诞生，我们国家加入公约相对较晚，在1985年。1987年，我们有了第一批世界遗产，包括长城、周口店北京人遗址、秦始皇陵、兵马俑等。这些世界遗产的加入使我们以更广阔的眼光看待我们的文化遗存。比如泰山，我们知道这些摩崖石刻的内容和整个泰山文化是不可分割的，于是就把整个泰山作为一个整体申报世界遗产，申报成功。世界遗产就有了文化和自然共同生成的文化遗产。这之后，大家知道，泰山、庐山、青城山、峨眉山，各个名山大川都被列为世界遗产，有力弘扬了中国人与自然和谐共生的中华传统文化。

平遥、丽江两个小城申遗成功以后，引发了强大的申遗热，也引发了争议。

于是，太多的城市和地区希望把他们的文化遗产资源申报为世界遗产，我们手里就有一个很长的预备名单。2004 年，在中国召开了世界遗产大会，这个会议召开得很成功，会议制定了一个规定：一个国家无论大小，每个国家每年只能申报一项文化遗产。大家想想我们作为拥有如此丰富文化遗产资源的国家，每年也只能申报一项。但是这个规定无疑是正确的，它就是要平衡文化的多样性，帮助更多国家加入世界遗产大家庭。每年大约有 130 至 140 个国家申报，但是每年成功申报的只有 30 项以内，去年是 29 项。我们这么长的名单怎么办？我们不断地跟国际组织沟通，告诉他们我们是在加速城市化进程的过程中，我们每个保护都有抢救性的性质，需要把负责人请到中国来，跟他们进行交流。2004 开始，几乎每年都有一个项目成功申报，2014 年有两项申报成功，一项是大运河，一项是丝绸之路。之所以有两项可以申报成功，是因为丝绸之路是跨国申报，中国、哈萨克斯坦和吉尔吉斯斯坦 3 国共同申报，用的是吉尔吉斯斯坦的名额，2015 年土司遗址申报成功，2018 年没有成功，但是没有一个国家年年申报，更没有一个国家年年成功。我们中国在良渚古城遗址申报成功之时，一跃成为全世界拥有世界遗产最多的国家。在我们看来，最多不是最重要的，我们早晚会成为拥有遗产最多的国家，关键是在这个过程中，我们改变了对文化遗产保护的传统理念。

其中最重要的一项是大运河，大运河的保护改变了传统文化的格局。过去我们保护一个桥、一个塔、一个古建筑、一个村镇、一个历史街区，由点到面，现在这个线型的、巨型的文化遗产出现了，并且是活态的、还在使用的遗产。在总结大运河的申报过程中，我不断地感悟我们保护的是什么。时间关系不能深入介绍，我认为可以保护大运河相关的十几种景观。第一是自然的景观，第二是历史的景观，第三是建筑景观，第四是沿途的工程景观，第五是运输的景观，尤其是徐州的大运河。徐州的大运河是最繁忙的运输段落，它仍然是经济社会发展的重要支撑。第六是沿河景观，第七是传统的街区景观，第八是园林景观，第九是沿途各类的宗教景观，第十是商业老字号，第十一是沿途各具特色的民居景观，第十二是沿线的民俗景观，第十三是老百姓的生活景观，第十四是沿线的生活景观，第十五是沿线的城镇景观。就是如同大百科全书一样的大运河，其实我们从物质的、非物质的，静态的、动态的，历史的、现代的角度来看，这些都承载着我们的传统文化，我们要把它们综合地、立体地保护起来。我最近写了一本书，叫作《大运河漂来紫禁城》，以前的书名是《紫禁城是大运河上漂来的》。后来觉得这个不像书名，就改为“大运河漂来紫禁城”。紫禁城的这些材料都是通过大运河运来的，能工巧匠也是从大运河过来的，特别重要的是传统文化、文化艺术也是从大运河上漂来的。我们正在保护故宫的古建筑群，不让这些建筑群损害我们的文化景观。我有幸参加过一些故宫的保护行动，比如作为规划委员会主任的时候，我们就在故宫周围规划了大面积的传统四合院保护区，使其周边不受损害，使紫禁城被完整地保护。1997 年我在北京担任文化局局长的时候，我们看到筒子河和城墙之间有四百多户居民，有两百多个单位在这里生活、工作，很不方便。当时有 465 条污水管网往这里排放污水，筒子河已经是一条臭水河了，已经失去了尊严，沿线流入的垃圾两米多厚。我们就说要把一个壮美的紫禁城交给 21 世纪。经过 3 年的奋斗，污水截留，防控整治，终于筒子河变得碧波荡漾了。后来我到故宫博物院任职，我们又提出了一个新的口号：要把一个壮美的紫禁城完整地交给下一个 600 年。紫禁城 1420 年建成，今年（2020 年）600 岁生日，我们进行了 3 年的环境整治，终于让今天进入故宫博物院的人们只看到古代建筑，而看不到一个现代建筑。我们没有食言。如何把这些文化遗产利用起来，我们扩大开放，我们 2014 年开放面积超过 50%，达到 52%，2015 年达到 65%，2016 年 75%，3 年整治带来 3 年大开放，现在已经开放到 80%。我们收藏了 10 200 件各个时期不同材质的雕塑，很多和汉文化有关。他们以前都在库房里面睡觉，高大的建筑露天摆放，作为院长，每天到这儿，我是什么心情，这么珍贵的文物竟被放在这里！如今它们的脸色、表情都变好了。兵马俑当时就在冰冷的台阶下，我们进行了修复，把它们神采奕奕地陈列出来。过去这些雕塑，今天都陈列出来了。

这就告诉我们，我们的文化遗产得不到呵护的时候是没有尊严的，是蓬头垢面的，只有得到保护时，它们面对公众的时候才会神采奕奕，才会光彩照人。比如，过去我们的城墙、城楼、角楼都不开放，它们作为库房，存放了乾隆版的大藏经。现在我们专门为它们建了陈列展厅，一座座楼变成了博物馆。还有我们的库房，过去存放着材料、木料，如今物流很发达，也没有必要在这里存放这些了。将它们移出去以后，库房变成了家具场馆，陈列了 6 200 件明清家具。以前这些家具在小库房里面存放，忍气吞声的，现在我们有了大型的家具馆，陈列这些家具，使这些沉睡在库房里面的文物真正地活起来。

今天，我们一个一个院落开放。以前大家到太和殿参观完了以后只有往北走，一棵树都没有，其实太和殿两侧都有一个门，如今我们打开了这边的门，人们可以看到十八槐的景观，可以看到这么好的生态景观，人们第二次、第三次来就不往前面走了。如今，数以万计的观众进入故宫，他们一定会感叹世界最大规模的古代古典建筑群现在被保护、修缮得如此壮美、如此尊严、如此健康，他们会感动于我们中国对世界文化遗产保护所作出的积极贡献。我们实现了我们的诺言，我们在紫禁城 600 岁之时，把一个壮美的紫禁城完整地交给了下一个 600 年。文化必须要传承，必须要让文化遗产真正重回社会，它们才会有尊严。

谢谢大家。

考古学视域下的汉代丧葬信仰

罗二虎
四川大学历史文化学院教授

一、前言

“丧葬”这一词包含了两个不同但又相互联系的概念。

“丧”指的是人生命的终结，就是死亡，以及人类对于死亡这一现象的思索。生死是人类社会的永恒主题之一。在人类早期社会，出于对死亡的本能恐惧和对生命延续与长存的渴望，几乎每个族群或民族都会创造出属于本族群或本民族的生死观和相关神话。

“葬”是对死者遗体的处理方式。根据目前的考古学发现可知，人类最早对死者遗体的有意识处理出现在旧石器时代中期，当时生活在欧洲的尼安德特人对死去的同伴遗体进行掩埋，并于掩埋前在死者遗体上撒上红色的赤铁矿粉。这是目前已知人类最早的丧葬行为。红色在当时人们的观念中可能代表了血液，代表了生命，撒上赤铁矿粉可能是希望死者的生命能够得以延续。这可能是人类最早的永生信仰，也是已知人类最早的墓葬了。到了旧石器时代晚期，人们对死者的安葬更为重视，还随葬死者生前的使用物品。例如，北京周口店山顶洞人就随葬有生前佩戴的项饰（图 1）[①]，俄罗斯莫斯科附近发现的一座墓中老年男性身上穿戴了非常华丽的服装（图 2、图 3）[②]。

不同的丧葬信仰下会产生不同的丧葬行为，即产生不同的葬俗。由于人类的丧葬信仰各异，因此产生各种不同的丧葬方式。例如，汉民族传统葬俗为土葬，认为死者尸体的完好保存是丧葬的头等大事，这样才可以让死者在另一个世界里安宁，并保佑子孙。藏族的传统葬俗为天葬，或称鸟葬，认为只有通过鸟食死者的遗体后，死者才能够升入天国。还如，在许多民族中都有行二次葬的习俗，有的是出于对死者的恐惧，实行二次葬以防死者对生者的祸害。这种意识在许多民族都曾存在过。第一次安葬是一种过渡，因为死者并未远离生者的社会，只有第二次安葬，死者才会彻底断绝与生者世界的联系。送走死者与消除灾祸两种观念又常常并存，因为只有让死者完全离开现实世界，才能免除其对活人的威胁。

在这里，我们希望通过考古出土的墓葬资料了解汉代的葬俗墓制，再透过葬俗墓制窥见汉代社会流行的丧葬信仰。

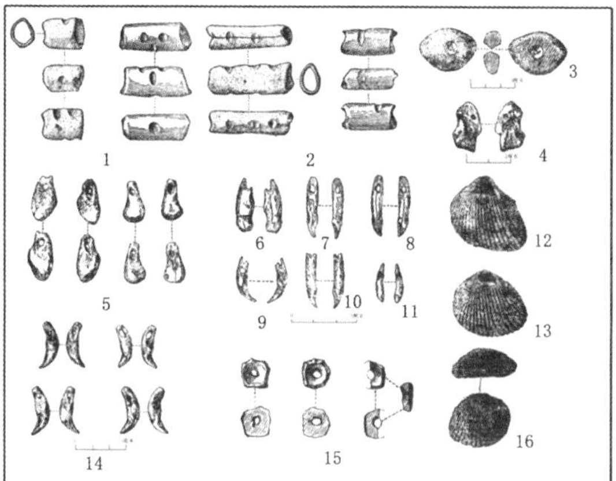

1、2.骨管(或骨坠)(原大) 3.钻孔的砾石 4.钻孔的青鱼上眼骨
5.穿孔的鹿犬齿(按原大缩小约1/4) 6.穿孔的虎门齿
7、8、10.穿孔的鹿门齿 9.穿孔的犬齿 11.穿孔的乳鹿犬齿
12、13、16.穿孔介敖 14.穿孔的獾犬齿(缩小1/4) 15.石珠(放大1倍)

图 1　北京周口店山顶洞人装饰品
(《山顶洞人》第 64—71 页。)

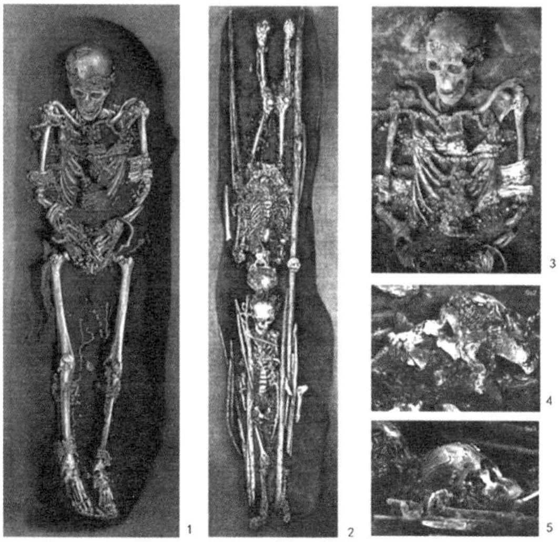

1.M1身体装饰　2.M2身体装饰　3.M1身体装饰（局部）
4.M2骨架2头部装饰　5.M2骨架3头部装饰

图 2　俄罗斯桑吉尔 M1 和 M2 人体装饰

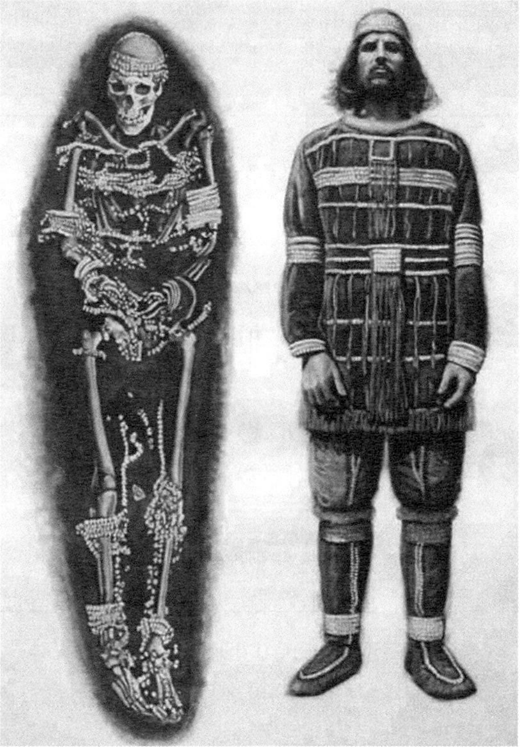

图 3　俄罗斯桑吉尔 M1 墓主身体装饰复原图

二、墓葬（形制结构）反映的另一个世界

中国华夏民族传统的葬俗一直是土葬，但墓葬的形制结构却因时代而不同。在先秦时期主要流行竖穴土坑墓，其中社会等级较高的人在土坑墓葬中安放棺椁，等级越高棺椁的层数越多。周代用棺椁的数量有明确的规定：天子棺椁四重，亲身的棺称椑，其外蒙以兕及水牛皮；第二重称地也，以椴木制成；第三重称属；第四重称大棺。帝后之外椁两重，多用梓木，因而其棺椁又称“梓宫”。上公、侯伯子男、大夫，以等差分别为三重（有兕牛皮）、二重、一重。士不重，但用大棺。又，天子大棺厚八寸，大夫士大棺厚六寸，庶人之棺只准厚四寸，无椁。后世帝王、贵族、士大夫，基本沿用此制，然时也有逾制者。《礼记·檀弓上》载：“天子之棺四重：水兕革棺被之，其厚三寸；杝棺一；梓棺二。”③ 这种棺椁制主要在于象征死者社会身份的高低。

西汉早期开始，在王族中开始出现一种新的墓制结构，特点就是直接模仿地面生人的住宅建筑。

例如，河南永城梁孝王墓群，为穿凿山岩建造的横穴洞室崖墓，形制结构是模仿地面住宅建筑，中间为宽敞的厅堂、回廊和多间墓室，其中有卧室、储藏间、车马库等，还有厕所间，其内还建有茅坑[④]（图4）。

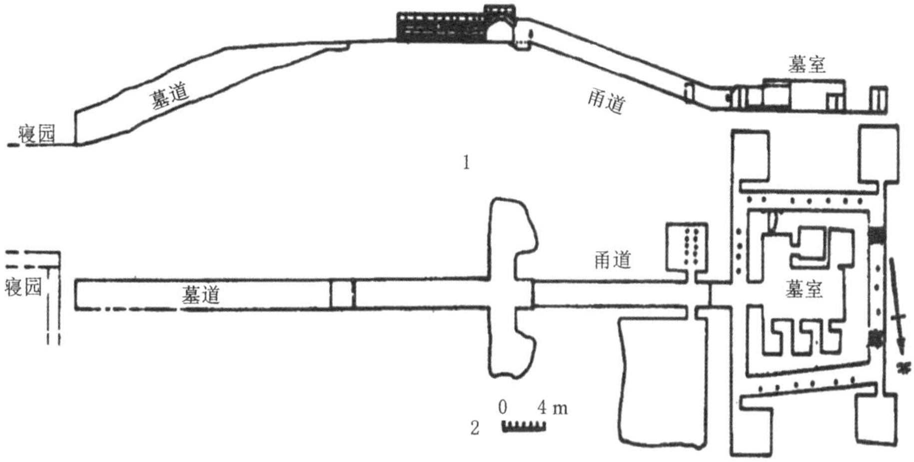

图4 永城梁孝王墓平面、剖面图
（《永城梁国王陵与寝园》第12页。）

又如，河北满城中山靖王刘胜夫妻陵墓，两座墓前部都是空间宽大的厅堂，后部墓室为卧室，卧室内还用木材和瓦建造了房屋，死者的尸体停放在其内。墓葬厅堂两侧还有侧室，分别放置各种生活物品和车马具等，象征储藏间和车马库房（图5、图6）。[⑤]

西汉中期以后，这种模仿地面建筑的横穴墓开始流行，并逐渐从中原地区向其他地区扩散，到东汉早期在汉帝国的范围内基本全部取代了竖穴土坑墓了。东汉时期，不但王公贵族、达官显贵的墓葬，就是普通平民的墓葬也都是模仿地面建筑，有的模仿较为逼真，有的则相对比较抽象。

例如，内蒙古和林格尔壁画墓（图7、图8）[⑥]，墓主身份为高级官吏，仕途最辉煌的时候官至乌桓校尉。

又如，四川三台郪江崖墓[⑦]，墓室内墙面为框架式木结构建筑装饰，墓室顶部也是模仿地面建筑屋顶结构，有两面坡屋顶，也有藻井式屋顶（图9—图11）。

墓主身份基本都为平民和下层官吏。

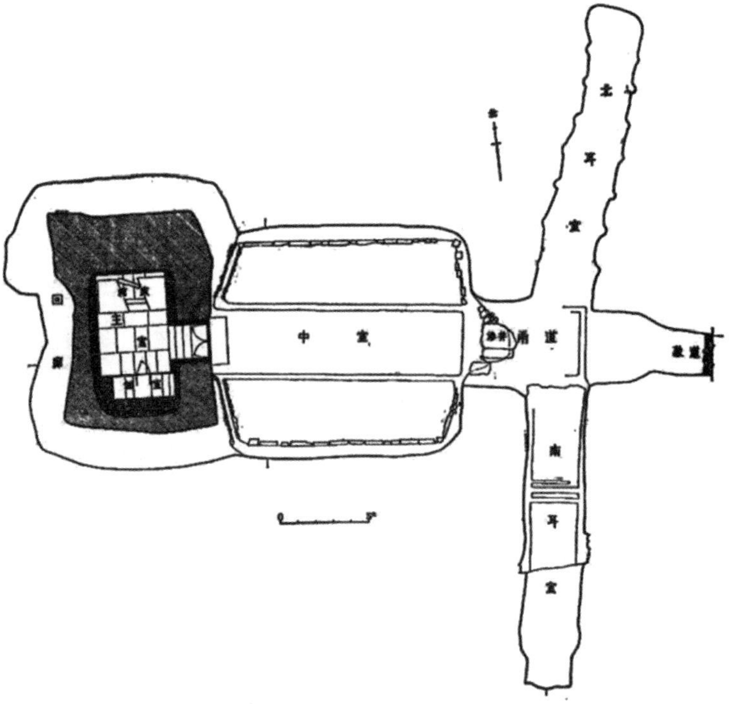

图 5　满城汉墓一号墓墓室平面图

（《满城汉墓发掘报告》第 12 页。）

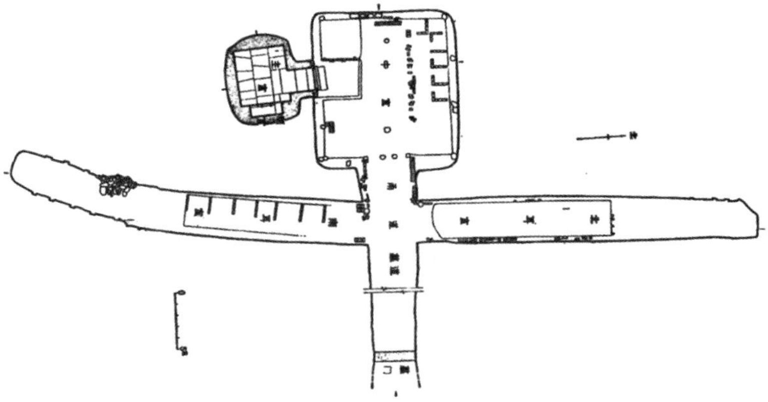

图 6　满城汉墓二号墓墓室平面图

（《满城汉墓发掘报告》第 217 页。）

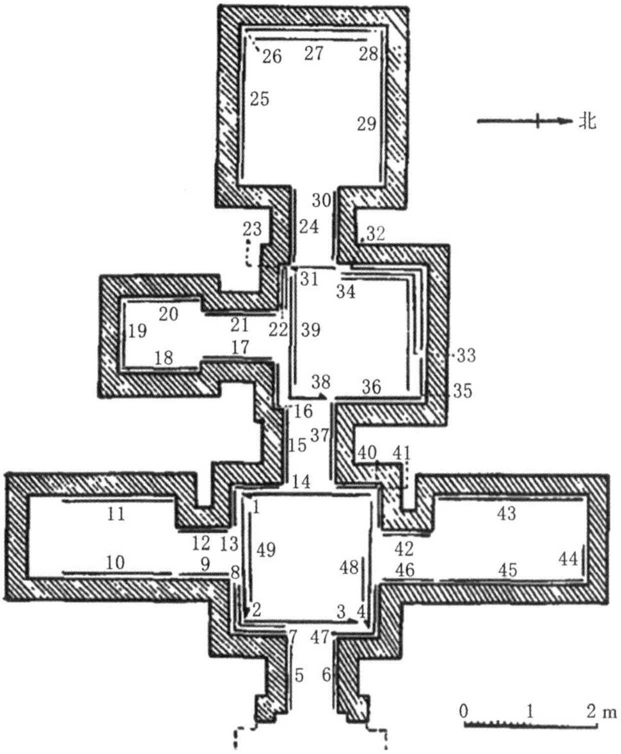

图 7　和林格尔汉墓及壁画分布平面位置示意图

（《和林格尔发现一座重要的东汉壁画墓》第 11 页。）

图 8　和林格尔壁画墓结构图

（《和林格尔汉墓壁画》第 39、40 页。[8]）

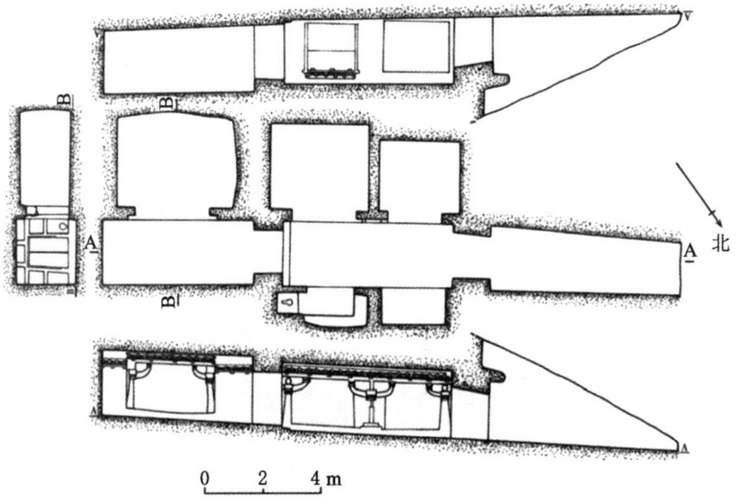

图 9　三台郪江刘家堰 M1 平剖面图

（《三台郪江崖墓》第 266 页。）

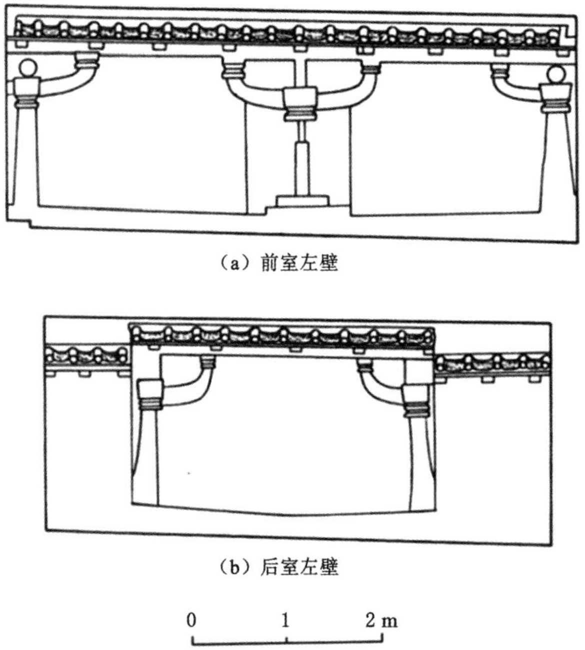

（a）前室左壁

（b）后室左壁

图 10　三台郪江刘家堰 M1 仿木结构

（《三台郪江崖墓》第 267 页。）

图 11　三台郪江胡家湾 M1 后室

三、从随葬品中所见的丧葬观念

西周时期以来，贵族阶层的随葬品主要是以鼎、簋组合为中心的铜礼器，也是以数量的多少来体现死者的社会身份等级。这些成组的铜器不但是祭祀用品，也都是死者生前的实用器具。用这些铜器随葬，显然是希望死者在另一个世界继续享用。春秋晚期以来，虽然普通平民也开始使用成组的陶礼器随葬，但仍然是以礼器为中心。

进入汉代以后，尤其是西汉中期至东汉早期这一阶段，随葬品的种类发生了很大的变化，成组的铜礼器或陶礼器已经逐渐消失，专门用于反映生前日常生活的陶明器成组出现，如仓、灶、井、鸡、狗、猪、马、房屋、水田陂池、各种人物俑等（图 12），并在随葬品中占有很大的比重。反映出这一时期的人们对于另一个世界生活场景的设计。

四、墓葬图像中所描绘的另一个世界

从西汉开始，墓葬中与图像相关的内容逐渐增多。西汉时期流行的有帛画、空心砖画像、石椁画像、壁画等，东汉时期主要流行的有石室墓中的各种画像石、砖室墓中的各种画像砖、石棺画像、石阙画像等。此外，还有一些带有图像的特殊随葬品，如博山炉、钱树、多枝灯、铜镜、铜牌饰等（图 13—图 17）。这些图像更能直接反应当时社会流行的丧葬观念。

西汉时期，图像中反映的主题是人死之后如何到达另一个世界——天国仙境或神山仙境。例如，长沙马王堆一号汉墓[9]（图 18）、三号汉墓[10]出土的帛画（图 19、图 20），一号汉墓出土的漆棺图像（图 21）。

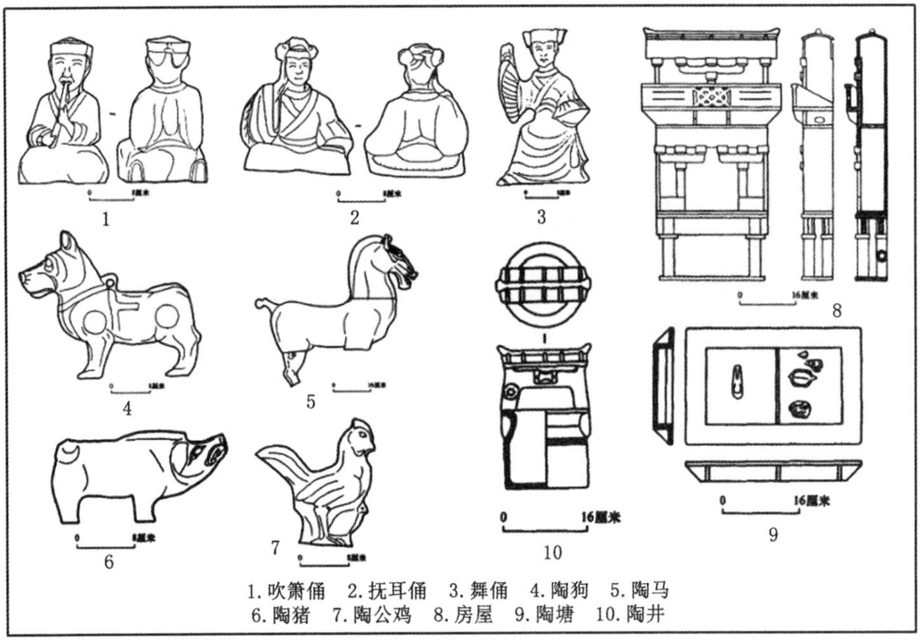

图 12　丰都杜家包汉墓出土的陶俑、动物模型和建筑模型

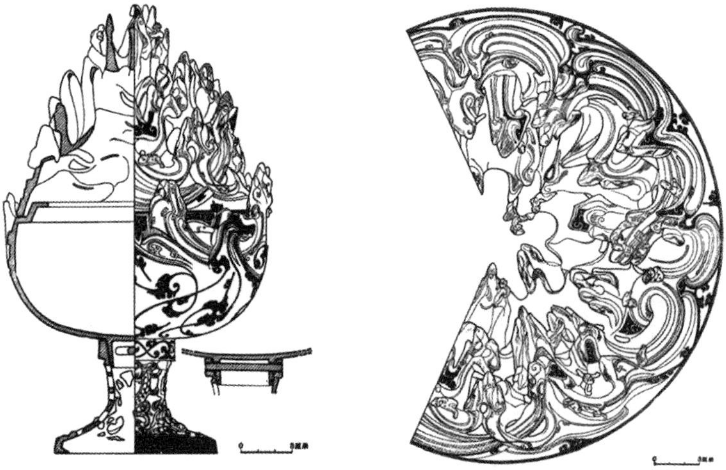

图 13　满城汉墓错金铜博山炉及炉盖展开面

铜质钱树

朱雀拓片（2/5）

第一层枝叶拓片（1/4）

第二、四层枝叶拓片（2/5）

第三、五层枝叶拓片（2/5）

图 14　三台县东汉铜质钱树

（《四川三台出土东汉钱树》第 85、86 页。[11]）

图 15　绵阳何家山东汉铜镜（HM1:30）

（《四川绵阳何家山 1 号东汉崖墓清理简报》第 6 页。[12]）

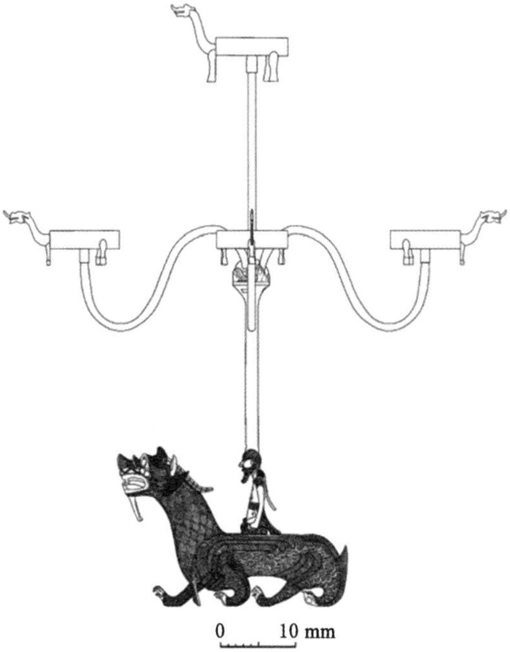

图 16　风箱背一号墓铜连枝灯（M1：82）
（《重庆云阳风箱背一号汉墓》第 528 页。[13]）

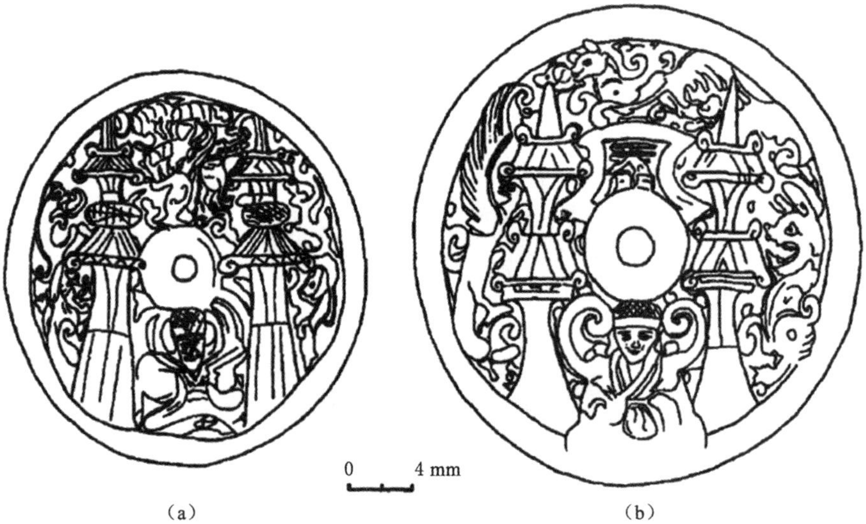

图 17　神女路汉墓圆铜牌（1.S Ⅰ M2：22；2.S Ⅰ M2：16）
（《重庆巫山县神女路秦汉墓葬发掘简报》第 62 页。[14]）

图 18　长沙马王堆一号汉墓帛画

（《长沙马王堆一号汉墓》图版七一，第 40 页。）

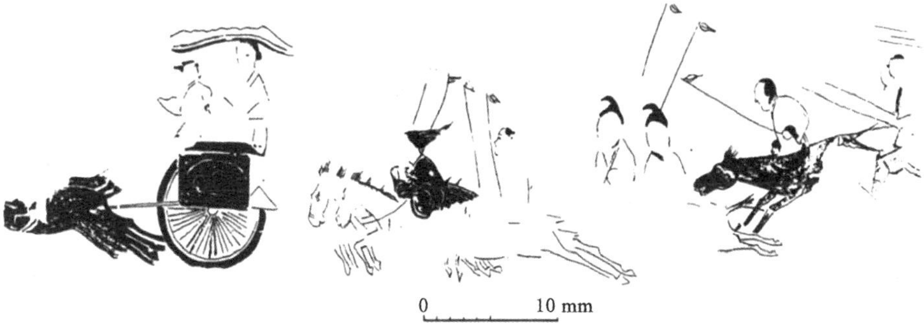

图 19　长沙马王堆三号汉墓《行乐图》帛画残片

（《长沙马王堆二、三号汉墓》第 113 页。）

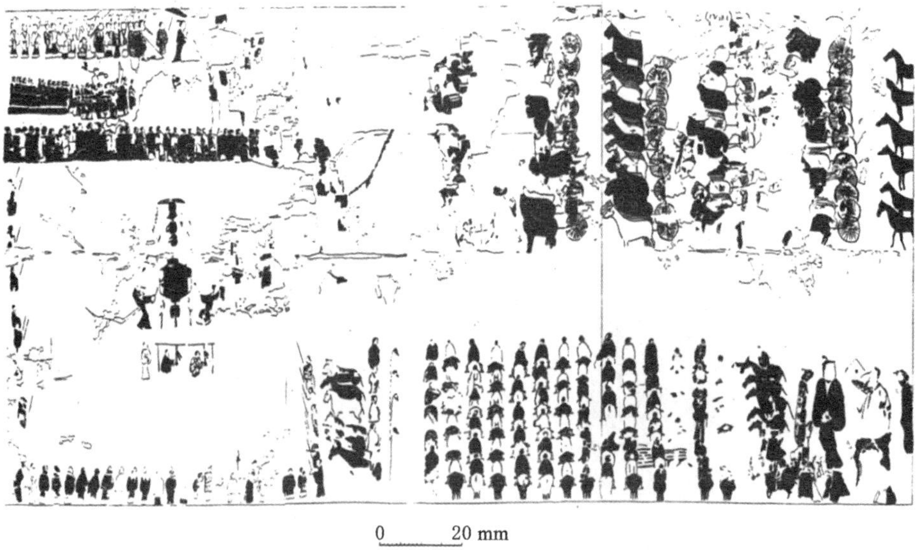

图 20　长沙马王堆三号汉墓《车马仪仗图》帛画
（《长沙马王堆二、三号汉墓》第 113 页。）

图 21　长沙马王堆一号汉墓黑地彩绘棺、朱地彩绘棺和锦饰内棺
（《长沙马王堆一号汉墓》图版二六。）

又如，洛阳卜千秋墓[15]的墓顶壁画——墓主夫妻升仙图（图 22）。

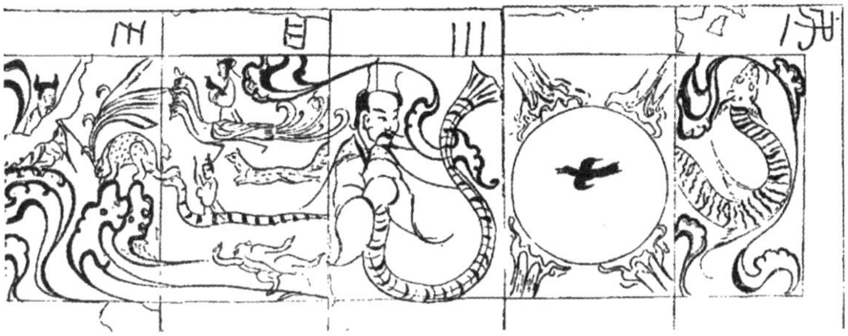

图 22　洛阳卜千秋墓墓主夫妻升仙图

东汉时期，图像的主题不但反映墓主如何到达仙境，而且还大量反映人们对墓主是如何在仙境中生活的憧憬。根据图像可知，仙境中的生活都是人世间美好生活一面的再现。

例如，仙境中无论是仙人还是进入仙境的墓主，表现的都是在进行博弈、射猎、抚琴、乐舞、宴饮等活动（图 23），还有的是人们在仙境中漫步以及娓娓叙谈等景象（图 24）。在仙境中还有华丽的楼台亭阁和高大的谷仓等。这与这一时期墓葬的形制结构，以及墓葬中丰富多样的随葬品相互配合，共同表现仙境这一理想的家园。

这一时期仙境的指向也更加明确，即西王母所在的昆仑仙境，或者是西方的西王母昆仑仙境与东方的东王公仙境共同构成的仙境。

东汉时期，西王母形象在汉帝国范围内的墓葬中普遍盛行，东汉中期以后东王公的形象也开始在北方地区出现并流行，其特点是与西王母形象成对出现在图像上。

例如，四川南溪二号墓三号石棺画像（图 25），呈现了墓主死后升仙进入西王母仙境的完整过程。[16]

图 23　新津崖墓石函 鼓琴・六博

图 24　彭山双河崖墓石棺一侧

图 25　升仙入西王母仙境画像石

（南溪县长顺坡砖室墓三号石棺右侧。）

又如，陕北画像石墓墓门画像（图 26），呈现了西王母、东王公的仙境。

在东汉时期的墓葬图像中，除了西王母的形象直接出现的画面之外，也流行用西王母头上所戴的“胜”纹单独出现的符号式图像，象征西王母仙境。此外，也有不少符号式的图案与图像出现，以象征仙境。

例如，彭山江口 951-1、951-2、951-3 崖墓墓门上的“胜”纹符号（图 27、图 28）就象征西王母仙境。

这种用符号化的象征手法表现仙境，说明东汉中晚期升仙信仰已开始向宗教化的方向发展。

图 26　米脂官庄 M2 墓门画像石组合

（《米脂官庄画像石墓》第 46 页。[17]）

图 27　彭山江口 951–2 门楣“胜”纹符号

（《彭山画像崖墓墓门石刻画像试论》第 78 页。[18]）

图 28　彭山江口 951-3 门楣“胜”纹符号

（《彭山画像崖墓墓门石刻画像试论》第 79 页。）

五、结论

汉代人的丧葬信仰，相信存在着两个世界，即生人的世界和另一个世界——仙境。西汉时期，这个仙境的指向不是十分明确。东汉时期，仙境的指向逐渐明确，前期主要流行信仰西王母仙境，东汉中期以后主要在北方出现了东王公形象，后者都是与西王母成对出现，形成了西王母、东王公仙境。汉代人信仰的仙境集中再现了人间现实社会中的美好事物。因此，无论是墓葬形制结构、随葬品，还是墓葬中的各种图像，人们按照生人世界和生人生活中的美好事物来构建墓葬——这一死后的理想家园。

【注释】

① 贾兰坡：《山顶洞人》，龙门联合书局，1951。

② Erik Trinkaus, et al. *The People of Sunghir: Burials, Bodies, and Behavior in the Earlier Upper Paleolithic.* Oxford University Press, 2004, pp. 15–19.

③ 崔高维校点：《礼记・檀弓上》，辽宁教育出版社，1997，第 26 页。

④ 河南省文物考古研究所：《永城西汉梁国王陵与寝园》，中州古籍出版社，1996。

⑤ 中国社会科学院考古研究所、河北省文物管理处：《满城汉墓发掘报告》，文物出版社，1980。

⑥ 内蒙古文物工作队、内蒙古博物馆：《和林格尔发现一座重要的东汉壁画墓》，

《文物》1974 年第 1 期，第 8–23、79–84 页。

⑦ 四川省文物考古研究院、绵阳市博物馆、三台县文物管理所:《三台郪江崖墓》，文物出版社，2007。

⑧ 盖山林：《和林格尔汉墓壁画》，内蒙古人民出版社，1977。

⑨ 湖南省博物馆、中国科学院考古研究所：《长沙马王堆一号汉墓》，文物出版社，1973。

⑩ 湖南省博物馆、湖南省文物考古研究所：《长沙马王堆二、三号汉墓》第一卷，文物出版社，2004。

⑪ 景竹友：《四川三台出土东汉钱树》，《文物》2002 年第 1 期，第 84–86 页。

⑫ 何志国：《四川绵阳何家山 1 号东汉崖墓清理简报》，《文物》1991 年第 3 期，第 1–8、97 页。

⑬ 四川大学历史文化学院考古系、四川大学考古学国家级实验教学示范中心、重庆市文物局等：《重庆云阳风箱背一号汉墓》，《考古学报》2018 年第 4 期，第 511–543、545–552 页。

⑭ 重庆市文物考古研究所、武汉市文物考古研究所、巫山县文物管理所：《重庆巫山县神女路秦汉墓葬发掘简报》，《汉江考古》2008 年第 2 期，第 46–66、135–142 页。

⑮ 洛阳博物馆：《洛阳西汉卜千秋壁画墓发掘简报》，《文物》1977 年第 6 期，第 1–12、81–83 页。

⑯ 罗二虎：《四川南溪长顺坡汉墓石棺画像考释》，《四川文物》2003 年第 6 期，第 62–69 页。

⑰ 榆林市文物保护研究所、榆林市文物考古勘探工作队：《米脂官庄画像石墓》，文物出版社，2009。

⑱ 唐长寿：《彭山画像崖墓墓门石刻画像试论》，《四川文物》2008 年第 4 期，第 78–82 页。

田野到餐桌：农业史视角下秦汉时期黄河下游地区的饮食文化

吴 昊[1] 沈志忠[2]
1 南京农业大学中华农业文明研究院讲师
2 南京农业大学中华农业文明研究院教授

秦汉时期，随着牛耕铁犁农业技术的进一步推广使用，黄河下游地区的农业得到发展，食料品种增加，民食得以改善，考古发掘的山东滕州东汉墓葬出土的画像砖的牛耕场景就是例证。另外，食物加工技术的进步促使了黄河下游地区饮食文化的蓬勃发展，人们餐桌上的食物品种日益丰富，饮食文化进入高速发展时期。

一、食料品种的增加

（一）粮食作物的多样化

秦汉时期，粟已成为黄河下游地区重要的粮食作物，银雀山西汉墓葬 M28 出土有粟的遗迹，多以粟粥为主，灾年缺粮，则常向粥内加菜，煮为“菜粥”。① 与此同时，菽（大豆）逐渐取代黍成为仅次于粟的重要粮食作物，这一现象从战国时期就已经开始形成，如《战国策・齐策》中提及“无不被绣衣而食菽粟者”。由于菽比较耐干旱，易于种植推广，且耐饥，所以《汜胜之书》就有了“大豆保岁，易为宜，古之所以备凶年也”之说，可见菽兼具日常食物与备荒作物两种特性。根据万国鼎先生对《汜胜之书》中“谨计家口数种大豆，率人五亩，此田之本也”的分析，一亩地可产 16 石，约合今市亩亩产 693 斤，② 这说明菽在黄河下游地区的产量十分可观，足以达到作为主食的程度。另外，崔寔在《四民月令》中提及用大豆“可作诸酱”③，能制作成豆酱、豆豉等副食品。可见大豆在黄河下游地区饮食历史中，发挥着越来越重要的作用。

与此同时，小麦进一步被推广种植，《汉书・地理志》就有“正东曰青州：其山曰沂，薮曰孟诸，川曰淮、泗，曰沂、沭；其利蒲、鱼；民二男三女；其畜宜鸡、狗，谷宜稻、麦”以及“河东曰兖州：其山曰岱，薮曰泰壄，其川曰河、泲，浸曰卢、潍；其利蒲、鱼；民二男三女；其畜宜六扰，谷宜四种”④ 的记载。适宜种植的四种谷物分别是黍、稷、稻、麦。显然黄河下游地区历来就是小麦的传统种植区域，并且由于农业精耕细作的水平与抗旱保墒能力的提升以及与粟进行轮作种植技术的推广，所以在一定程度上能解决青黄不接时的口粮问题。小麦在当时的重要性还体现在军事上，《后汉书·荀彧传》记载荀彧进谏曹操之时提及“……乘其间而收熟麦，约食稸谷，以资一举，则吕布不足破也……”[⑤]，说明当时将小麦作为军粮的重要来源，间接指出小麦是当时非常重要的粮食作物之一。

秦汉时期，水稻分布面积仅次于粟与麦。《后汉书·循吏列传》明确记载了东汉初期山阳（郡名，治昌邑，今山东金乡西北）太守秦彭“兴起稻田数千顷”[⑥]的情况，到了东汉末年，夏侯惇在陈留、济阴间“惇乃断太寿水作陂，身自负土，率将士劝种稻，民赖其利”[⑦]，说明东汉时期黄河下游地区一直都有种植水稻。同时，《汉书·沟洫志》有“若有渠溉，则盐卤下湿，填淤加肥；故种禾麦，更为粳稻，高田五倍，下田十倍”[⑧]的记载。盐卤地通过添加淤泥以及施肥的农业方法，就能种植水稻，且产量可观，说明当时黄河下游地区种植水稻的技术处于全国领先地位。《四民月令》“是月也，可别稻及蓝，尽至后二十日止”[⑨]中的“别稻”就是指农历五月能对水稻进行成功移栽的技术。所以，有学者根据此考证正是因为秦汉时期水稻的种植，使得魏至北朝前黄河流域的水稻面积和总稻米产量超过了长江流域[⑩]，不过这个观点尚待商榷，毕竟根据自然条件来看，水稻种植的比例应是很小的。与此同时，当时人们开始认识到米饭的好坏与品种、肥水、土壤、产地、粮谷加工等因素有关，于是有了“玄山之粱，不周之稻，万凿百淘，精细如蚁”的记载，说明各地所产的优质稻谷，经过精细的加工，才能成为上好的大米。

（二）蔬菜水果的扩大化

秦汉时期，黄河下游地区的蔬菜种类呈现扩大化趋势，较之前有了明显增长，有葵、芜菁、瓠、芥、芋、姜、韭菜、薤、蓼、苏、大小葱、胡葱、大小蒜、杂蒜、豌豆、花椒等十几种蔬菜，[⑪]且多为旱地蔬菜。葵、韭、薤、葱、藿已成为当时最常见的五种蔬菜，《灵枢经·五味》称其为五菜，认为葵甘、韭酸、藿咸、薤苦、葱辛。[⑫]另外《汉书·循吏传》描述渤海太守龚遂“劝民务农桑，令口种一树榆、百本薤、五十本葱、一畦韭、家二母彘、五鸡”[⑬]，鼓励农家积极发展菜园生产，改善饮食生活。

葵菜是秦汉时期黄河下游地区主要的蔬菜之一，历史悠久，又称作“滑菜”，蒸炒皆可，口感黏滑，十分可口；韭菜则承袭了先秦时期的园圃经营，并且采用专门的软化培植技术培育出韭黄，进一步丰富了餐桌食物品种；薤和蓼都是腌渍菜的原料，味道辣而香，是庶民阶层日常食用的主要佐餐蔬菜品种；芜菁，又名蔓菁，产量高，口味好，可用作备荒蔬菜；芋，亦称芋艿，有抗饥、救荒之效；小蒜，也就是一类多瓣小洋葱，被广泛栽培，味辛而带甘；榆钱，可作为菜肴，亦可溲和面粉或者小米粉蒸食，亦可做酱，干储可用来酿酒。可见，秦汉时期黄河下游地区不但蔬菜品种增多，其食用方式亦呈现多元化趋势。

秦汉时期，黄河下游地区是我国北方果树发源中心之一。据《广志》记载，当时栽培的水果有桃、李、栗、梨、枣、柿、杏、樱桃、山楂等，其中桃、李、栗、枣、杏被称为五果，有枣甘、李酸、栗咸、杏苦、桃辛之说。黄河下游地区是枣的故乡，山东临沂银雀山汉墓中就出土了大量的枣子遗存。枣因其营养丰富，甘甜可口，被普遍栽培；核桃，又称胡桃，据说是西汉张骞“出使西域，始得（核桃）种还，植之秦中，渐及东土，故名之”，其营养丰富，干果仁亦可入药。

（三）肉食品种的多元化

1. 家猪饲养的兴起

秦汉时期，猪肉成为主要的肉类来源，出现了“阡陌屠沽，无故烹杀，相聚野外”的情况。山东枣庄、济宁考古发掘出土的陶猪圈说明秦汉时期黄河下游地区家猪的饲养，一般都是采取圈养和放牧两种形式，以圈养为主。猪圈与厕所相连，用一堵墙壁隔开，单斜面式的屋盖上有瓦陇分布，起到遮雨排水的作用。这样的设计将农业与畜牧业巧妙地结合起来，猪粪可以用作有机肥料，不但解决了粪便问题，还提升了农作物的产量，在一定程度上改进了粮食、果菜的品质，说明了当时已经开始将粪便作为有机化肥，体现了朴素的农业循环利用思想。

放牧养猪主要是利用黄河下游地区的沿海滩涂，《汉书·公孙弘传》就有“公孙弘，菑川薛人也。少时为狱吏，有罪，免。家贫，牧豕海上”[14]的记载。放牧猪群主要在水草丰茂之处，这是比较经济的饲养方式。当时“无孤豚瘠犊”的农户不少，并非所有的农户都能养得起猪。于是，积极倡导农家喂猪有成绩的官吏，常被列为“循吏”而彪炳于史册，可见养猪对经济的发展以及人们生活的改善具有重要意义。

2. 养鸡、屠狗、渔业的发展

养鸡业是汉代农家重要的家庭副业，也是改善年节待客、孝敬长辈、祭祀宗先之常用食物。因投入小产出大且采取放养手段，所以养鸡业比较发达，鸡肉的食用也较为普遍。考古发现山东洛庄汉墓第 3 号动物陪葬坑中出土过一批鸡蛋，其中一枚保存得非常完整。汉代鸡的品种比较多，其中产于山东菏泽的斗鸡品种鹍鸡为山东名鸡。《后汉书·东夷列传》记载，从朝鲜半岛引入的观赏品种长尾鸡[15]，在本地也有饲养。

秦汉时期，黄河下游地区的人们普遍喜食犬肉，且屠狗业出现较早。《史记·刺客列传》中记载战国初期，聂政避仇于齐“客游以为狗屠”[16]。时人以屠狗为业，可见食狗肉之风甚盛。山东诸城前凉台出土“庖厨图”汉画像砖上有杀狗场面，说明王公贵族的“屠羊杀狗”场景并非虚夸。汉代文献关于养狗的记载几乎全见于北方，可见当时肉食狗主要产区在北方，其中有三处在今山东境内。在汉代对狗肉的食法，有“鸡寒狗热”之说，趁热吃起来才香美。当时通常的烹制方法是煮，然后用刀切碎食用，熟食市场中就有切好的狗肉薄片供应。

秦汉时期，随着渔具的完善和捕鱼法的进步，渔业规模进一步扩大。黄河下游地区如山东的微山、临沂的白庄、滕州的黄家岭等地出土的汉代画像砖中都有罩鱼活动场面以及山东微山均曾出土过鸬鹚捕鱼的汉画像，这都说明了捕鱼技术在汉代已经非常成熟。另外，近海捕鱼在黄河下游地区的齐国故地最为发达，出现“江、湖之鱼，莱、黄之鲐，不可胜食”[17]的盛况。近海捕鱼和内陆渔业两者的发展，对于黄河下游饮食文化的丰富起到了重要的作用。

3. 其他畜牧业的发展

随着王公贵族家庭中羊肉食用的比例增加，黄河下游地区的养羊业在秦汉时期进入了发展时期。从考古学角度来看，黄河下游地区的确是养羊的重点区域，山东洛庄汉墓第 34 号动物陪葬坑中出土有 60 余只羊的遗骸。[18]

牛在当时主要用于农耕，汉代法律规定不许宰杀耕牛，体现了牛用于农耕的重要性，所以牛肉一般不用来食用，即便食用其价格亦十分昂贵。根据《九章算术》记载，一头牛的价格在 1800 钱左右，羊约 250 钱，猪在 300 钱至 900 钱之间。不过近年来山东邹县、滕州出土的画像砖上出现的“椎牛”的场面更加说明了当时只有贵族与富贾之家方有实力食用牛肉。

兔肉是黄河下游地区人们通过狩猎来获取的肉食来源之一，山东滕县（今滕州）龙阳店出土的狩猎画像砖就真实地反映了猎人狩猎兔子的场景。山东微山两城镇出土的画像砖也反映出兔子是主要的狩猎对象，而且还是群体性的狩猎场景。与此同时，初步的养兔业可能也已经存在，山东洛庄汉墓第 34 号动物陪葬坑中就出土了 30 余只兔遗骸，而且还发现了兔笼的遗迹。

综上所述，秦汉时期黄河下游地区的肉食品种呈现多元化发展的趋势，主要以猪、狗、鸡为主，辅之以牛、兔、鱼、羊等。山东诸城前凉台的庖厨酿酒图全景画像生动地描绘出庄园里围绕宴会进行的先期准备，诸如椎牛、宰羊、杀猪、屠狗、剖鱼、鸡鸭拔毛，制作运送食物，陈放悬挂畜、禽肉，酿酒、制醋并陈列美酒坛罐等以及迎接宾客等热闹而生动的场面。该图景真实反映了秦汉时期黄河下游地区中上层人士的奢华生活，同时也说明厨房里开始出现明确的分工。

然而，由于经济原因，庶民阶层的肉食来源就比较匮乏，只有逢年过节或社祭的时候，全家族合资共买猪、羊，宰杀分肉。在汉代画像砖刻《祠堂图》中，我们可以看到为祭祀而杀猪、宰鸡、挂肉的情景，并且根据当时礼仪，祭祀后的肉食可以在族内按户分配，从而使得每个人都能从中获取具有宗教色彩的食物。

二、食物加工技术的改进

（一）粉食与面食并存的主食结构

秦汉时期，黄河下游地区的石磨技术已非常先进，磨粉技术已臻于成熟。大约在西汉晚期还出现了较为方便的对水稻、谷子、黍等粮食进行脱壳的工具——碓。至此，黄河下游地区的麦面粮食加工，延续使用约两千余年，影响十分深远，直到 20 世纪中后期，尚有不少农村及边远地区，仍然用旋转式研磨来加工面粉。旋转磨的出现是黄河下游地区粮食加工工具进步的标志，磨齿以凹坑为主流，虽然存在着面粉不能迅速外流、磨眼易被堵塞的问题，但是其优点在于粮食经过磨制加工后成为细粉状，再经箩筛，就可以分出不同细度的面粉。精细面粉，可用于加工各种面粉食品，这样一来，以稻、粟、小麦为原料制粉就更为方便。所以，旋转磨的产生和发展，是黄河下游地区粮食加工的重大进步。山东台儿庄出土的汉代陶磨模型和汉代石磨证明石磨的工作面已经錾制得十分精细，进一步说明秦汉时期黄河下游地区粮食磨粉加工水平的快速提升，并且带动了面粉质量的提高，为提升主食的质量打下了基础。[19]

面粉出现后，显著改善并丰富了黄河下游地区的饮食结构。山东诸城前凉台出土的汉代画像砖上有庖厨酿酒图，图中有两个厨工从厨房抬出一笼屉刚蒸熟的块状面食，从其形状看，像是一种经过发酵的面食。另外，崔寔的《四民月令》有“五月……距立秋，毋食煮饼及水溲饼”[20]的记载，这显然说明当时蒸制面食可能已经是当地主要膳食种类之一，并且当地已掌握了发酵面团与蒸制发面面食的方法。粉食是黄河下游地区主要的主食结构，且颇为盛行。根据考古发现，满城、西安、洛阳、济南、辽阳、南京、江都、扬州等地都发现了西汉时期的石磨[21]，而前面四个城市基本处于黄河中下游地区，辽阳属于黄河下游地区饮食文化的辐射区域，这些地区亦是传统的小麦种植地区，加之“以面为饼”的诸多记载，所以基本可以确定面粉加工技术在当时的黄河下游地区已被全面掌握。

粒食主要是以粟米（小米）、黍米、稷米等煮粥或饭作为主食，次为麦米。在石转磨产生之前，人们食麦类主要是“粒食”，即蒸煮整的脱去麸皮的麦粒，称为麦米、大麦米；或是用杵臼舂捣，将原料捣扁或捣破，然后放入锅内蒸煮，称之为“麦饭”或麦粥。这种粥食在秦汉之前就已出现了很久。由于“粒食”中“麦饭”等不易消化吸收，被视为粗粝之食，所以在人们的饮食生活中排在粟米饭（粥）和大米饭（粥）之后，居于次要地位，是穷人的饭食，而官员食麦饭，则被视作清廉之举。粥食是属于调剂余缺，“忙时吃干，闲时喝稀”是自秦汉以来北方农民的膳食习俗。稍有荒歉，或青黄不接之际，“菜粥”则成应急之食，就是些许谷米或粉掺进大量的干鲜菜或野蔬熬煮而成。

另外，我们注意到麦饭并不是简单纯粹以小麦为原料，还有其他诸如大麦与大豆合煮的形式。因麦饭易于炊制，便于携带，在战地等条件极差的情况下常是士兵重要的干粮。《三国志补注·魏书》卷三引秦子记载：“孔文举为北海相，有遭父丧，哭泣墓侧，色无憔悴，文举杀之，又有母病瘥，思食新麦，家无，乃盗邻熟麦而进之，文举闻之特赏。”可见麦饭在当时的口味尚佳，否则按照常理，病愈之人不会首先想到食用麦饭。东汉刘熙的《释名·释饮食》记载：“干饭，饭而曝干之也。”[22] 可知汉代将蒸熟的米饭，经过曝晒后成为干饭，便于储藏、运输，食用前用开水将其泡烫即可食用。

（二）肉类保存技术的进步

汉代肉类食品的加工、烹调方法，已经有了很大的进步，除做各种酱等调味品以外，还出现干制、炙制、脍制肉类食品等烹调方法。比如，肉类脍制也是汉代最常见的一种烹制方法。《说文解字》：“脍，细切肉也。”[23] 脍实际上就是将鱼类和有腥膻味的牛羊肉切薄片，后切丝，最后切成细丁，加调料拌和以去除其腥膻味，生熟皆可食。用如此精细选料、切配、烹饪的食品用来祭祀，体现后人对祖宗先人的尊敬，也表现了当时食礼的形成。

《史记·货殖列传》载，汉初即已出现“胃脯，简微耳，浊氏连骑”。司马贞《索隐》：“晋灼云：太官常以十月作沸汤燖羊胃，以末椒姜粉之讫，暴使燥，则谓之脯，故易售而致富。”张守节《史记正义》：“案：胃脯谓和五味而脯美，故易售。”[24] 所记“胃脯”，可能是在屠宰牲畜后，将生制肉块经调料拌和后，再装入洗净的动物胃中，并将其悬挂，渐渐阴干。在慢慢干燥的过程中，难免因乳酸细菌等发酵作用，使肉品产生一种独特的风味，成为可久储的肉品。

与此同时，炙法的种类增多，有脯炙、釜炙、衔炙等，采用不同方法而形成了风味各异的熟制肉品，而且便于保存食用。脯炙是“以饧蜜豉汁淹之，脯脯然也”[25]，就是采用麦芽糖汁和豆豉汁（应是酱油）对肉片进行腌制，再经过烤熟或其他方法熟制后，再晒干成脯。釜炙是“于釜中汁和熟之也”[26]，即将各种调料加入汤汁中，加入肉片慢火煮至汤汁收干，将肉片制成肉脯。衔脯是“细密肉。和以姜椒盐豉，已乃以肉衔，裹其表而炙之”[27]，这是将肉片拌和蜜汁，将姜末、花椒粉和豆豉汁均匀搅拌后，衔裹于肉片之上，再将其炙熟成脯。貊脯是“全体炙之，各自以刀割出，于胡貊之为也”[28]，就是将整只动物，如羊经宰杀去毛和内脏后，整腔用铁条穿上，悬在火上慢慢烤熟，然后盛放在大盘上，用餐人各自用餐刀割取炙肉而食。炙制乳猪则是用慢火烤，乳猪与火距离稍远些，注意使固定乳猪的铁条快速转动，不可稍停，才能烤出优质的炙乳猪来。炙牛里脊肉则是要用火来炙烤事先用铁棒穿起的牛里脊肉块，要边炙烤边用刀切割下烤熟色变白的肉来吃，然后再烤、再切下来吃，而烤牛百叶（牛胃），则要“逼火急炙”等。

（三）调味品技术的发展

蔬菜不仅是庶民阶层主要的食料，还可以用来下饭，同时也是备荒的食物，也体现了节俭的思想[29]。《太平御览》记载，东汉时期的陶硕经常食用“啖芜菁羹、无盐”的芜菁汤，被赞誉有节俭的美德，而这芜菁就是制作非常简单的蔬菜，仅使用简单的豉汁或其他调味品调味。秦汉时期，黄河下游地区人们常把各种腌制的酸菜称作“菹”。《说文解字》记载：“菹，酢菜也。”[30]腌菜有咸、淡之分，而咸菹就是加盐从而抑制蔬菜里的微生物，盐量规定是用水四斗，加盐三升，其盐水浓度达 13.3%，起到防腐的作用，并保持蔬菜的口感和品质，与现代腌制咸菜的方法基本相似。酸菜起初在《周礼》等记载为各种“酰”。酰与醢在味上有区别，后者更呈咸味，《说文解字》：“酰，酸也。”[31]源于盐藏。盐藏或腌制菜都能久储，供下饭。东汉末，在饮食店铺有“蒜齑”出售。据有人研究，这种蒜齑味酸，可能是一种经过乳酸发酵的小菜。可见，菹在当时是黄河下游地区百姓日常食用的重要蔬菜。

除此之外，黄河下游地区出现以肉和鱼类为原料的调味品，如《四民月令》载，五月“可作（酱）酱及醢酱”[32]。醢是肉酱，《周礼·天官·醢人》就提及“作醢及臡者必先膊干其肉，乃后莝之，杂以粱曲及盐，渍以美酒，涂置瓶中，百日则成矣”[33]。可见，醢酱是一种利用曲经过与肉糜拌匀，经过共同发酵所制成的肉酱。调制前，先添加各种调料粉来调味和除去肉的腥膻味，而曲中所含的微生物会产生蛋白酶和淀粉酶等，可以将粮原料食粉（比如“高粱粉”）中的淀粉转化为葡萄糖，进而将肉中的蛋白质水解为各种氨基酸（其中含有许多具有鲜味的氨基酸、核酸等成分），经过一定的时间发酵就会成为美味的肉酱。另外，当时的人们已懂用盐来进行保鲜，比如腌渍鱼肉。《说文》中解释“腌”字为“渍肉也”，清代段玉裁注曰：“肉谓之腌，鱼谓之饐。”这些都是用盐渍成咸味的肉和鱼。

酱的社会需求和生产规模在不断扩大。《四民月令》对此的记载是：“正月……

典馈酿春酒……可作诸酱、肉酱、清酱”“二月……榆荚成及青，收干以为旨蓄……可作脊”“四月立夏后，作鲖鱼酱”“五月一日可作醢……亦可作酢……可为酱，上旬炒豆，中庾煮之，以碎豆作末都……可作鱼酱”“六月……可作麹”“七月四日，命置麹室……七日遂作麹”“八月……收韭菁，作捣齑”“九月九日……作葵菹干葵”“十月……典馈渍麹，酿冬酒”“冬十一月……可酿醢”。[34]引文中的“诸酱”“肉酱”“清酱”“醢”“末都”“榆荚酱”“鱼酱”“鲖鱼酱”等或是泛指各种酱，或是指酱的具体品种，一年之中只有三月和十二月两个月没有做酱记录。可见，当时酱的种类十分丰富，说明黄河下游地区当时已经有十分系统的酱生产模式，并且酱已被广泛食用。不过，庶民阶层中最普遍食用的仍然是豆酱和豆豉。

（四）酿制技术的提升

秦汉时期，黄河下游地区的酒曲技术进一步提升，带动了酿酒品质的提高。《四民月令》记载：“是月二十日，可捣择小麦础之。至二十八日，溲，寝卧之。至七月七日，当以作曲，必躬亲洁敬，以供桎祀一岁之用。”[35]“寝卧”就是把调好的原料放进曲房，培养曲菌，也简称为“卧”。接着罨曲，在培养阶段放入曲房保温培养，上面用草廉覆盖，以便曲坯正常发酵（有益微生物的生长繁殖）。曲胚垫草和覆盖的目的是为了保持合适的温度，接着关闭房门，防止曲中的水分蒸发，导致过干，降低曲的质量，同时也防止室外的虫鼠进入曲房。不过，秦汉时期，黄河下游地区人们制作酒曲与酿酒是分开进行的。《四民月令》正月篇记载“命典馈酿春酒，必躬亲洁净，以供夏至，初伏之祀”[36]。所以酿春酒（正月）的酒曲是在前一年的农历六月至七月间制作的，春酒的用途则是“以供夏至，初伏之祀”。而十月篇则记录了“上辛日，命典馈渍曲，曲泽，酿冬酒；必躬亲洁敬，以供冬至、腊、正、祖，荐韭卵之祀”的情况，从中知悉酿冬酒的酒曲是在七八月制作的。当然，农家庄园酿酒，除去用于祭祖之外，也用于平日饮用和待客。

醋是秦汉时期黄河下游地区常见的调味品。“苦酒”“高醋”（幽州、青州地区）等别称间接还原了当时商业用语招徕生意的历史场景，也延续了汉代以前的世俗叫法。至于“忌讳”（兖州地区）一类别谓，更体现了黄河下游地区饮食文化的世俗性信息。从汉代至北朝之间，醋有“酢”“醋”“酸”“醶”“截”“截浆”“酸”“酮”“酉戟”“大酢”“神酢”“千岁苦酒”“乌梅苦酒”“蜜苦酒”“糟酢”“苦酢”等十几种别称。需要注意的是，当时的醋不能理解为现今的醋。当时的醋是普通大众日用三餐、居家度日的必需调味品。根据后世《居家必用事类全集》中酸浆水“熟炊粟饭，乘热倾在冷水中。以缸浸五七日，酸便好吃。如夏月逐日看，才酸便用。如过酸，即不中使”的记载，我们发现其制作方法一直被沿用至今，并且简便易行。另外，醋还具有一定的药用价值，东汉张仲景《金匮要略》记载醋能“散瘀血，治黄疸、黄汗”。东汉刘熙《释名》：“醋，措也。能措置食毒也。”对于缺医少药的广大下层民众来说，利用各种手头、身边可以不花钱或极少破费就能采用的治病方法无疑是他们最现实的选择。

三、食制的进一步变化

（一）三餐制的建立

秦汉时期，黄河下游地区三餐制开始建立，由之前的一日两餐与一日三餐制并行进入到完全的三餐制。此后，我国大部分地区都以实行早、午、晚三餐制为主，古称“三食”。这是被人们普遍承认的规范饮食制度，既利于生活，也利于生产。[37]与此同时，无论是三餐制还是三餐制的过渡时期，都讲究按时辰来进行饮食，强调天人合一的朴素、自然、和谐的思想。孔子就是最为典型的代表，他提出“不时，不食”，体现了他因时而食的理念。

黄河下游地区的早餐是在天刚亮的时候，并且在早餐之前，一般未成年的男女，要去向父母请安，问候饮食起居并服侍长辈饮食，然后进早餐，所以《礼记·内则》有“男女未冠笄者……昧爽而朝，问何食饮矣。若已食则退，若未食则佐长者视具”[38]的记载。而午餐又称为昼食，也就是中午之食。《说文》：“饷，昼食也。”“餔，日加申时食也。”午餐的时间多在正午时刻，黄河下游地区称为“晌午饭”“吃晌”。据说，现在对午饭的这种称谓，还是自汉代流传下来的。[39]晚餐也称飧饭。清人王筠在《说文解字句读》中说：“日加某者，古语也”。申时一般是指下午的三点到五点之间，由于古人习惯早睡早起，所以古代人晚饭时间也比现代人早些。

不过，值得注意的是，出于经济上的考虑，一般较为贫困的农户为了节约用粮，常在农闲时期恢复两餐制。黄河下游地区的官员以及王公贵族，多实行一日四餐制，酒宴不断是常有的事情。可见，食制会因饮食者地位和经济能力的不同而不同。

（二）分食制的实行

秦汉时期，黄河下游地区人们还是依然延续分食制。汉代人用餐，一般都是席地而坐，一人一份饭菜。[40]分食制的实行主要是因为使用食案进食，所以饮食方式的进步，确实是能够改变饮食的习惯，从而丰富饮食文化。根据考古发现，秦汉时期黄河下游地区出现了较为丰富的餐具，以陶制为主，样式众多，从壶、罐、瓮、碗、盘、盒、瓢、勺到案、炉、灶等，几乎囊括饮食生活的所有器皿。山东莱西岱墅等地汉墓中还出土了西汉时期自始至终都流行的有较大容量的铜勺，[41]其形状一般都较大，长度很多在18至30厘米间。这类铜勺不同于直接用来进食的餐匙，可能是筵席上用于分食的器具。另外，山东苍山城前村出土的汉墓画像砖描绘了一老妇坐在矮榻上，前置几案，两侧男仆女侍跪进酒食，左侧有一男仆，持刀为老妇切烤肉的场景，并且还出现了盛送食物的案盘，或圆或方，如果加上三足或四足，便是案，正符合《急就篇》所记载的“无足曰盘，有足曰案，所以陈举食也”的情况。

四、结语

饮食是各阶层最基本的生存需要，而食料与食物加工是饮食文化产生的基础，关乎人们的饮食基本需求与饮食适口性。秦汉时期黄河下游地区的饮食文化基础是农业，农业进步对于饮食文化的推动和发展具有决定性意义。故而，这一时期的主要饮食形态是以粟、黍、菽、麦为原料的粉食和面食，并且果蔬、肉食的精加工已成形，较之前代已有了长足发展。《四民月令》的留存以及汉代画像砖的出土皆有助于理解秦汉时期黄河下游地区饮食生活的纷繁景致，有助于全面还原饮食场景的真实风貌，有助于溯清饮食文化的历史形态，从而描绘出秦汉时期黄河下游地区先民的生活画卷。

【注释】

① 黎虎：《汉唐饮食文化史》，北京师范大学出版社，1998，第 66–69 页。
② 万国鼎：《汜胜之书辑释》，农业出版社，1963，第 134 页。
③ 崔寔：《四民月令校注》，石声汉校注，中华书局，2013，第 16 页。
④ 班固：《汉书》卷二十八上《地理志》，中华书局，1962，第 1540 页。
⑤ 范晔：《后汉书》卷七十《荀彧传》，中华书局，1965，第 2283 页。
⑥ 范晔：《后汉书》卷七十六《循吏列传》，中华书局，1965，第 2467 页。
⑦ 陈寿：《三国志》卷九《诸夏侯曹传》，中华书局，1959，第 268 页。
⑧ 班固：《汉书》卷二十九《沟洫志》，中华书局，1962，第 1695 页。
⑨ 崔寔：《四民月令校注》，石声汉校注，中华书局，2013，第 43 页。
⑩ 黎虎：《汉唐饮食文化史》，北京师范大学出版社，1998，第 66–69 页。
⑪ 梁家勉：《中国农业科学技术史稿》，农业出版社，第 75、214 页。
⑫ 河北医学院校释：《灵枢经校释》，人民卫生出版社，1982，第 137 页。
⑬ 班固：《汉书》卷八十九《循吏传》，中华书局，1962，第 3640 页。
⑭ 班固：《汉书》卷五十八《公孙弘传》，中华书局，1962，第 2613 页。
⑮ 范晔：《后汉书》卷八十五《东夷列传》，中华书局，1965，第 2819 页。
⑯ 司马迁：《史记》卷八十六《刺客列传》，中华书局，1959，第 2522 页。
⑰ 王利器校注：《盐铁论校注》，中华书局，1992，第 42 页。

⑱ 房道国：《山东济南洛庄汉墓发现大型动物陪葬坑》，《农业考古》2003 年第 1 期，第 238 页。
⑲ 赵荣光：《中国饮食史论》，黑龙江科学技术出版社，1990，第 223–226 页。
⑳ 崔寔：《四民月令校注》，石声汉校注，中华书局，2013，第 44 页。
㉑ 孙机：《汉代物质文化资料图说》，上海古籍出版社，2011，第 18 页。
㉒ 刘熙：《释名疏证补》，毕沅疏证，王先谦补，中华书局，2008，第 145 页。
㉓ 张舜徽：《说文解字约注》第二册，华中师范大学出版社，2009，第 1044 页。
㉔ 司马迁：《史记》卷一百二十九《货殖列传》，中华书局，1959，第 3282 页。
㉕ 刘熙：《释名疏证补》，毕沅疏证，王先谦补，中华书局，2008，第 140 页。
㉖ 刘熙：《释名疏证补》，毕沅疏证，王先谦补，中华书局，2008，第 140 页。
㉗ 刘熙：《释名疏证补》，毕沅疏证，王先谦补，中华书局，2008，第 141 页。
㉘ 刘熙：《释名疏证补》，中华书局，毕沅疏证，王先谦补，2008，第 141 页。
㉙ 张舜徽：《中国古代劳动人民创物志》，华中工学院出版社，1984，第 10 页。
㉚ 张舜徽：《说文解字约注》第一册，华中师范大学出版社，2009，第 223 页。
㉛ 张舜徽：《说文解字约注》第二册，华中师范大学出版社，2009，第 1224 页。
㉜ 崔寔：《四民月令校注》，石声汉校注，中华书局，2013，第 46 页。
㉝ 《周礼注疏·天官·醢人》卷六，载阮元《十三经注疏》。
㉞ 崔寔：《四民月令校注》，石声汉校注，中华书局，2013。
㉟ 崔寔：《四民月令校注》，石声汉校注，中华书局，2013，第 53 页。
㊱ 崔寔：《四民月令校注》，石声汉校注，中华书局，2013，第 16 页。
㊲ 姚伟钧：《中国饮食礼俗与文化史论》，华中师范大学出版社，2008 年，第 92 页。
㊳ 《礼记正义·内则十二》卷二十七，载阮元《十三经注疏》。
㊴ 黎虎：《汉唐饮食文化史》，北京师范大学出版社，1998，第 254–255 页。
㊵ 王仁湘：《饮食与中国文化》，人民出版社，1994，第 282 页。
㊶ 烟台地区文管组、文物管理组、莱西县文化馆：《山东莱西县岱墅西汉木椁墓》，《文物》1980 年第 2 期，第 7–16、98 页。

重视徐州考古队伍建设 尽快将徐州打造成大汉文明研究的重点基地

信立祥
国家博物馆考古研究所研究员

各位先生，各位同仁，各位朋友，我今天能够参加这样一个两汉文化、大汉文化研究的盛会，我感到很激动。另外一个激动的理由是什么呢？就在我接到开会通知的第二天，（2020年）9月28日，习近平总书记在主持十九届中央政治局第二十三次集体学习时发表了对中国考古学来说堪称经典的重要讲话，高度评价和肯定了中国考古工作所取得的丰硕成果和重要贡献，为今后中国考古事业的发展指明了方向。这次汉文化论坛盛会的召开，可以说符合习总书记讲话精神。上下同心，其利断金，相信这次会议一定能够取得超预期的成果。

从发给我的徐州市委、市政府的邀请函当中，我感到徐州市委、市政府有一种强烈的文化自信，这种文化自信我认为它来自徐州市多年来考古工作所取得的重要成果，可谓是硕果累累。新中国成立以来，特别是改革开放40年以来，徐州可以说先后发掘了9个地点的20多座汉代的诸侯王陵，还发掘了多座汉画像石墓和汉代祠堂。关于汉代的古城彭城，也找着了线索，可以说是硕果累累。考古发掘所出土的大量精美文物，充实了徐州市博物馆和徐州汉画像石艺术馆的展陈陈列，所以这两个博物馆都很有特色。徐州市博物馆既有公共博物馆的特色又有遗址博物馆的特点，可以说是全国的创举。而徐州汉画像石艺术馆，徐州市下了很大决心，在云龙湖东侧、云龙山西路的黄金地点，建了这样一个博物馆，这两个博物馆在同级的博物馆当中，在全国市级博物馆和同级的博物馆当中都是一流的。所以，徐州市委、市政府之所以有这样强烈的文化自信，就来自考古学所取得的重要成果，以及展陈所取得的成就。我曾经多次和考古学同仁们表示，中国秦汉考古的工作者，如果不到徐州来参观这两个博物馆，不参观徐州的陵墓遗址博物馆，就不知道什么叫大汉文明。

可以说，取得这样的成果，考古工作者们付出了巨大的心血，经历了几代人，今天很多人没有到场，有的已经退休，有的已经仙去。他们为徐州的考古工作和展陈工作付出了很多心血，我们应该记住他们，向他们表示敬意。

我想谈一谈徐州在两汉文明研究中的地位，在汉代考古学当中的地位。有学者曾经把中国五千年的古代文明用六个字概括，就是古国、三国、帝国。所谓帝国时代就是统一的中华多民族国家，国家文化的形成和发展时期。真正的统一帝国是从秦开始，但是太短暂了，像一道闪电一样，只给后人留下了政治制度，并没有形成统一的国家文化。真正实现国家文化且形成一个民族认同心理的朝代是汉代。汉代是个英雄辈出的时代，也是一个积极奋进的时代。整个国家统一文化的形成就是在汉代，汉民族的形成也是在这个时期，整个统一的国家的民族认同感也是在这个时代形成的。

我想，汉文化的研究，从考古学上来讲，有三个层次：第一个层次，西汉看首都、都城，还有渭河两岸的帝陵，东汉看洛阳，看南兆域、北兆域，这是代表着最高等级的国家文化。第二个层次就是郡国文化，当然也包括县，这个国主要是指诸侯国，它的地位在汉文化研究中的地位和重要性，远远超过郡。第三个层次就是乡里文化。徐州在汉代称彭城，恰恰属于第二个层次，但是在第二个层次中，同样的国都当中，徐州有和别人不一样的地方，它有非常独特的身份，第一是帝乡，最早封的同姓诸侯王，第一个楚国，同姓的诸侯国，刘邦把自己的弟弟刘交封到这里，当时封他是彭城郡、东汉郡一共 36 个县，之所以把刘交封到这儿，是有特殊原因，因为是帝乡，需要稳定，需要发展，特别是需要发展文化，所以选择了刘交。

我还要强调一下，不要小看刘邦这个家族。刘邦泗水亭亭长，但是弟弟刘交是汉初的大儒，是荀子的再传弟子。他是在所有的封国当中，第一个以文化治国、崇尚儒教的诸侯王中的首封王，而且他有很多创建，其中最主要的就是陵墓的营造方式，采取穿山为陵的方式。我们现在看到的楚王陵周围都是坚硬的石头，实际上入葬之前这些陵墓都经过非常豪华的装修，这一点就从海昏侯墓出土的《悼亡赋》中可以看到，墓室装饰非常华丽。像这样以石为椁、高级的装饰墓就是穿山为陵的墓葬，在西汉被以后历代的楚王所继承。而且这种采取以石为椁、豪华装饰的墓葬营造方式，肯定会给当时的贵族、官吏以及地方的豪强墓葬产生强烈影响，而恰恰就是在彭城郡和东海郡这些县之间，是汉画像石被发现最为集中、最重要的一个分布点，我觉得这和刘交墓有直接的影响。

另外，西汉一共 12 代楚王，东汉还有一代楚王。当然墓葬虽然埋在这里，哪个是楚王刘英的墓尚不清楚，但是在这里发现了彭城王墓葬，还有大量的汉画像石墓地，尤其在20世纪50年代曾经在睢宁发现了一个汉墓，从里面出土了200多片玉片，证明是王侯一级的。媒体宣传说徐州汉文化有三宝，一个是楚王陵，一个是兵马俑，还有一个是汉画像石。其实我想强调一下，兵马俑是楚王陵的一部分，所以应该算作一个。另外一个就是汉画像石，包括汉画像石墓和汉画像石祠堂。第三个就是汉代在徐州这块土地上留下的几十座古城，其中彭城应该就在徐州现在的地下8米到10米的地方。如今已经发现了彭城东城墙的线索。另外一个就是下邳城，东汉晚期徐州的州志，经过南京博物院考古所的发掘，已经发现了东汉晚期下邳城的遗址，出土了大量冶炼成材的铁板。这些汉画像石、楚王陵，再加上这些重要的古城，我认为这才是徐州汉文化的三宝。

今天能召开这个会议，考古和博物馆的工作者作出了很多努力。但是，和中国考古学的发展相比，我们还有很多的工作要做。我们发掘了这么多，可以说起码9处是诸侯王的陵墓，但是只发掘了墓葬本体，实际上按当时的律制应该还有其他的遗址，因为汉代的每一个诸侯王都有一个规模庞大的陵园。而现在我们发掘了这么多两汉的诸侯王陵，但是一个陵园也没有被发掘完整过。如果有人问我们：两汉诸侯王的园体特征是什么？前后发生了哪些变化？我们是回答不出的。所以这些对我们来讲都是未知领域，这里面当然也有考古学的认识问题，这些墓葬发掘得比较早，当时考古学能够发现陵墓，并把这些精美的文物出土进行保护和展示，在当时就很了不起了，已经够震惊人了。但是从20世纪90年代起，中国考古学的理念和境界已经发生重大变化，提出了大遗址的考古学的观念，还有一个国家考古遗址公园保护和展示的理念，徐州在这些方面还有相当大的差距。

我们要做好考古成果的发掘、整理与展示工作，首先要做的就是考古报告的编写和出版。我们发掘了这么多诸侯王陵，20多个墓，除了北洞山汉墓由南京大学编写了报告、已经出版之外，其他的到现在没有出过正式的报告，这严重影响了徐州文博工作者、考古学工作者在全国甚至在全世界研究汉文化的话语权。

徐州博物馆、徐州汉画像石艺术馆就展示的内容和展陈的手段而言，在全国同级的博物馆当中都堪称一流。但是遗址博物馆展览的并不尽如人意。举个例子，狮子山汉墓，被发现就是一个传奇，出土的精美文物震惊了全世界。有很多重大问题需要去深入研究，而且墓葬的规模是非常大的。我曾经带过一位日本的著名考古学家看了那个陵墓，当时他讲了两句话，一句是太好了，一句是荡人心魄，可见展览价值非常高。当时先发现的兵马俑，根据兵马俑的线索，王凯先生找到了狮子山王陵，但是没有对整个陵园的范围、规制、内涵、形制作彻底的调查和发掘，这本身就是考古学的不足。当时考古学也有局限性，王凯先生能通过这个线索找到狮子山王陵进行发掘已经是非常了不起的成就了。

现在这个展览，本来是一个陵园，被划分成两个博物馆，一个兵马俑，一个狮子山楚王陵博物馆，一方面影响了展陈质量，另一方面给观众带来很多不便，还有周围的环境以及文化环境，也不尽如人意。比如说就在楚王陵博物馆西侧，展示着很多汉画像石，相当一部分让人看了哭笑不得，甚至还有在陵墓的旁边放假汉画像石的，这个可以说是给徐州文化建设抹黑的。所以我认为今后对于徐州的考古和文博展示工作，道路正远，大有可为。

下面要做的，一是根据紧跟中央的部署。首先，要加强考古队伍的建设。我到徐州之后，深切地感到整个徐州考古队伍和徐州应该在大汉文明研究当中的地位是极不相称的，他们的诉求，他们所发出的学术心声是非常微弱的，完全跟不上中国考古学发展的进度，也和习近平总书记提出来的要求相差很远。现在徐州博物馆的考古部力量远远不足以承担上面提出来的、所要完成的任务。所以我想通过这次会议，向徐州市委、市政府发出呼吁，也希望媒体加以大力的帮助，加大呼吁的力度，要加强考古队伍的建设，或者大力加强徐州博物馆考古部的建设，或者在徐州建立独立的考古研究队伍，聚拢一批中青年的考古英才，让他们在一个新的体制下，达到中国考古学现在已经达到的水平，跟着考古学的步伐，走进考古学的前沿。徐州要制订一个中长期规划，这个问题我想首先需要徐州市委、市政府下定决心，既然是徐州的最高领导，你就要完成徐州考古工作的顶层设计。

其次，展示工作需要提高，资源要重新整合。像狮子山的两个博物馆，应该改变它的管理体制，争取把这些不合时宜的东西，不合现在建设社会主义文化要求的东西，全部剔除掉。同时要继续做考古工作，要建设国家考古遗址公园，就以狮子山楚王陵为基础搞一个大的、高水平的国家考古遗址公园，提高我们的展陈工作。我今天上午还接到了江苏省委宣传部打来的电话，徐州汉画像石艺术馆的陈列要修改陈列，让我审查一下陈列。我们应该迅速跟上形势，跟上国家文物局的要求。

最后，要重视成址的考古工作。我们有几十个成址，尽管我们的工作目标难度比较大，但是我们还应该从考古学的角度考虑这个问题。

我想只要建立起一支有中国特色、中国风格、中国气魄的考古队伍，徐州一定能够建成两汉文化的研究中心，或者重要基地，也可以成为一个具有世界水平的旅游中心。

徐州汉文化遗存的保护与利用

徐卫民
西北大学文化遗产学院教授

徐州是一块古老而神奇的土地，人杰地灵。这里是汉王朝开创者刘邦的老家，也是其发迹之地，而汉王朝又是中国历史上第一个大一统的强盛王朝，从而才有了汉人、汉民族、汉语、汉学等称誉。

徐州不仅是汉文化的重要发源地，也是汉文化资源的重要保存地，已经在国内外产生了较大的影响。近年来，徐州市委、市政府高度重视弘扬汉文化，积极谋划保护和利用徐州汉文化的独特资源，酝酿建设高规格的汉文化旅游景点，抢占汉文化旅游的高地。

一、汉文化遗存及意义

徐州是一座与汉文化历史进程密切相关的城市，地理位置特殊，汉文化资源丰富，汉墓等汉文化遗迹星罗棋布，质量很高。

两汉400年间，徐州共有13位楚王、5位彭城王，应有18座王陵墓葬。不仅如此，东汉时期，在现在的徐州行政区域内还分封过一个下邳国，有4位下邳王嬗递。这些诸侯王国当时在这里创造了优秀的汉代物质和精神文化。

（一）众多的汉代诸侯王墓

墓葬特别是高等级墓葬是当时物质文明的重要体现。这是由汉代“事死如事生”的丧葬文化决定的。目前，已经在徐州发现各类汉墓2000余座。徐州周边的山上几乎被楚王墓全部占据，其中高等级的诸侯王墓共23座，西汉楚王墓8处18座，包括狮子山2座，驮篮山2座，北洞山1座，桓山1座，卧牛山3座，龟山2座，南洞山2座，东洞山3座，楚王山2座。东汉土山彭城王墓1处3座，古邳下邳王墓1处2座。西汉列侯墓1座，刘氏宗室成员墓11座，东汉列侯或刘氏宗室墓4座，西汉达官豪室墓12座，东汉达官豪室墓9座。

徐州的楚王陵很有特色，大多为崖洞墓，占据了中国汉代崖洞墓的半壁江山，是汉代地上建筑的具体反映。墓葬中出土的两汉文物异常丰富、系列完整，包括陶俑5000件、封泥5000件、玉器近1500件，其中玉衣16件(是全国玉衣发现最多的地区)、玉棺3件，钱币230万件。

狮子山汉墓出土的兵马俑，不仅数量众多，而且种类繁多、内涵丰富。有博袖长袍的官员俑，冠帻握兵器的卫士俑，执长器械的发辫俑，足蹬战靴和抱弩负弓的甲士俑等十余种。狮子山汉兵马俑是汉代的艺术珍品，不仅对研究汉代雕塑艺术有极高的价值，还对研究汉代社会生活、丧葬制度、军制战阵有着极高的价值。

（二）富有特色的汉画像石

东汉时期，墓葬形制发生了变化，盛行的是画像石墓。徐州是中国汉画像石的集中分布地之一。目前徐州地区出土汉画像石 700 余块。汉画像石是汉代人雕刻在墓室里的壁画。汉画像石雕刻在中国美术史上占有重要的位置，是我们了解东汉时期社会方方面面的重要资料。

（三）良好的汉文化收藏环境

两汉文化在徐州留下了浓重的印记，徐州博物馆是在清朝乾隆皇帝南巡时行宫旧址上建立起来的地方综合性博物馆，由陈列主楼、土山东汉彭城王墓、汉代采石场遗址、乾隆行宫及碑园 4 个展区组成，占地面积 33 000 平方米，建筑面积 12 000 平方米，展厅面积 3000 余平方米。徐州博物馆珍藏了汉代大量历史文物，是汉文物的荟萃之地。

徐州拥有大量的汉画像石，汉画像石艺术馆是收藏、陈列、研究汉画像石的专题性博物馆。藏有汉画像石 260 多块，展线长达 400 多米。馆内的汉画像石雕刻浑厚有力，画风质朴简洁，线刻细腻真切，有阴柔之丽，浮雕浑雄苍健，有阳刚之美，具有很高的艺术欣赏价值。画像内容丰富，真实地再现了汉代社会政治、经济、文化等各个方面的场景；汉画像石精美的雕刻，在中国美术史中占有重要的位置。

二、如何开发利用

徐州市为了开发利用汉文化资源已经做了大量的工作，但是我认为还是有可以改进的地方。

其一，加强宣传力度。“你给我一天，我给你两千年”。宣传有多种方式，徐州要多管齐下，除了利用电视、报纸等媒体以外，自媒体的宣传一定要跟上，而且这种方式花钱少、见效快。通过召开国际、国内的学术讨论会也是有效的方法。

其二，做好规划，整合汉文化旅游资源，做大做强。如何打造世界级汉文化传承和旅游目的地？最近看到徐州博物馆研究员刘照建接受徐州日报的采访《徐州汉墓离世界文化遗产还有多远》（2020 年 9 月 3 日），提到了对徐州汉墓文化的理解并对如何申报《世界文化遗产名录》提出了建议，我觉得他的理解是到位的，提出的建议也是可行的，值得徐州市政府采纳并付诸行动。因为世界文化遗产的号召力是很强的，平遥古城申遗前后的鲜明对比就是例证，申遗成功后大大带动了当地旅游业的发展。

其三，修建人文景点——汉城。目前在徐州等地有汉城，可以仿照杭州宋城、开封清明上河园的模式，整合资源，修建一个具有全国影响力的汉城，把汉文化符号融进去。

其四，整合徐州汉文化研究力量，形成合力。徐州的汉文化研究人员集中在江苏师范大学、徐州博物馆、各个汉墓遗址博物馆等，市政府要整合这些资源，成立汉文化研究院，市政府提供相应资金，发布学术课题向全社会招标。这一点可以借鉴郑州市政府，他们有一个嵩山文化研究会，每年设计项目向全国专家招标，学术活动很多，影响很大。

其五，大量吸引汉文化研究人才到徐州工作，提供优厚待遇把他们留下来。这是徐州汉文化能不能走向全国、走向世界的关键。

我们也欣喜地看到，徐州市委、市政府近年来围绕建设文化旅游强市目标，以打造中国汉文化传播示范基地为主线，大力实施文化振兴和全域旅游工程，深入挖掘丰厚的汉文化资源，加快国家级全域旅游示范市的创建。这次的首届汉文化论坛就是一个良好的开端，希望徐州市能够坚持下去。召开学术研讨会并出版论文集，坚持数年必有收获，也会大大促进徐州汉文化的旅游产业发展。

期望徐州市百尺竿头，更进一步，使徐州市成为全国乃至世界汉人精神的家园，成为汉文化弘扬与利用的排头兵。

“犯强汉者，虽远必诛”

——汉代弩兵制度与弩机技术复原试验研究

游战洪

清华大学图书馆科技史暨古文献研究所副研究员

弩，或称有臂之弓，是一种利用机构射箭的弹射兵器。标准弩机包括望山、牙、钩心和悬刀4个零件，各零件通过键穿孔固定和牙齿咬合而连成一体，便于控制、瞄准、击发和射击。

用弩机射箭的要领是：第一步，拉起望山，牙上升，带起钩心，钩心下齿卡住悬刀刻口，使弩机保持锁机状态；第二步，拉紧弓弦扣在牙上，使弩弓弯曲变形，把能量储存起来，将箭杆装入臂上的箭槽中，使箭栝顶在两牙之间的弦上；第三步，用望山瞄准目标，往后扳动悬刀，使钩心下扣，带动牙下缩，弓弦迅猛脱牙回弹，弩弓马上恢复原状，迅猛地释放能量，把扣在弦上的箭有力地弹射出去，击中预期目标。

用弩射击，张弓力大，可用来组织齐射和伏击，也可用于城垒攻防和水军作战。在火器发明之前，弩可“发于肩膺之间，杀人百步之外”，为中国历代兵家所重视。

汉军视弩为第一兵器，以对付北方匈奴骑兵的进攻。西汉文帝时，晁错指出汉军在对匈奴的战争中，武器装备和战术占有5大优势，其中就有“劲弩长戟，射疏及远”“材官驺发，矢道同的”“游弩往来”3项[①]，都与弩有关。因此，西汉严禁十石以上的弩出关，对匈奴实施严格的技术保密。汉军专设强弩将军和积弩将军，军队编制中专设弩兵——“材官”，选拔强壮的士兵“脚踏强弩”，作为军中主力。据居延汉简记载，驻守边关的汉军边防步兵部队装备的兵器中，弩占60%，其他兵器合占40%。汉军凭借强弩优势，多次取得对匈奴骑兵作战的胜利，其中不乏汉军弩兵大败匈奴骑兵的经典战例。

一、汉代弩机技术

标准弩由弓、弩臂和弩机3个部分组成（如图1所示）。弩弓为复合弓，强度超过一般手持弓。弩臂系用坚木制作，凿有穿孔、缺口和箭槽，用以安装弩机、弓体和箭杆。标准弩机结构，由郭、牙、望山、牛、悬刀、键组成（如图2所示），用金属制作，多属青铜弩机。郭又称“匣”，呈长方体，为弩机之外壳。牙与望山铸成一个整体，置于郭之上部，前低后高，前为牙，可钩住弓弦，牙上有缺口，使弓弦能顶住箭栝，后立为望山，既可瞄准目标，又能控制牙体升降。牛又称“垫机”，亦称“钩心”，置于郭之中部，钩合牙与悬刀。悬刀又称“机拨”，置于郭之下部，上有刻口与牛咬合，为击发用之扳机。弩机的各个部件通过键（实为轴）穿孔固定和牙齿咬合而连成一体，并能连动。弩弓、弩臂、弩机的组装办法是：弩臂前部楔有双耳，顶端凿有弧形槽，后部亦凿有空槽和穿孔；将弩弓之弣部嵌入弩臂前部顶端的弧形槽中，并用绳索将其缠在双耳上，栓紧以固定弓体；将弩机装入弩臂后部的空槽中，用检塞穿孔固定，使弩机与弩臂连成一体。

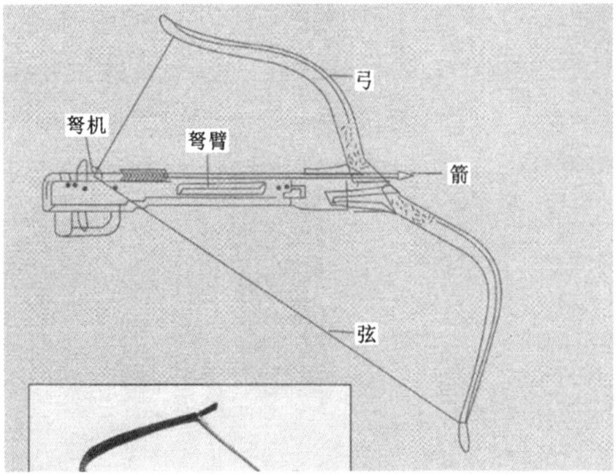

图1　中国古代标准弩的结构图

（徐占勇：《弩机》，河北美术出版社，2007，第130页。）

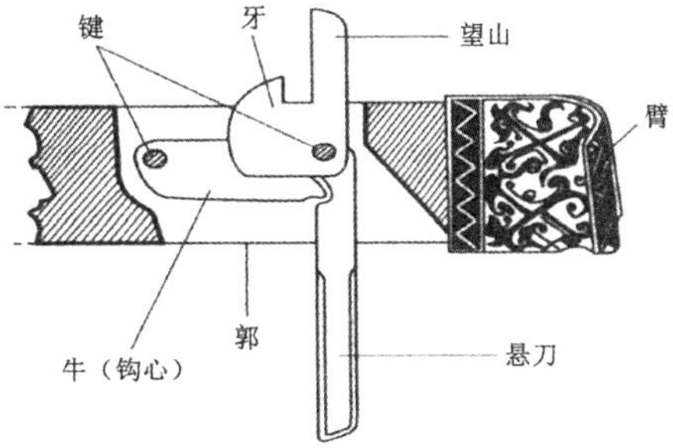

图2　标准弩机的结构示意图

（成东、钟少异：《中国古代兵器图集》，解放军出版社，1990，第91页。）

春秋晚期发明铜弩机，战国时期进一步改进形制，并普遍装备军队，广泛用于战争，此时弩机已具备牙、望山、悬刀、钩心4个部分，但无铜郭，安装于木槽中。1952年在湖南长沙南郊扫把塘138号战国墓中发现一把弩机、木臂和竹弓保存完整的弩[②]（如图3所示）。该弩之木臂系用两段坚硬的木料合制而成，总长51.8厘米，表面涂黑褐色漆，弩臂前端稍向内凹，下底前伸并向上钩曲，正好承接弩弓，两侧还贴有一层薄木板，以防弩臂断裂。秦弩形制上与战国弩基本相似，改进之处在于加大加高望山，以利瞄准。秦兵马俑坑内出土许多青铜弩机，弩机由牙、望山、牛和悬刀组成，无郭，用铜枢固定在木臂的沟槽中。弩弓为木质复合弓。

图3　1952年在湖南长沙南郊扫把塘138号墓出土的战国弩
（成东、钟少异：《中国古代兵器图集》，解放军出版社，1990，彩板9。）

汉弩与先秦弩相比，有4个方面的改进：

（1）普遍加装铜郭，弩机形制更加完备。

关于汉代弩机形制，东汉刘熙《释名·释兵》明确记载已有“郭”匣。原文曰：“弩，怒也，有势怒也。其柄曰‘臂’，似人臂也。钩弦者曰‘牙’，似齿牙也。牙外曰‘郭’，为牙之规郭也。下曰‘悬刀’，其形然也。今括之口曰‘机’，言如机之巧也，亦言如门户之枢机，开阖有节也。”[③]

铜郭呈匣状，两面有孔，与弩机各部件和弩臂上的孔相对应，可用栓塞连成一体。故带郭的弩机比直接装入弩臂沟槽中的弩机能承受更大的张力，因而增加了弩机的强度，弩箭射得更远，杀伤力更强。出土的铜郭长度多为10厘米左右，最长达17.4厘米，后部装机括，前部托有矢道。

汉代弩机已具备牙、望山、悬刀、钩心、铜郭等基本部件，形制已趋于完备（如图4所示）。

图4　清华大学图书馆馆藏汉代弩机部件

（2）望山增加刻度，射击时可随着目标距离的不同，从望山选择合适的刻度进行瞄准射箭。

汉弩之望山由先秦弩的弧形改为直体，增加高度，表面标有刻度（如图5所示）。这种带刻度的望山，与现代步枪瞄准装置中表尺的作用是相似的。在西汉刘胜墓中曾出土过这种弩机，弩机郭长9.5厘米，锁机时机牙露出郭面约1厘米，望山露出郭面高约4.5厘米，望山面上分刻5度，每度间又中分出半度，并分别用错金和错银刻出一度和半度的标线，度距从下往上递减，从每度7.5毫米减为6.5毫米[4]。另在浙江长兴出土的东汉时期的弩机，望山尺寸增高，分度更精密，更便于瞄准。该弩机之机牙露出郭面也约1厘米，而望山露出郭面高达10.4厘米，刻度线错银，分为6度半，每度除半度线外，又各设1/4和3/4度标线[5]。

（3）悬刀加长加厚，提高了扳动悬刀的力度与灵活性。

汉代弩机悬刀有3个明显的变化过程：早期的悬刀多为上下齐平、单边倒角，西汉时期弩机悬刀大体一致，只是在宽窄厚度上略有变化；到了东汉早期出现了悬刀前半部分加厚的现象，并在悬刀下方增加了小穿孔；到了东汉中后期，弩机悬刀前端多为单、双层加厚的类型，这种器型一直延续到三国乃至两晋时期。

（4）两枢长度都有所增加，提高了弩机的组装速度与固定效果。

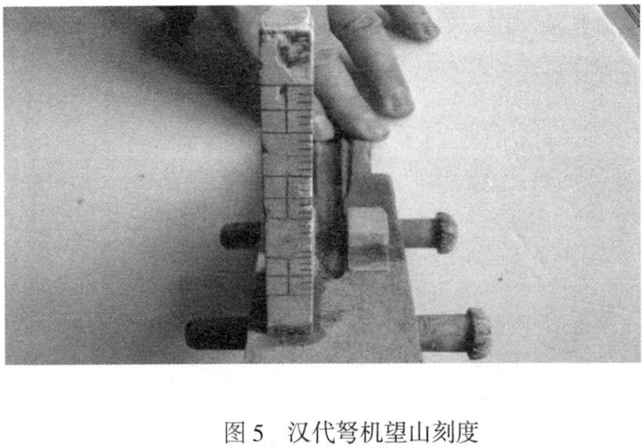

图 5　汉代弩机望山刻度

（北京外国语大学叶德舜老师收藏。）

西汉早期弩机的两枢均为方帽，短而无孔，前后枢基本等长；西汉中后期方帽和圆帽并存，两枢长度都有所增加，一般前枢略短于后枢，两枢分别刻有“一”和“二”字，前枢为“二”，后枢为“一”，并增加穿孔。两枢多数为铜质材料，也有木质或铁质的。例如，东汉木枢弩机，两枢为木质，前枢残长 3.6 厘米，后枢残长 4.2 厘米，因出土于沙坑，残余木枢得以保留[⑥]。

上述第一条、第二条，已为史家所公认，第三条、第四条，只有在实际操作和拆装弩机实物中，方能关注和体会得到。尤其是两枢长短的区分和顶端的穿孔，究竟有什么作用？在组装时，可不假思索、快速地把短的装在前面；在顶端穿孔中，系上坚实的绳索，就不会脱落。这些细微的改进，说明汉代弩机在实战中悟出了宝贵的改进经验。

此外，从西汉出土弩机的铭文可以看出，汉代设有专业工官，负责监造弩机，中央设有考工所、书言府、中尚方与虎贲官，地方设有河内工官、南阳工官、汝南郡工官与河东铜官。例如，1981—1988 年，在福建崇安韩城遗址中出土了多件西汉“河内工官”弩机，铭文内容有“河内工官，四千五百四十四，甲”“河内工官，二千二百四十二，丙”“河内工官，千四百五十八，丁”等，最大的编号是“七千四百十，甲”[⑦]，表明西汉弩机生产数量可观，可大规模装备弩兵作战。南阳工官弩机数以千计，集中于未央宫武库，表明地方工官所造弩机实为中央直接掌握的战略武器。

无论在西汉还是东汉，弩机制作专业分工细致，有郭工、造工、护工等。出土实物表明，汉代弩机制作，郭工制郭，臂师作臂，牙师作牙，各有铜范[⑧]，由此可见汉代造弩专业技术水平之高。

二、汉代弩兵制度

汉代不仅弩机技术先进，而且弩兵制度完备。汉代弩兵制度有创新，主要表现为：民间可习弩，军中设弩官，把大众化与专业化结合起来，打造了一支装备精良、训练有素、能攻能守的专业弩兵部队。

（1）当兵先决条件，拉开蹶张弩。

据《后汉书·光武帝纪》注释引《汉官仪》曰：“高祖命天下郡国选能引关蹶张、材力武猛者，以为轻车、骑士、材官、楼船，常以立秋后讲肄课试，各有员数。平地用车骑，山阻用材官，水泉用楼船。”[⑨]

在汉代，无论当车兵、骑兵、步兵和水兵，首先必须能拉开强劲的蹶张弩（如图6所示），才有资格报名参军。这也意味着，来自农耕区的汉军全体将士，无不都是优秀弩手，正如来自游牧区的军队，人人会骑射一样。

（2）持弩习弩，全民开放。

既然当兵的先决条件是能拉开蹶张弩，那就必须允许民间持弩和习弩，才能训练出合格的弩手当兵。据《汉书》记载，汉代实行非常开明的政策，民间可持弩，诸侯王可造弩，兵弩可买卖，郡县设“发弩官”教民习弩。

汉武帝时，丞相公孙弘曾试图禁止民间持弓弩，理由是十个犯罪分子张弩，百名警察也不敢靠前。《汉书严硃·吾丘主父徐严终王贾传》题记：“丞相公孙弘奏言：‘民不得挟弓弩。十贼彍（音郭，拉满）弩，百吏不敢前，盗贼不辄伏辜，免脱者众，害寡而利多，此盗贼所以蕃也。禁民不得挟弓弩，则盗贼执短兵，短兵接则众者胜。以众吏捕寡贼，其势必得。盗贼有害无利，且莫犯法，刑错之道也。臣愚以为禁民毋得挟弓弩便。’上下其议。”[⑩]

吾丘寿王反对禁弓弩，认为盗贼滋生，非挟弓弩之过，上书奏曰：“愚闻圣王合射以明教矣，未闻弓矢之为禁也。且所为禁者，为盗贼之以攻夺也。攻夺之罪死，然而不止者，大奸之于重诛固不避也。臣恐邪人挟之而吏不能止，良民以自备而抵法禁，是擅贼威而夺民救也。窃以为无益于禁奸，而废先王之典，使学者不得习行其礼，大不便。”[⑪]

最后的结果是，汉武帝完全采纳吾丘寿王的建议，丞相公孙弘折服。

郡设发弩教官。《汉书·地理志》记载：“南郡，秦置，高帝元年（前206年）更为临江郡，五年复故。景帝二年（前155年）复为临江，中二年复故。莽曰南顺。属荆州。户十二万五千五百七十九，口七十一万八千五百四十。有发弩官。师古：‘主教放弩也’。”[⑫]

图 6　汉画像石蹶张弩图

（2020 年 10 月 17 日摄于徐州汉兵马俑博物馆。）

诸侯王可自行制造兵弩与强弩，且数目惊人。例如，西汉梁孝王“作兵弩弓数十万”；东汉陈愍王“有强弩数千张”，且是强弩神射手。

《汉书 · 文三王传》记载：“孝王，太后少子，爱之，赏赐不可胜道。于是孝王筑东苑，方三百余里，广睢阳城七十里，大治宫室，为复道，自宫连属于平台三十余里。得赐天子旌旗，从千乘万骑，出称警，入言跸，拟于天子。招延四方豪桀，自山东游士莫不至……多作兵弩弓数十万，而府库金钱且百巨万，珠玉宝器多于京师。”⑬

《后汉书 · 孝明八王列传》记载：“安帝永宁元年（120 年），立敬王子安寿亭侯崇为陈王，是为顷王。立五年薨，子孝王承嗣。承薨，子愍王宠嗣。宠善弩射，十发十中，中皆同处。中平中，黄巾贼起，郡县皆□城走，宠有强弩数千张，出军都亭。国人素闻王善射，不敢反叛，故陈独得完。”⑭

汉代兵弩可自由买卖。据《后汉书·光武帝纪》记载，汉光武帝曾购买兵弩起义。原文题：“莽末，天下连岁灾蝗，寇盗锋起。地皇三年，南阳荒饥，诸家宾客多为小盗。光武避吏新野，因卖谷于宛。宛人李通等以图谶说光武云：‘刘氏复起，李氏为辅。’光武初不敢当，然独念兄伯升素结轻客，必举大事，且王莽败亡已兆，天下方乱，遂与定谋，于是乃市兵弩。十月，与李通从弟轶等起于宛，时年二十八。”⑮

以上史料表明，汉代实行很开放的政策，官府允许民间持弩，老百姓可习弩，诸侯王可造弩，还有发弩官教射弩，兵弩可买卖；只有能拉开蹶张弩者，才有资格去当兵；尤其在边疆地区，秋收后举行射弩比赛。在这样开放的政策下，汉代弩兵便建立在强大的民众基础上，汉军人人精于射弩。

（3）西汉设强弩都尉、强弩将军，东汉设积弩将军、强弩大将军。

汉军弩兵制度与弩机技术相匹配之处，还在于设立专业弩兵职官。西汉最早设有强弩都尉，后设有强弩将军；东汉不仅设强弩将军，还设积弩将军和强弩大将军。

西汉有名的强弩都尉叫路博德，曾带兵守卫居延边塞。《汉书·卫青霍去病传》记载：“路博德，西河平州人，以右北平太守从票骑将军，封邳离侯。票骑死后，博德以卫尉为伏波将军，伐破南越，益封。其后坐法失侯。为强弩都尉，屯居延，卒。”⑯

西汉有名的强弩将军叫李沮，曾为卫青骑兵集团北伐匈奴时保驾，取得重大胜利。《汉书·卫青霍去病传》记载：”元朔五年（前124年）春，令青将三万骑出高阙，卫尉苏建为游击将军，左内史李沮为强弩将军，太仆公孙贺为骑将军，代相李蔡为轻车将军，皆领属车骑将军，俱出朔方……得右贤禆王十余人，众男女万五千余人，畜数十百万，于是引兵而还。至塞，天子使使者持大将军印，即军中拜青为大将军，诸将皆以兵属，立号而归。”⑰

东汉所设积弩将军，即连弩将军。东汉初，有名的积弩将军叫冯愔。《后汉书·邓寇列传》记载：“光武筹赤眉必破长安，欲乘衅并关中，而方自事山东，未知所寄，以禹沉深有大度，故授以西讨之略。乃拜为前将军持节，中分麾下精兵二万人，遣西入关，令自选偏裨以下可与俱者。于是以韩歆为军师，李文、李春、程虑为祭酒，冯愔为积弩将军，樊崇为骁骑将军，宗歆为车骑将军，邓寻为建威将军，耿欣为赤眉将军，左于为军师将军，引而西。”⑱

东汉设有最高的弩兵将军职位——强弩大将军。陈俊先做过强弩将军，后做到强弩大将军。《后汉书·吴盖陈臧列传》记载：“建武二年（26年）春，攻匡贼，下四县，更封新处侯。引击顿丘，降三城。其秋，大司马吴汉承制拜俊为强弩大将军，别击金门、白马贼于河内，皆破之。四年，转徇汝阳及项，又拔南武阳。是时太山豪杰多拥黼与张步连兵，吴汉言于帝曰：“非陈俊莫能定此郡。”于是拜俊太山太守，行大将军事。”⑲

强弩都尉、强弩将军、积弩将军、强弩大将军这些职官的设置，为汉代所独有，表明汉代弩兵已经发展为强大的专业技术兵种，在边关战争和内部争霸战争中占有十分重要的地位。

三、汉代弩兵战术

弩的发明和大量使用，对中国古代军事思想和作战方式产生了深远的影响。例如，在战国时期著名的马陵之战中，齐军预先在马陵道两侧的高地埋伏弩兵，居高临下，万弩齐发，歼灭10万魏军。从战术上讲，齐军大规模用弩伏击，是夺取战役胜利的关键因素。

汉代弩机技术先进，弩兵制度完备，汉代弩兵在实战中的表现究竟如何呢？据《汉书》与《后汉书》记载，汉军弩兵采用齐射、连射、仰射、俯射等战术，不仅决胜于平原旷野，而且用于攻坚破城，在战场上多次战胜匈奴骑兵和其他游牧民族骑兵，取得辉煌战果。

战例之一：汉武帝天汉二年（前99年），骑都尉李陵率汉军5000步兵在浚稽山（今蒙古国戈壁阿尔泰山脉中段）与匈奴3万骑兵遭遇。李陵以大车为营阵，前卫持戟盾，后卫张弓弩，千弩俱发，击退匈奴骑兵，初战告捷。

《汉书·李广苏建传》记载："陵于是将其步卒五千人出居延，北行三十日，至浚稽山止营……陵至浚稽山，与单于相直，骑可三万围陵军。军居两山间，以大车为营。陵引士出营外为陈，前行持戟盾，后行持弓弩，令曰：'闻鼓声而纵，闻金声而止。'虏见汉军少，直前就营。陵搏战攻之，千弩俱发，应弦而倒。虏还走上山，汉军追击，杀数千人。单于大惊，召左右地兵八万余骑攻陵……陵军步斗树木间，复杀数千人，因发连弩射单于，单于下走。"⑳

在随后的交战中，匈奴骑兵增兵至8万，一天之内大战数十回合，李陵军每战杀匈奴骑兵数千人，一直占上风，直至最后"五十万矢皆尽"，才弃车后撤。汉军步兵5000人力战匈奴骑兵8万人，直至箭尽才撤，足见汉代弩兵射箭威力之大。

战例之二：汉元帝建昭三年（前36年），汉西域都护骑都尉甘延寿、副校尉陈汤，矫诏发西域城郭诸国兵及汉屯田吏卒4万余人，分6校（即6队）远程奔袭，用强弩阻击冲锋与仰射攻城，于康居（约在今巴尔喀什湖与咸海之间）击灭匈奴郅支单于。

《汉书·傅常郑甘陈段传》记载："延寿、汤令军闻鼓音皆薄城下，四周围城，各有所守，穿堑，塞门户，卤楯为前，戟弩为后，仰射城中楼上人，楼上人下走。土城外有重木城，从木城中射，颇杀伤外人。外人发薪烧木城。夜，数百骑欲出外，迎射杀之……凡斩阏氏、太子、名王以下千五百一十八级，生虏百四十五人，降虏千余人，赋予城郭诸国所发十五王。"㉑

战例之三：汉明帝永平十八年（75年），汉军校尉耿恭用强弩发射毒箭，在金蒲城（今新疆吉木萨尔县北）击退匈奴骑兵。

《后汉书·耿弇列传》记载："明年三月，北单于遣左鹿蠡王二万骑击车师。恭遣司马将兵三百人救之，道逢匈奴骑多，皆为所殁。匈奴遂破杀后王安得，而攻金蒲城。恭乘城搏战，以毒药傅矢。传语匈奴曰：'汉家箭神，其中疮者必有异。'因发强弩射之。虏中矢者，视创皆沸，遂大惊。会天暴风雨，随雨击之，杀伤甚众。匈奴震怖，相谓曰：'汉兵神，真可畏也！'遂解去。"㉒

汉军在暴风雨中使用强弩发射毒箭，是取得金蒲城保卫战胜利的关键。

战例之四：汉安帝永初四年（110年），虞诩率3000汉军，采用集中强弩抵近射击的战术，在赤亭（今甘肃陇西）击退万余名羌兵的围攻。

《后汉书·虞傅盖臧列传》记载："既到郡，兵不满三千，而羌众万余，攻围赤亭数十日。诩乃令军中，使强弩勿发，而潜发小弩。羌以为矢力弱，不能至，并兵急攻。诩于是使二十强弩共射一人，发无不中，羌大震，退。诩因出城奋击，多所伤杀。明日悉陈其兵众，令从东郭门出，北郭门入，贸易衣服，回转数周。羌不知其数，更相恐动。诩计贼当退，乃潜遣五百余人于浅水设伏，候其走路。虏果大奔，因掩击，大破之，斩获甚众，贼由是败散，南入益州。"㉓

四、汉代弩机技术复原试验

若按张开弩所需的拉力来分，汉弩有1石、3石、4石、5石、6石、7石、8石、12石之分，其中6石弩最常用。根据出土的西汉铜权计算，3石约合今90.7公斤，4石合今120.9公斤，5石合今151.2公斤，6石合今181.4公斤。以汉尺1尺合今23.2厘米计算，3石到6石弩的射程在120至200步之间，约合今167至278米㉔。

用汉弩射箭究竟能射多远呢？其杀伤力究竟有多大？

作为2013年度国家社科基金项目《汉代弩兵制度与弩机技术研究》（立项批准号13BZS021）的重要研究内容之一，课题组与陕西周原博物馆青铜范铸工艺研究所和河北涿州王朝红木家具厂合作，初步完成了汉代弩机复原铸造技术和弩臂复原制作技术的研制工作。2018年9月14日、11月7日，分别在内蒙古鄂尔多斯乌审旗大草原和江苏徐州江苏建筑职业技术学院射艺场，用复制的弩机和汉代的弩机做了射箭试验，实地测试了弩机射箭的穿透力和射程，通过几组对比试验，得出一些数据。

在乌审旗大草原的试验表明，用新复原成功的汉代弩机、新复原的75厘米长弩臂和40公斤拉力的弩弓，射箭射出273.3米，箭头钻入镶砖马路地面，箭杆折断；用汉代弩机实物和复制的57厘米长的弩臂射箭，拉力29公斤，射程最远达186.5米；用75厘米长的弩臂，拉力40公斤，射程最远达272米；用一般手持弓射箭，射程最远达 160 米。试验证明，同一把弩机，同一把弓，弩臂越长，射程越远；用弩射箭箭程比用一般弓远，弩箭的穿透力比一般箭更强。

在江苏建筑职业技术学院射艺场的试验表明，用汉代弩机和 75 厘米长弩臂射箭，箭杆越短，射程越远。30 厘米长的箭射程最远达 269 米，速度最快达每秒 70.8 米；使用 60 厘米长箭杆射击，穿透力最强，可将猪肉包裹的排骨穿出洞口来，并将箭靶木架的实木横梁射劈，杀伤力惊人。徐州当日小雨，自南向北射，北风 2—3 级，风雨影响一般弓箭和弓弩的射程。

汉军最常用的弩为 6 石弩，需用 181.4 公斤的拉力才能张开。现在用 40 公斤的拉力张弩，就能射出 270 多米，箭镞钻入砖头缝中。所谓“强弩之末”，杀伤力惊人。若用 180 公斤拉力来张弩射箭，其射程和穿透力无疑将远远超出一般手持弓箭。

汉王朝坚挺四百年，并没有在强大的游牧民族骑兵集团冲击下被摧毁，大汉文化传之万里，千古流芳，汉代弩兵功不可没。

汉代弩兵的尚武精神并非传统意义上的武艺高超和匹夫之勇，而是表现为军事技术创新、军事制度创新、战场战术创新三者的配套创新，在保家卫国的实战中发挥了中流砥柱的作用。

【注释】

① 班固：《汉书 · 爰盎晁错传》，中华书局，1975，第 2281 页。

② 高至喜：《记长沙、常德出土弩机的战国墓：兼谈有关弩机、弓矢的几个问题》，《文物》1964 年第 6 期，第 33–45 页。

③ 刘熙：《释名 · 释兵第二十三》，清光绪二十二年，毕沅疏证、王先谦补刊本。

④ 杨泓：《中国古兵器论丛》增订本 · 第二版，文物出版社，1985，第 217 页。

⑤ 夏星南：《浙江长兴县出土一件有刻度的铜弩机》，《考古》1983 年第 1 期，第 76–77 页。

⑥ 徐占勇：《弩机》，河北美术出版社，2007，第 102 页。

⑦ 杨琮：《“河内工官”的设置及其弩机生产年代考》，《文物》1994 年第 5 期，第 60–64 页。

⑧ 罗振玉：《辽居杂著丙编 · 古器物识小录》，民国二十年，铅印本。

⑨ 范晔：《后汉书 · 光武帝纪第一》，中华书局，1973，第 661 页。

⑩ 班固：《汉书 · 严硃吾丘主父徐严终王贾传》，中华书局，1975，第 2795、2797 页。

⑪ 班固：《汉书 · 严硃吾丘主父徐严终王贾传》，中华书局，1975，第 2795、2797 页。

⑫ 班固：《汉书·地理志》，中华书局，1975，第 1566 页。
⑬ 班固：《汉书·文三王传》，中华书局，1975，第 2208 页。
⑭ 范晔：《后汉书·孝明八王列传》，中华书局，1973，第 1669 页。
⑮ 范晔：《后汉书·孝明八王列传》，中华书局，1973，第 2 页。
⑯ 班固：《汉书·卫青霍去病传》，中华书局，1975，第 2208 页。
⑰ 班固：《汉书·卫青霍去病传》，中华书局，1975，第 2208 页。
⑱ 范晔：《后汉书·邓寇列传》，中华书局，1973，第 1669 页。
⑲ 范晔：《后汉书·吴盖陈臧列传》，中华书局，1973，第 1669 页。
⑳ 班固：《汉书·李广苏建传》，中华书局，1975，第 2451–2453 页。
㉑ 班固：《汉书·傅常郑甘陈段传》，中华书局，1975，第 3013–3015 页。
㉒ 范晔：《后汉书·耿弇列传》，中华书局，1973，第 720 页。
㉓ 范晔：《后汉书·虞傅盖臧列传》，中华书局，1973，第 1869 页。
㉔ 杨泓：《中国古兵器论丛》增订本·第二版，文物出版社，1985，第 220–221 页。

徐州汉文化、文旅融合研究

秦汉时期彭城（徐州）的交通地位*

王子今
中国人民大学国学院教授

秦始皇出巡，有“过彭城”的记录。彭城（今江苏省徐州市）位于咸阳与东海上朐界中“秦东门”交通线上[①]，又可以“并海上”“并海南”[②]，成为枢纽性坐标。秦汉之际，楚怀王“徙都彭城”，以彭城作为指挥中心，也因为这里交通地位的重要性。项羽“都彭城”，是有充分战略考虑基础的决策。从大彭城的视角看，彭城是三辅、三河正东方向的另一经济文化重心。有学者表述为与“三秦”“三川”对应形成的战略格局。而彭城地当东方海岸线中点的位置，由东海郡武库的超大规模可以说明其战略意义。“海贼”的活跃，是沿海行政的防范难点。彭城在两汉交通体系中显现出特殊的重要地位。除了作为陆路交通枢纽外，在内河航运系统菏水—泗水—淮水—邗沟通道以及海路近海交通系统中，同时占据重要的战略坐标点的地方，只有这里。东汉末期，若干强势军阀集团对于徐州的共同争夺，说明其交通形势的优越已经为明智的政治家、军事家所看重。

一、秦始皇“过彭城”与楚怀王“徙都彭城”

秦始皇出巡路线，是秦代交通史研究的重要主题。秦始皇二十八年（前219年）第一次东巡海上，在彭城有重要的表现。《史记》卷六《秦始皇本纪》记载：“二十八年，始皇东行郡县。”“始皇还，过彭城，斋戒祷祠，欲出周鼎泗水。使千人没水求之，弗得。乃西南渡淮水，之衡山、南郡。浮江，……”秦始皇此次巡行，途中曾经停留并有突出表现的地方，一在琅邪，二在彭城。史念海说：“彭城为东楚重地，始皇于琅邪倦游之后，即南至此；更由其地西南渡淮，而至衡山。”[③]秦始皇在彭城欲出周鼎泗水[④]，追寻周王朝的权力象征，在某种意义上或许也与“厌”“天子气”意识有关。[⑤]

秦始皇三十七年（前210年）最后一次出巡，“还过吴，从江乘渡。并海上，北至琅邪”[⑥]。这一行程，史念海对于路线的分析，也涉及彭城以及邻近地方的交

* 基金项目：中国人民大学科学研究基金（中央高校基本科研业务费专项资金资助）项目“中国古代交通史研究”（项目编号：10XNL001）。

通条件："江乘渡江，北即广陵，广陵为邗沟所由始，可循之北渡淮水，以达彭城。古时海滨尚未淤积，广陵、彭城之东距海较今为近，史文所言并海北行者，亦犹二十八年东行之时并勃海以至成山、之罘也。"此后秦二世又有巡行举措。[⑦]史念海以为也经行同样线路："始皇崩后，二世继立，亦尝遵述旧绩，上会稽，游辽东。然其所行，率为故道，无足称者。"[⑧]

秦末民众暴动蜂起，项梁起兵，"以八千人渡江而西"，又"渡淮"，此后合黥布、蒲将军军，"凡六七万人，军下邳"，集结地点在邳县（今江苏省邳州市）西南。[⑨]据《史记》卷七《项羽本纪》记述："当是时，秦嘉已立景驹为楚王，军彭城东，欲距项梁。"可知项梁军没有以彭城为基地，应是因为已先为景驹、秦嘉占据。

项梁"进兵击秦嘉"，兼并秦嘉军，又西击秦军。定陶一战，"项梁死"，沛公、项羽"乃与吕臣军俱引兵而东，吕臣军彭城东，项羽军彭城西，沛公军砀。"《史记》卷八《高祖本纪》记载："秦二世三年，楚怀王见项梁军破，恐，徙盱台都彭城，并吕臣、项羽军自将之。"《史记》卷一六《秦楚之际月表》：秦二世二年（前208年）九月，"章邯破杀项梁于定陶，项羽恐，还军彭城。""（楚怀王）徙都彭城。""沛公闻项梁死，还军，从怀王，军于砀。"《史记》卷九一《黥布列传》："项梁败死定陶，怀王徙都彭城，诸将英布亦皆保聚彭城。"可见彭城曾经是楚军的重要基地和指挥中心。

于是，蒯通在陈述秦汉之际天下形势时有这样的说法：天下初发难也，俊雄豪桀建号壹呼，天下之士云合雾集。而其中最强势的楚军，即兴起于彭城："楚人起彭城，转斗逐北，至于荥阳，乘利席卷，威震天下。"所谓"楚人起彭城"，肯定了彭城在楚军兴起并席卷天下的军事史中的作用。

二、关于项羽"都彭城"

《史记》卷七《项羽本纪》说，项羽灭秦后，"乃分天下，立诸将为侯王"，封十八诸侯。"项王自立为西楚霸王，王九郡，都彭城。"张守节《史记正义》："《货殖传》云淮以北，沛、陈、汝南、南郡为西楚也。彭城以东，东海、吴、广陵为东楚也。衡山、九江、江南、豫章、长沙为南楚。""彭城，徐州县。"太史公总结项羽事迹，言其功业"近古以来未尝有也"之后，又说："及羽背关怀楚，放逐义帝而自立，怨王侯叛己，难矣。"关于"背关怀楚"，张守节《史记正义》："颜师古云：'背关，背约不王高祖于关中。怀楚，谓思东归而都彭城。'"对于其"都彭城"，取批评态度。与颜师古"背约不王高祖于关中""谓思东归而都彭城"的理解不同，也有解释"背关怀楚"为"弃背关中之形胜，而怀乡归楚"者。[⑩]

顾炎武《日知录》卷二七《史记注》写道：“‘背关怀楚’，谓舍关中形胜之地而都彭城。如师古之解，乃背约，非背关也。”[11] 显然，顾炎武的判断是正确的。

韩信与刘邦在汉中就“争权天下”进行战略分析，曾经肯定项羽的“勇悍仁强”，同时对他的“匹夫之勇”、“妇人之仁”以及“所过无不残灭者，天下多怨，百姓不亲附”有所批评。同时指出：“项王虽霸天下而臣诸侯，不居关中而都彭城。”[12] 就项羽“不居关中而都彭城”，似乎也给予否定评价。

司马迁的态度似乎也表现出倾向性，《史记》卷七《项羽本纪》载：“居数日，项羽引兵西屠咸阳，杀秦降王子婴，烧秦宫室，火三月不灭，收其货宝妇女而东。人或说项王曰：‘关中阻山河四塞，地肥饶，可都以霸。’项王见秦宫皆以烧残破，又心怀思欲东归，曰：‘富贵不归故乡，如衣绣夜行，谁知之者！’说者曰：‘人言楚人沐猴而冠耳，果然。’项王闻之，烹说者。”文末“太史公曰”批评其面临悲剧结局“尚不觉寤，而不自责，过矣”，以为他应当反省的，应当包括“背关怀楚”。

宋代学者黄震分析过项羽的政治思路：“世谓羽与汉争天下，非也。羽曷尝有争天下之志哉！羽见秦灭诸侯而兼有之，故欲灭秦，复立诸侯，如曩时，而身为盟主尔。故既分王，即都彭城；既和汉，即东归。羽皆以为按甲休兵为天下盟主之时，不知汉之心不尽得天下不止也。身死东城，不过欲以善战白于世，略无功业不就之悲，而汉之心，羽终其身不知。羽曷尝有争天下之志”“项王非特暴虐，不得人心，亦从来无统一天下之志。既灭咸阳，而都彭城；既复彭城，而割荥阳；既割鸿沟，而思东归，殊欲按兵休甲，宛然图伯（霸业）等画耳。岂如高祖规模宏远，天下不归于一不止哉？“[13] 思考项羽“都彭城”，可能确实未必有“统一天下之志”。当时以“分天下，立诸将为侯王”实现的新的政治格局的设计，按照吕思勉的说法，体现了“公平”的原则：“当时分封，就《史记》所言功状，所以迁徙或不封之故观之，实颇公平。封定而后各罢兵，则其事实非出项羽一人，《自序》所以称为‘诸侯之相王’也。”对于“义帝”的态度，吕思勉也以为“公平”：“《高祖本纪》曰：项羽使人还报怀王。怀王曰：‘如约。’项羽怨怀王不肯令与沛公俱西入关而北救赵，后天下约，乃曰：‘怀王者，吾家项梁所立耳，非有功伐，何以得主约？本定天下，诸将及籍也。’此实极公平之言。且怀王特楚王，即谓项王、沛公当听其命，诸侯何缘听之？此理所不可，亦势所不行，其不得不出于相王者势也。汉高之为义帝发丧也，告诸侯曰：‘天下共立义帝，北面事之。’此乃诬罔之词。南面而政诸侯，当有实力，义帝岂足以堪之？”[14] 看来，项羽确实本来就无“争天下之志”，“从来无统一天下之心”。吕思勉“此实极公平之言”

的评断，“公平”二字，符合项羽的性格。项羽的性格特征所谓“为人不忍”[15]，所谓“妇人之仁”，所谓“项王见人恭敬慈爱，言语呕呕，人有疾病，涕泣分食饮”[16]等，都是和吕思勉对其政策“实颇公平”“实极公平”的评定相一致的。

作为军事家，项羽对彭城的军事地位必然是看重的。苏轼《徐州上皇帝书》写道：“昔项羽入关，既烧咸阳而东归，则都彭城。夫以羽之雄略，舍咸阳而取彭城，则彭城之险固形便，足以得志于诸侯者可知矣。臣观其地，三面北山，独其西平川数百里，西走梁宋。使楚人开关而延敌，材官驺发，突骑云纵，真若屋上建瓴水也。”[17]

“都彭城”又有就近控制经济优越地方的意义。

史念海曾经在讨论西汉建都问题时指出：“当项羽破秦入关之后，宰割天下，为所欲为。这时他对于首都的选择，是舍弃了关中，而东居于汳、获诸渠附近的彭城（今江苏省徐州市）。这里面的原因，既不是韩生所谓的‘楚人沐猴而冠’，也不是项羽自己向人所说的‘富贵不归故乡，如衣锦夜行’。这纯粹是一个经济上的看法。”史念海写道：“咸阳（今陕西省咸阳市东）固然在嬴秦末年，已达到极为繁荣的阶段，但这种人为的繁荣，在来自东南富庶之区的项羽的眼中看起来，并没有什么了不起的地方。何况在项羽自己一把火烧了之后，这人为的繁荣已经变成瓦砾的场所。至于韩生所说的‘关中肥饶，可都以伯’，实在是打不动项羽的心的。”史念海认为，从“经济”角度考虑，“都彭城”本来就是正确的选择：“如果仅从经济上来观察，项羽的东都彭城，并没有什么可以訾议的地方。”史念海以刘、项争夺中原时的战争形势为例，有这样的分析：“项羽的粮饷从来不曾发生过恐慌”，然而，“高帝的粮饷，不仅取之于关中，更取之于巴蜀。这经过千山万岭的运输，是何等的困难”。所以汉并天下后，刘邦以萧何“给粮饷，不绝粮道”，算作第一功。可是，“如果是项羽胜了，论功行赏，像萧何这样的功劳，简直不必提起。因为彭城附近就是产粮之区，……况且水陆两方面的交通又都是极为便利的”。就建都的思考而言，史念海说：项羽“对于选择首都，只着眼在经济的观点，而没有想到建国的大计原是多方面的，单解决经济上的困难是不行的”。[18]对于当时彭城地位的这样的说明，是历史经济地理的真知，也是历史军事地理的卓识。

项羽“都彭城”还有另一积极意义，即与“背关”相应的“向海”的趋求。

也有学者从防备刘邦之战略设计的角度理解“都彭城”的意义：“其告韩生曰：‘富贵不归故乡，如衣锦夜行，人谁见之？’此项王之设辞也，非项王之计也。”“彭城去函谷千有余里，去武关亦千有余里，轻骑数日夜可叩关。北收燕赵之卒，南引荆郴之师，关外可厚集其势，关中可迭批其隙。”“以彭城控三川，即以三川控三秦。都彭城者，项王不得不然之计也。”“草泽英雄，崛起一时，必有异人之识，兼人之力，为众所不及者。天下大器，置都大事，曾是项王而漫付之？吾故推其所以然，以明得失之实。”[19]

当然还有其他的分析。如清代郭梦星《午窗随笔》卷一有“项羽不都关中”条：“项籍欲去秦，韩生说曰：关中阻山带河，四塞之国也，肥饶，可都以霸。籍不听，东都彭城。论者谓籍之失计，未有如东都之甚者。余以为不然。帝王之兴废，全视乎民心。论其形胜，则末矣。沛公初入关，与父老约法三章，秋毫无犯。项王入关之前，先坑秦卒二十万，既入关，而屠咸阳，烧宫室，杀子婴，收宝货妇女。秦民之于刘项，恩怨了了，久蓄于心。籍若都秦，窃恐怨毒所锺，伏戎之祸，近在萧墙，不待垓下重围，楚歌四起时矣。故以项藉之所为，无往不败，然不都关中，其败犹可稍迟。若都关中，其败当不俟诸异日。其不听韩生，而马首欲东，殆亦有见于此而中情自馁，衣锦夜行之说，盖托词耳。”[20]此说以为项羽“去秦”而“东都彭城”并非“失计”，而是考虑到以“民心”言，刘、项在关中竞争的优劣已经非常明显。由这一思路也可以注意到，项羽在“彭城”地方的“民心”优势，是可以充分肯定的政治资源。

三、彭城的陆路交通枢纽地位

秦汉时期“彭城”地位之重要，是可以通过《史记》对这一地方的特别关注得以显示的。

钱穆《史记地名考》计有“徐州”史料3组9则，“徐”史料3组10则。[21]由于并非完整信息，不具备统计学意义。据嵇超等编《史记地名索引》，《史记》中“彭城”县名出现57次，“彭城”邑名出现6次，“彭城郡”出现1次，“彭城”地名共计出现64次。[22]据郭声波编著《〈史记〉地名族名词典》，《史记》中“彭城”城邑名出现6次，“彭城”县邑名出现54次，“彭城郡”出现1次，“彭城”地名共计出现61次。[23]如果计入裴骃《史记集解》、司马贞《史记索隐》、张守节《史记正义》三家注，“彭城”出现125次。彭城虽然在战国时期并非国都，然而与七国都城比较，彭城在《史记》中出现的密度，仅次于秦都咸阳和赵都邯郸。[24]

《史记》卷一三〇《太史公自序》列述各卷记述重心，竟然3次说到“彭城”地名。清代恽敬讨论项羽“都彭城”，曾经关注“彭城”的交通形胜地位：“彭城去函谷千有余里，去武关亦千有余里，轻骑数日夜可叩关。北收燕赵之卒，南引荆郴之师，关外可厚集其势，关中可迭批其隙。”“以彭城控三川，即以三川控三秦。都彭城者，项王不得不然之计也。”[25]“彭城”与“三辅”、“三河”因秦都“咸阳”与“秦东门”的横贯格局，在这里通过“以彭城控三川，即以三川控三秦”的话语，被总结为“三秦—三川—彭城”的关系。

这种交通条件，我们曾经在考察秦代交通建设时，分析“以全国为规模的交通系统”，以为所形成“陆路交通网的大纲”中，首先即咸阳东向交通干线“三川东海道”。秦始皇三十五年（前212年），“立石东海上朐界中，以为秦东门。”这条大路即由关中东向直指海滨。其与黄河并行的区段，曾有“殽道”“成皋道”之称。楚汉战争中刘邦军与项羽军攻守进退，曾据三川东海道反复争夺。西汉长安和东汉洛阳两个重要都市，由这条道路得以交通。由于所联系地区经济地位重要，人口亦较密集，于是成为秦汉时期承担运输量最大的交通干线。对于这条沟通长安、洛阳两大都邑的交通干道的历史作用、通行条件和具体走向，多有研究者进行了认真的勘察考论。

现在看来，对于秦汉时期彭城地方交通形势，有必要进行更具体的考论。史念海对彭城交通进行过极有意义的考察。他指出：“项羽垓下败后，引军南行，吾人于此可知彭城与江东之间尚有另一交通之路线。”“诸侯亡秦，召平为陈涉徇广陵，更由广陵渡江以至吴下；及项梁之北征，路过东阳，进屯下邳，亦皆沿秦皇驰道之左右，惟项羽南行则由西道。”“吾人就羽所行研考，知道出东城、历阳之途，仅为彭城与江东间之一捷径。”就周亚夫平定吴楚七国之乱战事，史念海又写道：“由吴楚之叛乱，当可知自广陵至彭城之驰道，是时犹为重要，盖吴王濞进军之路线固始皇由会稽归来时之道路，亦项羽渡江北征之道路也。”[26]这种认真细致的交通史考察，可以给我们重要的启示。

四、彭城与菏水—泗水—淮水通道

前引《史记》卷一三〇《太史公自序》“乃封弟交为楚王，爰都彭城，以强淮泗，为汉宗藩”，可以说明彭城与“淮泗”水运通道的关系。司马迁回顾他游历天下进行史学考察时，曾经经历“江、淮”“沅、湘”“汶、泗”水路，也说到曾“戹困”“彭城”：“二十而南游江、淮，上会稽，探禹穴，窥九疑，浮于沅、湘；北涉汶、泗，讲业齐、鲁之都，观孔子之遗风，乡射邹、峄；戹困鄱、薛、彭城，过梁、楚以归。”也暗示彭城与“淮泗”的交通联系。

在《史记》卷二九《河渠书》最后的一段文字中，司马迁也说到了进行水利史考察的经行路线：“太史公曰：余南登庐山，观禹疏九江，遂至于会稽太湟，上姑苏，望五湖；东窥洛汭、大邳，迎河，行淮、泗、济、漯洛渠；西瞻蜀之岷山及离碓；北自龙门至于朔方。曰：甚哉，水之为利害也！余从负薪塞宣房，悲《瓠子》之诗而作《河渠书》。”所谓“行淮、泗、济、漯洛渠”，说明他对“淮、泗”

水道因亲身行历，是比较熟悉的。

五、彭城与海路交通

上文说到项羽“都彭城”还有与“背关”相应的趋求“向海”的意义。如史念海所指出的，当时“彭城之东距海较今为近”的地理位置，值得研究者注意。“向海”，见于《三国志》卷三〇《魏书·东夷传》关于“东沃沮”的记述之所谓“其土地肥美，背山向海”。这只是说地理条件，不涉及人文因素。我们所说的“向海”与“背关”对应，强调人为选择的倾向，其实有些近似于关于东汉末年历史记述之所谓“向海门”。《三国志》卷八《魏书·公孙渊传》裴松之注引《魏略》载渊表：“（孙权）若期运未讫，将播毒螫，必恐长蛇来为寇害。徐州诸屯及城阳诸郡，与相接近，如有船众后年向海门，得其消息，乞速告臣，使得备豫。”此所谓“徐州诸屯”与“海门”的关系，是不宜忽略的重要的海洋交通史信息。

战国以来，除齐国外，秦、韩、赵、魏、燕、楚等国都城都曾有趋向中原迁徙的动向，体现了倾向一统的历史大势。而楚的国都向北又向东的移动，又有利用水系交通优势，并向海滨靠近的趋势。秦昭襄王时代，秦王和齐王称“西帝”和“东帝”。政治军事强势的凸起，亦暗示依托西北高原和东海之滨已经各自形成了两个相互对应的文化重心。项羽正是在秦始皇三十七年（前 210 年）东巡“游会稽”“望于南海”回程途中发出“彼可取而代也”的壮言的。[27]项梁、项羽军北上，也大致遵行秦始皇东巡“并海”方向。[28]而项羽“都彭城”，政治中心的选择正临近秦始皇在东海郡朐县所确定的“秦东门”。秦汉时期是社会以及执政集团的海洋意识有所觉醒的历史阶段。[29]讨论项羽“都彭城”决策的意义以及彭城（徐州）的交通地理形胜地位，不应当忽略这一文化背景。

六、东汉末期军阀集团的徐州“共争”

如果以大彭城的视角进行交通格局的考察，分析彭城的战略地位，可能是适宜的。大彭城概念的区域界定，或可参考项羽直接控制地方的规模。“项羽自立为西楚霸王，王梁、楚地九郡，都彭城。”此“梁、楚地九郡”，应即以“彭城”为中心的地区，也是后来称为“徐州”的主要行政空间。

《三国志》及裴松之注中“徐州”凡 85 见，“彭城”35 见，可以大略说明这一地方在汉魏天下纷乱时代作为政争和军争舞台的意义。方诗铭著《三国人物散论》，其中有“刘备被拥戴为徐州牧”“‘争盟淮隅’的失败”两节，分析了陶谦、刘备相继控制徐州的历史阶段，曹操集团、吕布集团、袁术集团曾经以武力参与争夺的形势，记录了三国鼎立形势出现之前，主要军阀势力曾经在徐州激烈角逐的历史场面。

丹阳人陶谦曾经为“徐州牧”，在若干强势集团之间勉力回旋。在袁术与袁绍的争斗中，他曾倾向于袁术、公孙瓒，与刘备合力，对抗袁绍，后受到袁绍和曹操的合力攻击。“下邳阙宣聚众数千人，自称天子；徐州牧陶谦与共举兵，取泰山华、费，略任城。秋，太祖征陶谦，下十余城，谦守城不敢出……兴平元年春，太祖自徐州还，初，太祖父嵩，去官后还谯，董卓之乱，避难琅邪，为陶谦所害，故太祖志在复仇东伐。夏，使荀彧、程昱守鄄城，复征陶谦，拔五城，遂略地至东海……遂攻拔襄贲，所过多所残戮。”[30]激烈战事对徐州地方的严重摧残，自此开始。据方诗铭分析，陶谦所统治的徐州是一个复杂、充满矛盾的地区。“百姓殷富，谷米丰赡”，而且户口百万，在这个战乱年代，一直为其他割据者所觊觎。徐州特殊的交通地理形势，对有雄心的实力派军阀形成吸引力。由于徐州地处今江苏长江以北和山东东南部，北面与曹操割据的兖州接壤，东面则与袁术所割据的扬州淮南地区为邻。曹操一贯在窥伺徐州，并发动过讨伐陶谦的战争。袁术这时自称“徐州伯”，也显示了对徐州志在必得的野心。这是来自徐州外部的矛盾。

刘备部曾经作为陶谦友军，被曹操军击败。然而后来终于在徐州立足。在以糜竺、陈登为代表的豪族势力的支持下、刘备取得了“徐州牧”这个高位。《三国志》卷三二《蜀书·先主传》以大段文字详尽记录了刘备在徐州的军政经历，不是没有缘故的。这很可能是因为这一地方对刘备军力的养成、干部的集聚、实践的丰富与声望的播扬，意义非常重要。在考察和理解三国鼎立局面形成的条件时，不能忽略东汉末期徐州地方史的意义。而徐州之所以成为争夺对象，与其交通地理条件有密切的关系。“时有东海萧建为琅邪相，治莒，保城自守，不与布通。”吕布致书言“莒与下邳相去不远，宜当共通”，其中还说道：“布，五原人也，去徐州五千余里，乃在天西北角，今不来共争天东南之地。”[31]而实际上吕布虽出身于“去徐州五千余里，乃在天西北角”的“五原”，却依然积极参与了对“天东南之地”徐州的“共争”。

《三国志》卷五四《吴书·吕蒙传》记载：“（孙权）又聊复与论取徐州意，蒙对曰：‘今操远在河北，新破诸袁，抚集幽、冀，未暇东顾。徐土守兵，闻不足言，往自可克。然地势陆通，骁骑所骋，至尊今日得徐州，操后旬必来争，虽以七八万人守之，犹当怀忧。不如取羽，全据长江，形势益张。’权尤以此言为当。”吕蒙所谓“徐土”“地势陆通，骁骑所骋”的分析，以清醒的战略意识为基点，明朗地指出了这一地方的交通形势。孙权“尤以此言为当”，体现了以军事交通条件为基础的对于“取”与“守”的军事规划的共识。

【注释】

① 《史记》卷六《秦始皇本纪》：秦始皇三十五年（前212年），“立石东海上朐界中，以为秦东门。”

② 《史记》卷六《秦始皇本纪》：秦始皇三十七年（前210年），“还过吴，从江乘渡。并海上，北至琅邪。”秦二世元年（前209年），“春，二世东行郡县，李斯从；到碣石，并海，南至会稽。”《史记》卷二八《封禅书》：“（秦始皇）登会稽，并海上，……”“二世元年，东巡碣石，并海南，历泰山，至会稽。”“并海上，北至碣石。”《史记》卷八七《李斯列传》：“始皇三十七年十月，行出游会稽，并海上，北抵琅邪。”《史记》卷八八《蒙恬列传》：“始皇三十七年冬，行出游会稽，并海上，北走琅邪。”

③ 史念海：《秦汉时期国内之交通路线》，《史念海全集》第四卷，人民出版社，2013，第371页。

④ 《史记》卷二八《封禅书》：“秦灭周，周之九鼎入于秦。或曰宋太丘社亡，而鼎没于泗水彭城下。”

⑤ 《史记》卷八《高祖本纪》：“秦始皇帝常曰‘东南有天子气’，于是因东游以厌之。”

⑥ 《史记》卷六《秦始皇本纪》。

⑦ 王子今：《秦二世元年东巡史事考略》，载秦始皇兵马俑博物馆《论丛》编委会《秦文化论丛》第三辑，西北大学出版社，1994。

⑧ 史念海：《秦汉时期国内之交通路线》，《史念海全集》第四卷，人民出版社，2013，第372–373页。

⑨ 谭其骧：《中国历史地图集》第二册，中国地图出版社，1982，第7–8页。

⑩ 严衍：《资治通鉴补》卷一一《汉纪三》“汉高祖五年”，清光绪二年盛氏思补楼活字印本，第246页。

⑪ 顾炎武：《日知录集释》全校本，黄汝成集释，栾保群、吕宗力校点，上海古籍出版社，2006，第1516页。

⑫ 《史记》卷九二《淮阴侯列传》。

⑬ 黄震：《黄氏日抄》卷四六《读史》“《项羽纪》”条，“项籍”条，元后至元刻本，第941–975页。

⑭ 吕思勉还写道：“三代之王，固尝号令天下矣，及其后，政由五霸。然则义帝拥帝名，而政由羽出，亦可云前有所承。既不袭秦郡县之制，不得谓称帝者实权皆当如秦之皇帝也。”吕思勉：《秦汉史》，商务印书馆，2010，第45页。

⑮ 《史记》卷七《项羽本纪》载范增语。

⑯ 《史记》卷九二《淮阴侯列传》载韩信语。

⑰ 苏轼：《苏文忠公全集》卷二《东坡奏议》，明成化本，第814页。

⑱ 史念海：《娄敬和汉朝的建都》，《史念海全集》第四卷，人民出版社，2013，第262页。

⑲ 恽敬：《大云山房文稿》初集卷一，《四部丛刊》景清同治本，第226–227页。

⑳ 郭梦星：《午窗随笔》卷一“项羽不都关中”条，清光绪二十一年刻《宝树堂遗书》本，第5页。

㉑ 钱穆：《史记地名考》，商务印书馆，2001，第828–832页。

㉒ 嵇超、郑宝恒、祝培坤等：《史记地名索引》，中华书局，1990，第113–114页。

㉓ 郭声波：《〈史记〉地名族名词典》，中华书局，2020，第263–264页。

㉔ 据《史记地名索引》，“咸阳”出现84次，“咸阳宫”出现4次，“咸阳”地名共计出现88次；“邯郸（邯郸城，赵城）”都邑出现63次，“邯郸”县名出现18次，“邯郸郡”出现2次，“邯郸城（见邯郸）”出现1次，“邯郸”地名共计出现84次。然而齐国都城作为东方名都，“临菑（临淄）”县名出现21次，“临菑（临淄）”邑名出现15次，“临菑（临淄）”地名合计出现仅36次。与“彭城”出现频率相比甚为悬殊。嵇超、郑宝恒、祝培坤等：《史记地名索引》，中华书局，1990，第163–164、144–145、191页。

㉕ 恽敬：《大云山房文稿》初集卷一，《四部丛刊》景清同治本，第226–227页。

㉖ 史念海：《秦汉时期国内之交通路线》，《史念海全集》第四卷，人民出版社，2013，第375–377页。

㉗ 《史记》卷七《项羽本纪》：“秦始皇帝游会稽，渡浙江，梁与籍俱观。籍曰：‘彼可取而代也。’梁掩其口，曰：‘毋妄言，族矣！’梁以此奇籍。”

㉘ 如前引史念海说：“项梁之北征，路过东阳，进屯下邳，亦皆沿秦皇驰道之左右。”据《史记》卷七《项羽本纪》，项梁所部“渡江”，经历广陵（今江苏扬州）、东阳（今江苏盱眙东），“渡淮”“军下邳。”张守节《史记正义》：“下邳，泗水县也。”下邳在今江苏邳县西南。谭其骧：《中国历史地图集》第二册，中国地图出版社，1982，第7–8页。

㉙ 王子今：《秦汉时期的海洋开发与早期海洋学》，《社会科学战线》2013年第7期，第86–96页。

㉚ 《三国志》卷一《魏书·武帝纪》。《三国志》卷八《魏书·陶谦传》：“初平四年，太祖征谦，攻拔十余城，至彭城大战。谦兵败走，死者万数，泗水为之不流。”

裴松之注引《吴书》："（曹公）乃进攻彭城，多杀人民。"
㉛ 《三国志》卷七《魏书·吕布传》裴松之注引《九州春秋》。

楚汉文化在中国文化中的地位

徐兴无
南京大学文学院院长

一、楚汉政治集团

战国秦汉之际，楚国疆域最大，文化覆盖区域最广。秦统一后，楚人复国、复仇心理最重。范增劝项羽立楚王之后以号召天下，理由就是“秦灭六国，楚最无罪”“楚虽三户，亡秦必楚”。陈胜、吴广、项羽、刘邦起兵反秦，皆以楚为旗号。

《史记·货殖列传》有“三楚”之说：

夫自淮北沛、陈、汝南、南郡，此西楚也。其俗剽轻，易发怒，地薄，寡於积聚。江陵故郢都，西通巫、巴，东有云梦之饶。陈在楚夏之交，通鱼盐之货，其民多贾。徐、僮、取虑（张守节《史记正义》曰：“徐即徐城，故徐国也。僮、取虑二县并在下邳。”），则清刻，矜己诺。

彭城以东，东海、吴、广陵，此东楚也。其俗类徐、僮。朐、缯以北，俗则齐。浙江南则越。夫吴自阖庐、春申、王濞三人招致天下之喜游子弟，东有海盐之饶，章山之铜，三江、五湖之利，亦江东一都会也。

衡山、九江、江南、豫章、长沙，是南楚也，其俗大类西楚。

据此，则刘、项集团皆出于西楚。西楚的地域很大，就刘、项集团而言，还可缩小为“陈楚”或“淮楚”。严耕望在《战国学术地理与人才分布》说：楚国经济文化有两个中心，其一在江汉平原之荆楚故地，其一在淮水以北之陈蔡故地。战国前期中期本都楚国之郢都，后其东北迁陈，末叶又迁寿春。故就时代先后言，前者可称荆楚或郢楚，后期可称陈楚或淮楚。①

刘邦为沛郡丰邑人，在今徐州西北丰县、沛县一带。项羽为下相人，在今宿迁一带；故刘、项起兵之时，皆自视为楚人。但是这两个政治集团的文化格局和理想不同。项羽带有东楚的文化背景，他与叔父项梁避仇吴中，在当地有影响力，他们起兵渡江北上的八千精兵也是吴中子弟。项羽是楚国贵族之后，他反秦的目的是复仇与复国，其他六国贵族起兵反秦的目标大都和他一样，不愿继承和接受秦的统一政治格局。钱穆《秦汉史》说：“项羽分封诸侯王，互不自安，还相攻击，终使群雄全灭，仍归一主，而后民间六国重立之迷梦，亦遂告毕。”因此，项羽集团更多地带有东南吴楚的地域文化背景，这些地域文化与北方中原三晋或西方秦的文化差异很大。

刘邦既是陈楚之人，但还有北方魏国的移民背景。秦灭楚后将北方人南迁，刘邦随其父由魏到沛，劳幹《秦汉史》说秦灭楚时，刘邦已二十岁，他迁到楚国时，“和纯粹楚国的人，自不相同”，他和萧何等人“对秦国的文化和制度，并无若何反感，对于秦民，更无敌意”，所以他们能够接受秦国的统一制度。最重要的是，刘邦集团开了中国“布衣天子”和“布衣将相”的政治格局，钱穆说：新兴的阶级一无束缚，活泼机警，专赴得便者之更易于乘势得意耳。劳幹概括刘项集团的差异说：项羽单纯代表楚国，刘邦却并不是代表某一个地域观念，只代表对秦代政治路线的反抗。换言之，项羽所代表的是楚国的复兴，刘邦所代表的，只是秦帝国中人民的革命。

当秦国灭于群雄，西楚霸王项羽和汉王刘邦开始争夺天下时，就进入了楚汉相争的时代，这一段历史，最早并不见于《史记》，而是刘邦的太中大夫陆贾写的《楚汉春秋》。因此，楚汉是两大政治集团的地域与文化标志，楚是地域文化，汉虽是汉中的地名，却象征着天下。司马迁在《史记·六国年表》中说：“夫作事者必于东南，收功实者常于西北”，揭示了楚汉之际政治与文化的历史过程。

可以说，楚汉是以两个地域文化标识的政治文化，楚是汉的地域文化基础，但是汉是对楚的超越，是发展统一国家的政权名称和华夏民族的标识。楚文化之所以能成为汉文化的文化基础，是因为楚是战国时代最大的地域文化，积蓄了巨大的民众与文化资源，能够推翻秦这样一个十分强大但过度依赖政治权威的统一郡县帝国；而汉之所以能够超越楚文化的地域性，是因为汉文化的集团既是楚文化中人数最多的平民集团，又混杂了北方文化，其文化格局和基础大，局限性最小。

二、西汉楚地封国

秦始皇统一六国，建立了中央和地方二级行政管理的郡县制度，彻底废除了封建诸侯国。但是秦国人太少，守不住这么大的天下，只能用严刑苛法和军事占领。战国后期，人数最多的国家是楚国，因此政权终于易手。但是新的政权能否长治久安，根本在于文教。因此，一个新王朝的文教需要一个文化基地。

严耕望在《战国学术地理与人才分布》中指出：先秦学术兴盛，大抵在大河中流（三门峡以下）之南北、河淮平原中北部，东北逾泰山至海滨一带，此即三晋心地带与宋陈鲁齐地区也；长江流城盖荆楚核心之较小地区而已，至于东南吴越地区，已无盛国，地近荒芜。东北之燕，与赵之西境（太行山以西），地处边埵，文化落后；惟无学者之产生矣。此各地区学术兴盛或落后之大略也。论其家别，儒兴于鲁，墨兴于宋，道兴于淮北陈蔡地区，阴阳、兵、医兴于东齐，名、法、纵横兴于三晋，文学赋家兴于荆楚，大抵各有其自然地理环境与历史文化传统之背景也。学术人才之外，其他各方面人才之国籍亦略可知。就《传》主与《附传》所见，包括学者言之，大抵太行东南河济南北之三晋核心及周卫地区为最密；泰山南北之齐鲁、颖汝地区之宋及陈楚次之。

严氏所论，虽是概而约言，但已可见“淮北陈蔡”“宋及陈楚”地区是先秦学术重心和人才分布的重心区域，而其北部又与鲁、魏毗邻，加之居于淮北平原和南北通道，先秦学术和思想文化皆可于此区域内融合。

汉高祖出身布衣，既不读书，也看不起儒生，不过他对文化和古代的圣人有敬畏。高祖十二年（前 195 年）经过曲阜，以太牢祀孔子，开启了古代帝王祭孔的典礼。楚人陆贾称颂《诗》《书》，高祖也终能接受，其所著《新语》是汉代最早的儒家著作。

刘邦清除异姓王之后，子弟太少，诸子幼弱，只能“封三庶孽，分天下半”[②]。庶子刘肥为齐王、庶弟刘交为楚王，侄子刘濞为吴王。到文景时代，西汉计有吴、楚、齐、城阳、济北、济南、菑川、胶东、胶西、代、赵、河间、淮南、衡山、庐江、梁等十几个同姓国，几乎三楚之地皆成刘姓诸侯王的封地。汉承秦制，加上立国之初休养生息，中央无为而治，不能兴办文教，而楚王刘交、吴王刘濞、淮南王刘安、梁王刘武、河间献王刘德等刘氏诸侯王却招致文士，因而也复兴了文化学术。比如大文学家司马相如在景帝时从蜀郡到长安做武骑常侍，“会景帝不好辞赋，是时梁孝王来朝，从游说之士：齐人邹阳，淮阴枚乘，吴严忌夫子之徒，相如见而悦之。因病免，客游梁，得与诸侯游士居”[③]。

梁王的门客、齐人邹阳概括当时的地域文化特点说：“邹、鲁守经学，齐、楚多辩知，韩、魏时有奇节。”[④]楚国和与邹、鲁邻近，所以研究儒家经学的学者比较多。楚元王刘交年轻时做过鲁国人浮丘伯的学生，《汉书·楚元王传》说他“好书，多材艺。少时尝与鲁穆生、白生、申公俱受《诗》于浮丘伯。伯者，孙卿门人也。及秦焚书，各别去”。浮丘伯是荀子的学生（浮丘伯事荀卿初见《盐铁论·毁学》：“昔李斯与包丘子俱事荀卿。”又刘向《别录 · 荀卿书》：“春申君死而荀卿废，因家兰陵。李斯尝为弟子，已而相秦。”），后来秦始皇下了焚书令，楚元王和穆生、白公、申公三个鲁国人只能肄业。高祖经过曲阜时，曾经见过浮丘伯和刘交的同学申公。刘交被封为楚王后，聘请穆生、白生、申公等老同学担任中大夫（掌议论之官）。吕太后执政时，刘交听说老师去了长安，又让儿子郢客和申公到长安代自己完成学业。他的太傅韦孟是彭城（今徐州）人，研究《诗经》，还会创作《诗经》体的四言诗。楚元王也喜欢《诗经》，他写的《元王诗》是汉代第一部《诗经》学著作。申公也写了一部《诗传》，号称《鲁诗》，文帝时便被立为学官，是汉朝第一个经学博士。楚元王的儿子们都读《诗经》，也算得上是汉代最早的经学世家。楚太子辟非早死，郢客从长安带着申公回国即位，是为楚夷王。可他的儿子楚王戊却是个叛逆之王，荒淫无道，流放了申公、白公等老臣，景帝三年（前154年），与吴王刘濞等七国发动叛乱，兵败自杀。1984年，他的墓在徐州出土。楚元王的五世孙、六世孙刘向、刘歆父子，生活在宣帝、元帝、成帝三朝，担任大夫、侍中，都是大学者。刘向研究《春秋谷梁传》《洪范五行传》《老子》，编选了《楚辞》《战国策》《说苑》《新序》等文献。刘歆研究《春秋左氏传》，王莽篡汉后他担任国师，整理确立了儒家经典《毛诗》《春秋左氏传》《周礼》等，制定了《钟律书》《三统历》等古代音律和天文历法学说。父子用二十多年，带着一批学者、官僚整理、膳写皇家图书，并且确立了中国古代图书目录学的分类法，写成《七略别录》，东汉班固《汉书》中的《艺文志》是我国第一部目录学文献。

高祖的儿子刘长封为淮南王，刘长骄横不法，不服法，绝食而亡。文帝让其长子刘安继承淮南王。据《汉书·淮南衡山济北王传》记载，刘安不喜欢声色犬马，而喜读书和弹琴。他的门下有数千宾客方术之士。淮南王和其中几位一起写了一本百科全书式的传世道家著作《淮南子》，这本书又称《淮南鸿烈》，意为淮南王编写的广大光明的著作，共有内、中、外三篇，现存的二十一卷为《内篇》，堪称先秦诸子时代的余音绝响。据说《外篇》是杂说，《中篇》专谈神仙方术。他爱好辞赋，武帝“好文艺，以安属为诸父，辩博善为文辞，甚尊重之。每为报书及赐，常召司马相如等视草乃遣”。又“使为《离骚传》，旦受诏，日食时上”。其中的一些文字被司马迁录在《史记》中。《楚辞·招隐士》载：“昔淮南王安，博雅好古，招怀天下俊伟之士。自八公之徒，咸慕其德，而归其仁，各竭才智，著作篇章，分造辞赋，以类相从，故或称小山，或称大山，其义犹《诗》有《小雅》《大雅》也。”但是他的道家思想并不符合武帝的政治理想，加之他有许多轻浮不安的门客和违法乱纪的儿子，不得不被卷入谋反的格局之中，事败自杀。

和武帝一样喜欢儒学的诸侯王有河间献王刘德，他是景帝与栗姬之子、武帝的异母兄弟，是个大学者和藏书家，《汉书·景十三王传》说他的学风“实事求是”。他只要在民间得到善本书，就缮写一本加上金帛给人家，把原本占为己有。他最早整理了《周礼》《尚书》《礼》《礼记》《孟子》《老子》等古书，为《毛诗》《春秋左氏传》立学官，修礼定乐，天下俊杰儒生都归向他。武帝时他到长安献雅乐，建议武帝兴礼乐，遵行仁义。不料这犯了天子制礼作乐的大忌，武帝对他说："汤以七十里，文王百里，王其勉之。"[5]献王只能每天纵酒听乐了其一生。

《汉书·地理志》记载：

始楚贤臣屈原被谗放流，作《离骚》诸赋以自伤悼。后有宋玉、唐勒之属慕而述之，皆以显名。汉兴，高祖王兄子濞于吴，招致天下之娱游子弟，枚乘、邹阳、严夫子之徒兴于文、景之际。而淮南王安亦都寿春，招宾客著书。而吴有严助、朱买臣，贵显汉朝，文辞并发，故世传《楚辞》。

吴国与楚、越相邻，风俗也相近。吴王刘濞招揽天下的游士如邹阳、枚乘、严忌等人，这些人都是辞客，善写诗赋，娴于辞令，因此也能办外交。其中枚乘是淮阴（今江苏淮安）人，是作赋的高手。当时楚元王的太子辟非得了精神病，恍恍惚惚，吴王派他去看望。他写下了汉朝第一篇大赋《七发》，先后用音乐、美食、车马、旅游、田猎、观潮、要言妙道来启发太子的心智。严忌是会稽吴人，本姓庄，因为东汉明帝叫刘庄，班固写《汉书》时避讳，硬把人家的姓改了。《汉书·艺文志》著录他的赋作二十四篇，但只留下一篇《哀时命》的赋，被刘向收在《楚辞》里面。他们看到吴王和一些纵横家和辞客们在准备叛乱，多次进谏都不听，于是都跑到景帝的弟弟梁孝王那里了。

总之，西汉刘姓诸侯国中有许多成为了西汉初期的文化学术重地，而其中以三楚之地的王国最为兴盛，不仅继承发展了战国时期的楚地文化，而且融合了其他地域的主流文化学术，为汉代文化的形成奠定了基础。

三、人才向中央的聚集

文帝时，中央与诸侯王互相猜疑。"文帝采贾生之议，分齐、赵；景帝用晁错之计削吴、楚"[6]，吴楚等七国于景帝三年（前154年）发动叛乱。景帝以武力平乱之后，降低诸侯国的政治地位，取消其自主性。景帝中元五年（前145年），"令诸侯王不得复治国，天子为置吏"[7]。武帝用主父偃之谋，下推恩之令，"令诸侯以私恩自裂地分其子弟，而汉为定制封号，辄别属汉郡"[8]。于是"不行陟黜，而藩国自析"[9]。"汉有厚恩，而诸侯地稍自分析弱小云"[10]封建诸侯王国成了郡县制的附庸，可以说是"寓封建之意于郡县之中"。

武帝时，中央实力强盛，武帝制礼作乐，大兴文教，创制郊祀、封禅之礼，确立国家权威，"罢黜百家，独尊儒术"，将《诗》《书》《礼》《易》《春秋》"五经"立为学官，置博士，从他们的弟子中培养选拔官僚。汉代博士中，《周易》有沛人施雠、《礼》有沛人庆普、《春秋公羊传》有东海下邳人严彭祖等。武帝在金马门设了个宦者署，召纳天下文士，组成他的"言语侍从"，帮他制礼作乐，写诗作赋，极一时之盛。史载："武帝初即位，征天下举方正贤良文学材力之士，待以不次之位，四方士多上书言得失，自衒鬻者以千数，其不足采者辄报闻罢。"[11]武帝"尤亲幸者，东方朔、枚皋、严助、吾丘寿王、司马相如。"又说武帝先得严助，后得朱买臣、吾丘寿王、司马相如，主父偃、徐乐、严安、东方朔、枚皋、胶仓、终军、严葱奇等，并在左右。这些人当中，可知出处者，司马相如是蜀人，东方溯是上平原人，吾丘寿王是赵人，徐乐是燕人，终军是济南人，严安是临菑人，主父偃是齐人，枚皋是淮阴人，严助、朱买臣都是会稽吴人，其中齐楚之地人才最多。

《汉书·公孙弘卜式兒宽传·赞》盛赞武帝得人之盛说：

汉之得人，于兹为盛，儒雅则公孙弘、董仲舒、兒宽，笃行则石建、石庆，质直则汲黯、卜式，推贤则韩安国、郑当时，定令则赵禹、张汤，文章则司马迁、相如，滑稽则东方朔、枚皋，应对则严助、朱买臣，历数则唐都、洛下闳，协律则李延年，运筹则桑弘羊，奉使则张骞、苏武，将率则卫青、霍去病，受遗则霍光、金日磾，其余不可胜纪。是以兴造功业，制度遗文，后世莫及。

这里可知出处者，公孙弘为齐菑川人，兒宽为齐千乘人，董仲舒为广川人，石建、石庆为河内人，汲黯为濮阳人，卜式为河南人，韩安国为梁人，郑当时为陈人，赵禹为鰲人，司马迁为左冯翊人，张汤为杜陵人，唐都为楚人，洛下闳为巴郡人，桑弘羊为洛阳人，张骞为汉中人，苏武为杜陵人，卫青、霍去病、霍光皆为河东人，金日磾为匈奴人。其中，公孙弘、兒宽、严助、朱买臣、枚皋、唐都等都是齐和三楚之人，占文化人数的大半。因此，楚地为西汉统一文化的振兴提供了人才资源。

四、结论

汉承秦制，但其超过秦，或者说巩固、完善秦制的功绩在于兴文教，将立国的根基从强权转移到文化上来，开拓了统一郡县帝国的格局与气象，所谓"汉家自有制度，本以霸王道杂之"[12]。秦作为传统文化的否定者，除了采用三晋地区的法家文化之外，对其他的文化采取集中控制的手段，禁止民间文教的发展，汉代却对传统文化采取完全不同于秦的态度。这一方面取决于统治集团的文化观念，另一方面取决于先秦地域文化的复兴能力。

秦汉之际以陈楚或淮楚为中心的地区，产生了既源于楚文化，又能够超越楚文化地域局限性的汉文化。这个文化既有平民文化活泼兼容的性格，又因其地理与交通优势而具备汇集周边文化、聚集人才的优势，所以既能继承秦的统一帝国，又具有为汉帝国担任文化复兴基地的能力，为武帝时西汉的全盛奠定了文化基础。

从这个意义上说，汉的制度是继承了秦，而汉的文化则是继承了楚。因此，作为政治史上的楚汉概念，是两个对立的政治集团；而在文化史意义上的楚汉，却是一个前后继承的文化传统。《文心雕龙·通变》中概括文学的演变，称“汉之赋颂，影写楚世”“商、周丽而雅，楚、汉侈而艳”，在这个话语体系中，楚汉实现了一个文化传统的传承与发展。

【注释】

① 严耕望：《战国学术地理与人才分布》，载《严耕望史学论文选集》上册，中华书局，2006，第 44 页。
② 《史记·吴王濞列传》。
③ 《史记·司马相如列传》。
④ 《汉书·贾邹枚路传》。
⑤ 《史记·王宗世家》。
⑥ 《汉书·诸侯王表》。
⑦ 《汉书·百官公卿表》。
⑧ 《汉书·景十三王传》。
⑨ 《汉书·诸侯王表》。
⑩ 《汉书·景十三王传》。
⑪ 《汉书·东方朔传》。
⑫ 《汉书·元帝纪》。

"千古龙飞地"考释

赵明奇
江苏师范大学博物馆馆长、教授

汉文化的星星之火源于今江苏西北部的徐沛丰小平原，这是禀赋天时、地利、人和三维时空条件支持的历史真实。文化，是一个三维的综合体，包含空间、时间和人际三个要素。在空间上，它是受特定文化中心的凝聚力和辐射力影响而形成的区域文化片段；在时间上，它是处于特定的历史文化高峰波段而形成的时间文化片段；在人际关系上，它是因特定的偶然和必然的因素而形成的社会文化片段。这就像一个三维坐标，将每个维度上的片段的阈值投射到同一介质上，这些片段因交叉、包围而形成的三维几何体就是"文化"这个综合体的最大范围，即"文化"的外延。秦汉之际，徐州文化不能全权代表历史时期的国家文化、民族文化，但是，徐州人整合、引领了它们，恰切地说，当时的徐州区域文化是久分必合的催化剂和黏合剂。而这些催化剂和黏合剂中发生作用最为久远的也许就是龙的传说。

江苏省丰县以"汉皇出生地"著称于世，丰、沛地区自古被誉为"千古龙飞地"。这里至今流传着众多关于汉高祖刘邦的传说。这些传说从刘邦出生、成长、起义直至成就帝业，在其人生的每一阶段都有着与之相关的故事，线索清晰，内涵丰富。这些传说的存在，或因书之于文献，或因依附于遗迹，更多的则是靠着千百年的口口相传。

在众多有关刘邦的传说中，最具政治意义和史学价值的当属丰县的龙雾桥传说。我国第一部正史《史记》在《高祖本纪》中，首先就交代了这个故事。汉高祖的母亲"刘媪尝息大泽之陂，梦与神遇。是时雷电晦冥，太公往视，则见蛟龙于其上。已而有身，遂产高祖"。"高祖为人，隆准而龙颜"。上古传说，大禹鱼腹而生，汤王母、秦王母皆吞玄鸟卵而孕，周王母姜原践巨人足迹而孕，唯有汉王之母遇龙而孕，这其中的意义绝非一般传说可比。

龙，是古人想象出来的一种动物。考古学、美术学等研究证明，龙是原始社会人类信仰的图腾发展而来的，是拼凑而成的特殊生灵形象。

《说文解字》："龙，鳞虫之长，能幽能明，能细能巨，能短能长，春分而登天，秋分而潜渊。”中国人对于龙的崇拜有五千年以上的历史。考古发现，红山文化遗址、大汶口文化遗址、河姆渡文化遗址、良渚文化遗址等地均出现过龙的形象。黄帝在兼并许多部落后，遂以龙为图腾，以炎黄子孙自居的华夏族乃至后来的汉民族自古至今皆奉龙为尊。古人对于龙的理念大多为正面形象。作为一种文化积淀，龙是奋发向上、美好精神的象征。

龙雾桥据传在江苏省丰县，汉代以前叫什么桥名已不可考。经两千多年的水患沙埋，丰县地表海拔已升高 5 至 8 米，原桥早已杳无踪影。今龙雾桥位于丰县城郊东北隅复新河畔，是一座极普通的建筑，尚存象征性的小桥和碑亭，以示不泯。“雾”字从字面看是云雾缭绕，与主旨相关。然而，地方人士认为应与丰县地方言“污”字相关，读音阳平，形容女性被动接受性事，训诂上也更接近主旨。事实上桥建筑本身并不显赫，桥功能本身也不神奇，雾字语源也不必过分深究，明清以来的地方志书上也就这么记了，而很值得一说的则是此桥与一个英雄出世的故事相关。明朝景泰元年（1450 年）所立石碑《重修丰县龙雾桥庙记》中写道：“斯桥之名，断自汉高初生，母遇蛟龙而得。”

《史记》《汉书》均记载刘邦的这段传奇身世。这显然有违“无神论”的唯物史观，更有悖生物的遗传学规律。但这段迷信的传说却以一种文化形式使刘邦的降生变得尊贵而神圣，而其神龙转世的身份亦为当时人所笃信。

第一，刘媪“尝息大泽之陂”，表明刘邦的家乡“沛丰邑中阳里”[①]的自然环境特点是水源充足，有着河流、池泽等水体。《尚书大传·洪范·五行纬》载：“龙，虫之生于渊”[②]；《荀子·致士篇》云：“川渊者，龙鱼之居也”[③]；《管子·水地篇》曰：“龙生于水，被五色而游，故神”[④]。上述材料表明，古人认为龙为水物，龙的生长环境离不开水，即龙之居所必在水畔，暗示了生于“大泽之陂”的刘邦。

第二，“雷电晦冥”这一自然现象也暗示了刘邦身份的重要性。雷电交加预示雨水将至，乃解天下久旱之苦。《说苑·杂言》载：“乘于风雨而行，非千里不止”[⑤]；《庄子·逍遥游》也说：“乘云气，御飞龙，而游乎四海之外”；《韩非子·难势》引慎子曰：“飞龙乘云，腾蛇游雾”。以上材料表明，古人认为龙伴随着云雨出现，且具有腾云驾雾的本领。《吕氏春秋·召类》云：“以龙致雨”；《山海经·大荒东经》云：“旱而为应龙之状，乃得大雨”；《广雅》曰：“龙，君也”[⑥]。《礼记》载：“君，至尊也。”[⑦]“雷电晦冥”时神龙与刘媪的交合，象征了刘邦种系的尊贵与威严，似乎暗示了刘邦君权神授的地位。

第三，刘太公被作为这一现象的目击者。“见交龙于上”，以及对刘邦后来的相貌描述为“隆准而龙颜，美须髯”[⑧]，更是增强了这一传说的可信性，使之成为刘邦日后号令众人的舆论资本，在刘邦举义的过程中起到了极为重要的作用。

第四，赤帝之子说。在中国古代哲学思想中，五行学说将金、木、水、火、土等五种物质看作世界万物的本源，认为世界上的一切事物都是由五行衍生出来的。到了战国时期，从不同角度反映自然界面貌的阴阳说与五行说开始结合起来，形成了阴阳五行说。按照该学说的理论，楚国在南，南方属火，主红色，因而楚人尚赤。秦国起于西方，属金，主白色。于是，刘邦斩白蛇起义的故事就被神化为“赤帝子杀白帝子”[9]的传说，成为刘邦推翻秦朝统治的政治舆论。

第五，为了配合刘邦为“神龙转世”“赤帝之子”的说法，刘邦及其跟随者还编造了其他一系列的神话传说，目的是使人们确信刘邦就是真龙天子。如，有人借秦始皇帝之口说出了“东南有天子气”[10]，而丰、沛之地的方向即与之相吻合，于是始皇帝“因东游以厌之”[11]。再如，刘邦隐匿于芒砀山期间，吕雉与众人经常能将其找到，并言“季所居上常有云气，故从往常得季”[12]。上述两种文献均将虹视为神龙，而为“神龙”所笼罩、庇佑之人似乎就是真龙天子了。

此外，为了进一步增强刘邦为真龙天子的可信度，巩固刘邦至尊至贵的地位，除了对自然现象加以想象和联系之外，史书还记载了普通人对刘邦及其妻小进行相面的描述。单父人吕公见到刘季后的第一反应即为“大惊，起，迎之门……见高祖状貌，因重敬之，引入坐上坐”，自称“臣”，并言“相人多矣，无如季相，愿季自爱”，还将吕雉许之。[13]吕雉与子女在田农作，遇一老者，老者对其相面后言其及子女均为贵相，而刘邦更是“贵不可言”。[14]吕公的第一面相和不知去向的老父更是为刘邦的身份地位披上了一层神秘的外衣。

刘邦素有大志，其在咸阳服徭役时看到秦始皇出行的仪仗，不禁发出“嗟乎，大丈夫当如此也！”的感叹。

英雄出世，大多奇异非凡。这种情景在《史记》里屡见不鲜。比如司马迁对先代殷、周、秦三王朝开创始祖的介绍就是如此：“殷契，母曰简狄，有娀氏之女。为帝喾次妃。三人行浴，见玄鸟堕其卵，简狄取吞之，因孕生契”[15]；“周后稷，名弃。其母……姜原出野，见巨人迹，心忻然说，欲践之，践之而身动如孕者”[16]；“秦之先，帝颛顼之苗裔孙曰女修。女修织，玄鸟陨卵，女修吞之，生子大业”[17]。

司马迁对殷、周、秦始祖感生神话的记载，更多的是人类对民族图腾崇拜的记忆，目的显然是试图从神话的背后寻找这三个对中国影响极为深远的民族的起源，体现的是司马迁的民族思想。而司马迁对高祖身世的描写，则具有浓厚的现实政治指向性意义。

在《史记》中，大禹鱼腹而生，汤王母、秦王母皆吞玄鸟卵而孕，周王母姜原践巨人足迹而孕，唯有汉王之母遇“龙”而孕。“龙”是什么？闻一多先生在《伏羲考》中说，龙（蛇）最初本是某个部落的图腾，充其量只是具有“部落神”的功能。而根据对1949年2月经考古发掘出土于湖南长沙陈家大山战国楚墓的《人物龙凤帛画》和1973年5月出土于长沙子弹库1号战国楚墓的《人物御龙帛画》的考古研究表明，到了战国时代，龙已经成为一种可以使人们升天成仙的神圣“通天”工具了。[18]秦一统天下后，龙已经开始成为帝王的尊贵象征。秦始皇三十六年(前211年)秋，始皇帝的一个特使夜过华阴平舒道，一个神秘的人物持璧遮使者云：“今年祖龙死”[19]这里的祖龙就是明确指秦始皇了。既然“龙”在当时已经具有了神权象征的特殊意义，那么龙雾桥传说的出现并被载入正史，首先解决了刘邦出身低微的身份问题。

刘邦出身低微，世所共知。《史记·高祖本纪》载：“高祖为人……常有大度，不事家人生产作业。及壮，试为吏，为泗水亭长”。说明了刘邦最初不过是以农田为业的农人，直到成年才仅做了秦朝一名小小的泗水亭长。而在当时人们的心目中，身份地位却是极为重要的。在《史记·项羽本纪》中记载，陈婴曾任东阳令史，东阳县的年轻人杀了县令，想推其为首领，其母劝说陈婴的理由就是：“自我为汝家妇，未尝闻汝先古之有贵者。今暴得大名，不详。”因而，陈婴推举了项梁为首领，因为“项氏世世将家，有名于楚，今欲举大事，将非其人不可。我倚名族，亡秦必矣”。由此可见世人的这种“崇名”心理。深受楚文化影响的刘邦和谋士们正是利用了当时人们的这种普遍心理，制造了刘邦为神龙转世的社会舆论。

故而龙雾桥传说虽然简略，但作为《高祖本纪》的开篇文字，内涵却是相当的丰富。在这个传说中，司马迁不仅详细交代了传说发生的环境，还加强了对故事细节的描述。刘邦的父亲甚至参与其中，成了儿子刘邦不凡身世的直接目击证人。这种布局，不仅增加了传说的可信度，更增强了传说的神秘色彩，突出了高祖的地位和性格，进而为高祖成就帝业的历史发展埋下伏笔。

也唯其如此，才能对高祖为何能从一市井布衣进而成为开国帝王作出一系列“合理性”解释——“顺承天意”。正是因为刘邦首先是真龙天子，出身非凡，所以其不仅相貌迥异，而且在以后的行事过程中处处祥云笼罩，其最终成就帝业自然也就顺理成章了。因此，于刘邦而言，将自己与龙相联系，无不带有明显的功利主义目的：或其出身低微借此提高威信，或因社会动荡以此麻醉人民。从某种意义上说，政治中的龙只是一种促进社会变化的添加剂。

司马迁修史时，已到了刘邦的重孙武帝时代。西汉代秦，虽然在形式上、制度上承袭了秦王朝大一统中央集权的君主专制制度，但起于草莽之徒的汉王朝其统治的合理性在理念上是薄弱的。正是在这一特定的政治文化背景下，经董仲舒改造过的、以“天人感应、君权神授”作为最大创新点的新儒学成为解释西汉王朝统治合理性的理论支撑，作为民间信仰的龙雾桥传说也因此成为宣扬“君权神授”理论的最佳论据支撑。

事实上，龙雾桥传说被书写、认可的背后，也反映了当时整个时代无法解决的思想难题，即人们对“得天下”的思考。刘邦本只是一个小亭长，后来却成就了一个王朝，人力乎？天命乎？司马迁在《史记・秦楚之际月表》中说道：“然王迹之兴，起于闾巷，合从讨伐，轶于三代。乡秦之禁，适足以资贤者为驱除难耳，故奋发其所为天下雄，安在无土不王？此乃传之所谓大圣乎？岂非天哉，岂非天哉？非大圣孰能当此受命而帝者乎？”由此看出，即使客观如司马迁，最终也把一些人的理智所不能解释的事情归结到了天命上，表现了他对天命的认可与思考。所以，龙雾桥传说被记载的背后，其实是一个时代思想困惑的反映，龙雾桥传说在整个汉文化体系中也具有了核心性和基础性意义。

不管司马迁出于何种目的把龙雾桥传说写入史书，这种传说一经文献记载并广为流传时，就意味着该传说的价值就不仅仅是普普通通的民间故事。伴随着汉家王朝四百年基业的灿烂辉煌，象征高贵、吉祥的“龙”的观念、信仰、形象逐渐深入人心。从此，历代帝王皆称为真龙天子，汉民族成为龙的传人，正如闻一多先生所说：龙族文化做了我国几千年的文化核心，尤其是我们立国的象征。到了唐代，龙与封建帝王的联系更加紧密，成为皇权的象征。人们将帝王的脸称为“龙颜”，胡须称为“龙须”，其衣称为“龙袍”，座椅称为“龙椅”，后代子孙便顺理成章地成了“龙子龙孙”。而这一切的历史源头，正是丰县的龙雾桥传说。也可以说，龙雾桥是“千古龙飞”的起航之地。

【注释】

① 班固：《汉书》卷一上《高帝纪上》，中华书局，1962，第1页。

② 伏胜：《尚书大传・洪范・五行纬》，郑玄注，中华书局，1985。

③ 张觉：《荀子译注・致士篇》，上海古籍出版社，1995。

④ 管仲：《管子・水地篇》，房玄龄注，刘绩补注，上海古籍出版社，2015。

⑤ 刘向：《说苑译注・杂言》，程翔译注，北京大学出版社，2009。

⑥ 王念孙：《广雅疏证》，钟宇讯点校，中华书局，1983。

⑦ 郑玄：《礼记正义》，孔颖达正义，上海古籍出版社，2008。

⑧ 班固：《汉书》卷一上《高帝纪上》，中华书局，1962，第 2 页。
⑨ 《汉书》载："高祖以亭长为县送徒骊山，徒多道亡。自度比至皆亡之，到丰西泽中亭，止饮，夜皆解纵所送徒，曰：'公等皆去，吾亦从此逝矣！'徒中壮士愿从者十余人。高祖被酒，夜径泽中，令一人行前。行前者还报曰：'前有大蛇当径，愿还。'高祖醉，曰：'壮士行，何畏！'乃前，拔剑斩蛇。蛇分为两，道开。行数里，醉困卧。后人来至蛇所，有一老妪夜哭。人问妪何哭，妪曰：'人杀吾子。'人曰：'妪子何为见杀？'妪曰：'吾子，白帝子也，化为蛇当道，今者赤帝子斩之，故哭。'人乃以妪为不诚，欲苦之，妪因忽不见。后人至，高祖觉。告高祖，高祖乃心独喜，自负。诸从者日益畏之"。
⑩ 班固：《汉书》卷一上《高帝纪上》，中华书局，1962，第 8 页。
⑪ 司马迁：《史记》卷八《高祖本纪》，中华书局，1982，第 348 页。
⑫ 班固：《汉书》卷一上《高帝纪上》，中华书局，1962，第 8 页。
⑬ 班固：《汉书》卷一上《高帝纪上》，中华书局，1962，第 3–4 页。
⑭ 《汉书》载："高祖尝告归之田。吕后与两子居田中，有一老父过，请饮，吕后因餔之。老父相后曰：'夫人天下贵人也。'令相两子，见孝惠帝，曰：'夫人所以贵者，乃此男也。'相鲁元公主，亦皆贵。老父已去，高祖适从旁舍来，吕后具言：'客有过，相我子母皆大贵。'高祖问，曰：'未远。'乃追及，问老父。老父曰：'乡者夫人儿子皆以君，君相贵不可言。'及高祖贵，遂不知老父处。"
⑮ 司马迁：《史记》卷三《殷本纪》，中华书局，1982，第 91 页。
⑯ 司马迁：《史记》卷四《周本纪》，中华书局，1982，第 111 页
⑰ 司马迁：《史记》卷五《秦本纪》，中华书局，1982，第 173 页。
⑱ 刘辉：《武氏祠中"汉承尧运"的汉画像解读》，《徐州工程学院学报》2007 年第 7 期，第 29–31 页。
⑲ 司马迁：《史记》卷六《秦始皇本纪》，中华书局，1982，第 259 页。

中华大一统底定中的徐州要素

周晓陆
南京大学历史学院教授

人们都知道，在世界历史发展中，政治文明有多种形态的表现，基于不同的地区性、民族性，最终导致国家出现多种基本形态。例如，由古代地中海文明发展起来的，基于较小的城邦、列国，以希腊文明为主要表现的，“非大一统”的而冠以民主、联邦等形式的政治设计和政治文明；由比较大面积的相同，或者近似的生产方式到生活方式，聚集起比较大人群的、比较一致的、逐渐形成并且固化的大一统的政治文明。

当然，这两种文明的形式都有其优点和缺点，至今还没有到达最终加以定论的时候，没有到评论其基本优劣的时期，这也反映了人类政治文明的丰富多彩，充满创造的活力。中华文明数千年的发展过程中，解决了人们定居生活的基本保障问题，大一统的思想设计和社会政治实践占据着主要的方面，数千年以来中国古代社会也有着分裂、战争等，但是政治大一统的意志是主体导向，一直是中华民族共同的政治期许，适应了中华民族生产力和生产关系的发展。

一、关于大一统的基本考量

（一）大一统的传统基因

从地理环境上看，古老的中华文明处于一个封闭或半封闭的东亚两河流域（黄河流域、长江流域）环境之中，它的北面是极为寒冷的荒漠与森林，西面是高原、戈壁还有高山深谷，东南是泱茫无垠的大海，种种难以逾越的地理屏障，将中华文明与外界长期相对隔开。中华文明早期，主要在黄河流域中游形成，以稳定的农业为基础，以统一集权为基本人群政治架构，以集体主义为基本价值观，缺乏外在的神祇崇拜，在意识形态上主要凭借实用主义与内在的祖先崇拜支撑。这个文明与源于地中海流域的文明，也就是西方文明，有着明显的不同。

关于中华文明的起源，过去有一个摇篮的理论，即中华文明只有一个来源——黄河中下游地区，即“黄河中心论”。苏秉琦先生通过思考提出了中华文明起源的新理论——“满天星斗说”。这种理论认为中华文明之源像满天星斗一样散布在辽河流域、海河流域、黄河流域、淮河流域、长江流域、珠江流域。这一理论为现代中国考古学众多学者所拥护，我也曾经是苏秉琦先生理论的积极拥护者。到西北地区工作之后，在仔细考察和对比各个地区早期文明要素之后，我提出了中华文明起源的“新黄河中心论”，用通俗的比喻就是“一个摇篮多个保姆”的理论。这个理论，更符合中华文明起源的实际情况。原因有如下几点：

第一，各地发展起来的文明像“奶妈”，通过其自身发展的文化、文明要素，不断给予一源的中华文明以丰富的营养，使得中华文明更加健康地发展，使其范围不断扩大，并存世近万年之久，成为可以与西方文明相抗衡的两极文明之一极。中华文化从起源的那个时候开始，就是一个善于学习、善于吸取各种营养、能够健康成长的文化。

第二，新石器时代的“徐州文明”是一种地区性“小文明”。显然，新石器时代人类定居实现之后，大文化、大文明有它主体的和核心的部分，也有它外延的和互相影响的部分，甚至有古代文化互相叠压的部分。也就是说，大文化之下有相对比较小的小文明或者叫“文化单元”。上古时代的徐州就是介于黄淮之间的一个较小的文化单元。这里受淮北文化、大汶口文化、河南龙山文化和山东龙山文化等文化的影响，可以看出这种较小的、地域性的文明和文化，具有丰富的特点。应当指出，徐州在新石器时代的文化晚期，整体进入了文明时代的初期文化发展阶段，它相对偏向于黄河文化，即“大一统”的中华早期文化，并成为中华早期文化的一个地缘性的支柱。这与长江流域的文化和辽河流域的文化是有很大不同的，虽然这与山东半岛的文化有着种种的亲缘关系，但是也形成了一定的、倾向于淮河和黄河中游的文化特点。

因此，这样独特的地理环境，以及起源、壮大的历程，使其从稳定的农业集体观发展到高度集中的集权统治，成为中华文明历史发展的必然选择与传今的基因。这里面当然有早期的“徐州要素”的作用。

（二）大一统的发展史

夏代的政治结构和统治情况，就目前资料而言，尚不明确。商代（它晚期首都迁“殷”之后，又称为殷代、殷商王朝）是继夏代的中原王朝，也是中国上古史上一个伟大的王朝。商代具备了古老王国阶段最高级别的性质，手工业十分发达，管理生产能力非常强，虽然可能还不是以农立国，但是对农业、手工业有着有效的管理。商代的东征西伐在客观上统一了相当大区域的文化，其晚期也最终在扩张中耗尽国力，四面树敌而迅速崩溃。三代时期所谓“禹分九州”以及“大彭”的传说和影响，反映了早期大一统探索、尝试之中徐州的地位和作用。

西周曾经是商王朝“西土”的一个地方藩属，西周武王时联合全国众多的诸侯藩属完成了灭商的革命。这是直接继承商代的又一个伟大王朝，但在政治上与商代有很大的区别。西周王朝源自稳定的农业产业民族，他们认识到农业的发展对政治架构稳定的重要性。西周明确提出了宗法制，以宗法分封的血缘制原则完成了中国历史上第一次政治大一统。西周实际上已经摆脱了古代王国的规制，但还没有达到古代帝国的规制，因为帝国的规制要完全摆脱血缘制而达到地缘制的政治统一。西周是中华民族第一次提出大一统思想和进行大面积实践的王朝。他们用血缘统一的方式，血缘分封、大宗小宗的方式，基本完成了对黄河流域、辽河流域、长江流域的大一统格局。人们在看到西周的版图时，实际上可以想到它是和秦的大一统的版图基本叠映的，这从一个角度反映了“秦承周制”的景况。但是以血缘大统一的方式,不是一个科学的政治设计,一开始就埋下了分裂的种子。

春秋早期由于血缘统治、大宗小宗的存在，各个诸侯国家还沿袭西周体式，尤其是西周晚期的规定；春秋中晚期以后，对大宗的否定和是否自立为大宗的混乱认识抬头；到了战国时期，所谓的大宗小宗、宗法制的设计已经荡然无存。在东周分裂发展的时期，徐州处于一个列国争锋的中间地位，北有晋、燕、齐、鲁等国家，中邻淮泗诸国和徐国，南部有吴、越、楚等国家。从农业生产和基本交通情况出发，这里是交流的孔道和文化砥砺发展的地方，各国争强好胜，针锋发展的痕迹，在这里显现出来。在东周后期，这里凸显了楚文化向齐鲁文化、秦文化挑战的格局，这个格局的最终结果将是大一统的再次出现。历史的逻辑，把大一统的具体任务放在了秦的身上。但是有意思的是，最终继承了这个大一统、完整了这个大一统、发展了这个大一统的任务，成为以徐州地区为中心的刘、项两大集团的任务,其最终的标志就是西汉王朝的出现。这是中国历史上意义非常重大，而且一直影响到现今的历史事件。

秦代实行中央“三公九卿”悉听于皇帝的集权制和地方“郡县制”，以地缘政治代替血缘政治作为大一统的基础，这样的政治设计无疑是天才的、具有世界历史意义的。但是同时，基于古代中国的历史背景，这种设计也是过于超前的，秦的早亡与之也有很大的关系。汉兴，在沿袭秦制的基础上又革除其中部分“不合时宜”之处，使之在实践上合理进而形成政治理念上的合理化。秦汉大一统可以视为是一个整体的历史大事件、大作为，其影响一直延续至今。

二、大一统中的徐州要素

（一）徐州与大一统中的历史沿革

徐州位于今天的江苏省西北部，是苏、鲁、豫、皖四省交界处，地理上横向连接华东沿海地区与华中平原，纵向贯穿南北；水系分布上，汉代时候境内就有沂、汴、泗、睢诸水，如今有黄河故道横穿东西，京杭大运河贯穿南北。独特的水、陆条件，形成了徐州得天独厚的交通优势，自清以来就有“五省通衢”之称，直至今日依然是全国性的重要交通枢纽。

徐州地区属暖温带季风气候，受季风影响较大，四季分明，光照与雨水充足且雨热同期。这样的气候适宜作物生长，有利于当地农业发展。此外，徐州地区矿产丰富，煤炭、铜、铁从古至今都有开采历史。

历史上，徐州自古便属九州之一，据《尚书》记载：海、岱及淮惟徐州：淮、沂其乂，蒙、羽其艺。大野既猪，东原厎平。厥土：赤埴坟，草木渐包。厥田：惟上中。厥赋：中中。厥贡：惟土五色，羽畎夏翟，峄阳孤桐，泗滨浮磬，淮夷玭珠暨鱼，厥篚玄纤缟。浮于淮、泗，达于菏。[①]

这里徐州的范围包括今山东南部、河南东部，以及江苏、安徽的北部。今徐州市古属大彭国，据传其创始人彭祖为黄帝八世孙，以长寿而闻名。《史记》载：“彭祖氏，殷之时尝为侯伯，殷之末世灭彭祖氏。”[②]《史记正义》补充：“彭城，古彭祖国也。”

夏商之纪，作为地方方国，大彭国国君常被夏、商统治者任命以平息地方叛乱。成为夏、商文化吸收、统一周边文化的重要助力，并且随着商代统一范围的扩大最终也走向覆灭，亡于商代中期。罗振玉《殷墟书契·前编》中收录一片甲骨，上记载有“辛丑卜，亘贞：乎取彭？”的卜辞，即商王武丁辛丑时让贞人亘占卜，征战大彭国能否顺利。

西周以血缘分封的方式，完成了黄河流域的大一统。徐州在当时属地方封国宋国的范围内，称彭城。到了春秋时期，以血缘为基础的大一统内部出现分裂，徐州开始成为诸侯互相争夺的重要目标。公元前573年，围绕宋国彭城邑，晋、楚、梁国间发生大规模战争。战后宋国加强对彭城的管理，并迁都彭城。《左传译注》：“（成公十八年）夏六月，郑伯侵宋，及曹门外。遂会楚子伐宋，取朝郏。楚子辛、郑皇辰侵城部，取幽丘。同伐彭城”[③]，“七月，宋老佐、华喜围彭城”[④]，“冬十一月，楚子重救彭城，伐宋”[⑤]。

战国时期以血缘为基础的大一统溃败，徐州在这一时期的战乱更为频繁。公元前286年，齐、魏联合攻打宋国，宋国灭亡，彭城一度归属齐国，但两年后又归于楚国。此外徐州地区东部还有徐国、钟吾国等小国。公元前223年，秦国灭楚国，占领彭城。

秦统一后采用以地缘为基础的大一统，在徐州地区设彭城县，属泗水郡和东海郡管辖。楚汉之争中，项羽一度建都彭城，韩信、刘交曾被刘邦封为楚王，都下邳、彭城。西汉徐州归东海郡和鲁国管辖，东汉时初属楚国，后又设彭城国、下邳国。由此，徐州地区被纳入以地缘为基础的大一统之中。

三国两晋南北朝时期，地处南北之交的徐州地区几经易主，虽然由于政权的更迭，徐州地区的建置几经变化，但依然处于地缘统一的布局或设想之中。曹魏、西晋时设徐州刺史，东晋时又属彭城郡管辖。南朝宋时徐州被称为“北徐州”，后又改为徐州。之后历经北魏、东魏、北齐“东徐州”的建置，北周时又改作邳州。在此之后，徐州地区建置总体而言变化不大。隋唐统一之后，设徐州总管府，到元代彭城县并入徐州，彭城作为行政区域的名称消失，徐州地位逐渐提高，最终形成今天下辖丰、沛、铜山（2010 年铜山县改为铜山区）、睢宁 4 县及邳州、新沂 2 市的徐州市。

（二）政治理念的变化：从黄老到儒家

两汉之际是大一统政治格局形成的重要时期，其政治理念对后世影响较为深远，其中徐州也功不可没。

首先，两汉的建立与徐州有着直接的关系。汉高祖刘邦为沛丰邑（今徐州市丰县）中阳里人，秦二世元年（前 209 年）起兵反秦，之后建立西汉。此外，汉初的重要人物如萧何，也是沛郡丰邑（今徐州市丰县）人；张良刺秦失败后也曾隐居于下邳（今徐州市睢宁县古邳镇）。新莽时期徐州曾是赤眉军活跃的主要地区，东汉初期光武帝刘秀平息地方割据势力，曾亲自攻下彭城、下邳。徐州与两汉的建立有着较为直接的关系。

其次，徐州与黄老之术的关系。西汉初期出于与民休息的打算，主张“无为而治”的黄老思想在当时得到提倡与推广，其中影响较大的人物如曹参、萧何，都是徐州人。历史上较为有名的萧规曹随，“至何且死，所推贤唯参。参代何为汉相国，举事无所变更，一尊萧何约束”[6]，“参为汉相国，清净极言合道。然百姓离秦之酷后，参与休息无为，故天下俱称其美矣”[7]。

最后，徐州与儒家学说的关系。西汉中期之后，儒家思想逐渐占统治地位。这对徐州地区也产生了较大影响，如重礼制、重孝道，在徐州地区汉墓墓葬艺术中多有体现。“君为臣纲”，诸侯墓葬有等级差异；“父为子纲”，家族墓地有长幼之分；“夫为妻纲”，夫妻合葬墓中的妻随夫葬。这些现象都反映了“三纲五常”的儒家伦理思想。此外，徐州地区画像石中的仁君、瑞兽等题材，多反映了儒家的仁德思想；出行、拜谒、宴饮和乐舞题材，也是儒家礼仪在现实生活中的反映。

黄老直至儒家思想，是大一统政治的意识形态方面基本底定的重要标志。

（三）社会中下层人群的社会影响

历史是由人民群众创造的，徐州地区社会中下层人群，对中华文明大一统历程产生过较大的影响。尤其在亡秦灭楚到西汉建立这一段时间中，以汉高祖刘邦为核心的政治集团，其中虽不乏萧何、曹参这样的官吏出身，但另一部分人，实际出身并不高。如刘邦本人，原为沛丰邑中阳里人，少时“常有大度，不事家人生产作业。及壮，试为吏，为泗水亭长，廷中吏无所不狎侮。好酒及色”[⑧]。虽出身不高，但志向高远，“高祖常繇咸阳，纵观，观秦皇帝，喟然太息曰：‘嗟乎，大丈夫当如此也！’”[⑨]此外如樊哙，“舞阳侯樊哙者，沛人也。以屠狗为事，与高祖俱隐”[⑩]，出身也并不高。

从这些人发迹的轨迹中可以看到，过去常被主流社会所忽视的社会中下层人群，在历史发展中常扮演重要角色，其中有时势造英雄的成分，但也与个人才能与努力有关，中下层人群的社会影响力不容忽视。

广泛的中下层人群的参与，并且成为“英雄”即新的王朝的统治者，是大一统政治建构和组织打造的基本底定的重要人物要素。

（四）正确的策略

中华文明以地缘为基础的大一统形成、稳定与发展，与其形成期，即秦汉之际正确的策略有关。这些策略与徐州也有或多或少的联系。

第一，在战争谋略上，集中反映在集中东部力量灭秦，接着刘邦集团灭项，最后西汉政权以军力平叛，巩固了大一统的政治格局。

第二，汉初曹参、萧何采用与民休息的政策，巩固了西汉政权的同时，为下一步以地缘代替血缘打下政治上的基础。秦代改革过于激进与超前，带来社会的不安与动荡，激起起义与反抗，最终导致了秦的早亡。汉初则吸收秦亡的教训，休养生息，巩固政权。

第三，繁法变简，只“约法三章”而已。

第四，向血缘传统适当让步。秦代虽已提出郡县制，但激进的改革方式，触动了传统血缘制集团的利益，反而出现了强烈反弹，最终导致秦走向灭亡。汉在此基础上，采用相对折中的方式。事实证明，在地缘的基础上，向血缘适当让步，这一方案是可行的。所以，采用了州郡县制和诸侯国制并存的“郡国体制”，这是一个有古代中国特色的创造。

第五，在文化、教育、艺术建设上，徐州地区在中华文化发展过程中曾起到过重要作用。体现在以下多个方面：

其一，在宗教方面，东汉时道教出现，其创始人张道陵虽修道于四川地区，但出身为沛国丰（今徐州市丰县）人，其孙张鲁同为丰县人，在张道陵的基础上将道教进一步发扬光大。佛教传入后，徐州地区也是其传播的一处重要中转站，光武帝时，楚王刘英都彭城，笃信佛教，供养僧人。佛教就以彭城为中心，向周围地区传播。

其二，在文学方面，使用楚地方言音韵，记述楚地风土物产的楚辞，与徐州地区也有关。楚辞作家的代表人物刘向，就是沛（今徐州市沛县）人，不仅在经学研究上有所成就，《汉书·艺文志》中还存有其所作辞赋 33 篇。

其三，在美术方面，徐州地区出土的大量汉画像石，时代从西汉晚期到东汉晚期，在内容题材、雕刻技巧以及构图方式等方面都形成了独特的艺术风格。

其四，在音乐方面，徐州地区有楚声、楚舞，“高祖乐楚声”，高祖还作《大风歌》流传于世。

在正确的策略基础上，中华文明最终实现大一统，而徐州在其中无疑起到了重要的作用，体现在大一统文化建设、人才培养方面得以基本底定的重要政治谋略和社会文化要素等方面。

三、现代应有的思考

通过以上分析，可以看到，一方面在中华文明大一统发展的历程之中，徐州的自身发展不可避免地受到影响；另一方面，徐州因其独特的地理区位和文化特征，反过来又影响了中华文明大一统的发展进程。根据这一情况，可以引发对于现代徐州的发展更多的思考和启示：

第一，在新时代背景下，徐州应当继续其对内联络桥梁之用，发挥其五省通衢、贯穿南北、连接东西的优势，吸收四方资源，并且为我所用，在辐射周边、影响周边、带动周边的同时，在新时代社会主义市场经济中，逐渐壮大自身，凸显特色，成为中华经济体中不可或缺的部分。

第二，眼光应当放长远。如今的世界，虽然争端和冲突依然存在，但总体而言开放和包容还是时代发展的主流。徐州未来的发展还是应当兼收并蓄，走国际化、市场化的发展道路。

第三，抑制血缘因素，进一步发挥地缘优势。从东周时期以血缘为基础的大一统的败退，以及秦汉地缘统一的成果中可以看到，以血缘为基础的统一是不稳定的，因此应当抑制血缘，发扬地缘优势。

第四，尊法简政，重文重教。

第五，对人才的发掘应当打破禁锢，不拘一格，不看出身，尊重底层，唯才是举。徐州地区在西汉初产生的一批影响历史走向的人物，他们的出身往往并不高，但凭借自身才干，完成了重要的事业。这在今天依然有借鉴价值和意义。

研究古代徐州的历史文化——“徐州要素”，既要“抓大”，也要“抓小”。所谓“抓大”，就是考量它在中华大一统当中特殊的贡献和作用，注意继承之，发展之，使之发扬光大。所谓“抓小”，就是利用考古学、文物学所提供的一切资料，由小见大，看到种种因素在大一统进程当中具体的作用，找特色，找敏感点，找发展的支点。徐州，是个特殊的历史文化单元所在，特殊的地理单元所在，特殊的历史重镇所在，所以分析徐州、认识徐州、发展徐州是当代中国绕不过去的任务之一。当然，中国其他较大的地理、政治、文化中心，也必须要有类似的考量。以历史为鉴，中国的发展前途一定是光明的。

本文最后改武侯祠联句，以赠徐州的同志们：

能用心则反侧自消，从来奋斗为一统；

多读史则东西长顺，后世在徐要深思。

（本文感谢林静怡硕士的协助整理）

【注释】

① 慕平译注：《尚书》，中华书局，2009，第 57 页。
② 司马迁：《史记》卷四十《楚世家第十》，中华书局，1959，第 1690 页。
③ 李梦生：《左传译注》卷十三《成公下》，上海古籍出版社，1998，第 626 页。
④ 李梦生：《左传译注》卷十三《成公下》，上海古籍出版社，1998，第 627 页。
⑤ 李梦生：《左传译注》卷十三《成公下》，上海古籍出版社，1998，第 627 页。
⑥ 司马迁：《史记》卷五十四《曹相国世家》，中华书局，1959，第 2029 页。
⑦ 司马迁：《史记》卷五十四《曹相国世家》，中华书局，1959，第 2031 页。
⑧ 司马迁：《史记》卷八《高祖本纪第八》，中华书局，1959，第 342–343 页。
⑨ 司马迁：《史记》卷八《高祖本纪第八》，中华书局，1959，第 344 页。
⑩ 司马迁：《史记》卷九十五《樊郦滕灌列传》，中华书局，1959，第 2651 页。

文化产业与文化传承

胡惠林
国家文化产业创新与发展研究基地办公室主任

我认为旅游自古以来就有灵魂。旅游是一种文化行为，游山玩水那是文化的情怀，那是审美的意向，那是感情，怎么是载体了？这是一种误解。只要我们读一读《梦溪笔谈》就可以知道，旅游是人的文化行为，是知识和经验的获取过程，旅游是文化交流融通的程序，因此，它不是载体，它本身是文化，所以我很赞成主持人讲的，文化和旅游融合从来没有分开过，这是对的，千万不要把文化和旅游人为地分开。旅游业可能是经济组织，因为它要为人们的文化行为提供服务、提供便利、提供帮助，这个时候是要付出经济成本的。所以，要把旅游和旅游业，在文化的意义上加以区别，也许这样就可以更好地深刻理解文化和旅游相融合。也许在这个意义上，我们对这样的命题本身，可能会有更加清晰的认识。其实，撤销的文化部和旅游局，组建新的文化和旅游部门，这是一种机制和体制的改变，这对整体发展来说，是一种制度创新，谈到文化产业和文化传承的关系的时候，我简单谈一些自己的认识和看法。

文化产业是文化产品生产与传播的社会形态，所有的文化生产与文化传承，都是通过产品来实现的，没有文化产品无所谓文化的传承。要通过载体，这个载体，作为一种生产方式，有两种，一种是口头的、非物质形态的，一个是非口头的、物质形态的。无论是哪种形态，都是文化生产与文化传承的载体，没有他们就没有文化，就没有文化的传承与发展。如今成年人对自己的孩子进行的早期启蒙教育，都是通过口头进行传播，这是人类早期文化的传播形式，今天依然延续，没有改变。但是到后来进化了，通过载体的形式传播。最早的时候以石头为载体流传下来，早期的人类文化作品就是岩画。世界各地有很多的岩画，埃及博物馆的馆长问我："为什么埃及的岩画和中国岩画中的太阳造型都是一样的？"我说："因为世界上只有一个太阳，同时照亮着你和我，因此大家的认识，在岩画上留下的太阳的造型是一样的。"他接受了我的解释。所以，这个经过流传，将记忆保留了下来。口头的生产转化为载体的文化生产，体现在人类创造出石头的刻画，这样使文化跨越时空永久留存、传播与传承。汉画像石就是这样的、有鲜明体系特征的汉文化生产和传播系统。汉画像石是中华民族独创的，把载体系统和意义事件有机结合在一起的文化产品形态和文化传承形式。去年我在临沂东夷文化博物馆，看到如此庞大的、巨量的画，感到非常震撼。汉画像石同商周的青铜器、南北朝的石窟和唐宋的瓷器一样。最近唐朝的瓷器展正在上海博物馆展出，有几万件的瓷器。这次展览过程中，展出了完整的三件唐朝的青花瓷盘，把中国青花瓷的生产历史提前了。这样的形态各领风骚几百年，是独具中国文化产品生产的社会文化系统。在青铜器之前，中国还有一个庞大的文化产品生产系统，就是彩陶。我去过甘肃省秦安县大地湾新石器时代遗址，那里有一个庞大的彩陶馆，那个地方比我们这个会场大几倍的空间，陈列的都是彩陶，几千年以后还有如此巨量的彩陶保留下来，当年该有一个怎样大规模的彩陶生产系统啊！

他们都有着庞大的社会生产产品系统，都有着高度完善的生产组织与大规模生产体制，具有文化产业构成的现代特征和产业经济要素。汉画像石从把石料采下来，到加工，到切割搬运，没有一个完整的组织生产系统是很难完成的。但是现在对汉画像石的产业研究比较匮乏。正是通过对这样系统的、载体性的文化产品的生产，中华优秀传统文化在其创造性的文化产品形态、生产系统和社会组织中得以传承与发展。汉墓、汉俑、汉画像石成为三个最有代表性的文化产品。从西汉到东汉数百年的时间，从山东到四川，据不完全统计，全国已经发现的汉画像石近两万件，现在有三千多块汉画像石常年躺在库房里面，用今天上午单霁翔院长的话来说，那些汉画像石没有了自己往日的尊严。但是，如何把它们展示出来，这是需要研究的一个命题。我们研究丝绸之路经济带，但是很少研究汉画像石带，这是一个非常值得研究的课题，目前拥有极为丰富的各种文化遗产资料，为我们研究汉画像石生产体系，以及由此形成的汉画像石的文化产业提供了极为丰富的实物考古资料。然而令人遗憾的是，迄今为止，人们关于汉画像石的研究还是仅仅局限于美术史、艺术史以及各种各样的汉文化史研究，像具有学科特征的敦煌学那样的汉画像石学研究没有形成体系。在中国，每年文博会上85%的展品是农耕文明时期的，在中国广大地区诞生的以手工业为主的文化产品形态占据了很大的比重。汉画像石已经成为陈列在博物馆中的文物了。我们今天的会议中也看到巨大的汉画像石被搬到了会场。

服装制造业是一种文化产业形态，汉服是一种新文化产业形态。当然，我们街上的姑娘们和小伙子们穿的美丽的汉服，和今天在现场具有表演性质的汉服还是有区别，他们进行创造性的转换，形成了一个新的汉服形态。汉服是一种新的文化产品形态，消失的汉文化，尤其是美轮美奂的文化产品，作为跨越时空的文化传承，正在以一种全新的时代语言被诠释，以全新的文化产品形式获得再现，成为21世纪中国最有朝气的亮丽风景线。今年的国庆节，上海南京路最亮丽的风景线就是俊男靓女穿的汉服，这个来自传统，来自汉文化，又超越了汉文化，因为他以年轻人的朝气来表达传统文化。年轻人穿在身上，其实展示了年轻人对传统文化的一种新的认知方式，在21世纪年轻一代人当中，涌现了汉服热，为我们思考文化产业与文化传承的关系，提供了一种实践性方案和全新的关于传统与现代关系的视野。汉服为什么会在年轻人中间流行起来，而没有在主张传承传统文化的中老年人中首先得到弘扬呢？这是一个值得思考的问题。那些穿着汉服的姑娘和小伙子们，都很漂亮，让人感到耳目一新，什么是朝气蓬勃，什么是传统和现代的有机融合，在他们身上得到了彰显。以文化产业的现代形式，创造性集成和创新型发展中华优秀传统文化同时成为一个文化传承的现代景象。中华民族的伟大复兴将在这样的传承创造中实现，这是中华优秀传统文化的伟大复兴，是中华民族的伟大复兴。习近平总书记曾说，历史文化遗产不仅生动叙说了过去，也深刻影响了当下和未来。汉服热是最好的诠释，不仅属于我们，也属于子孙后代，要让收藏在博物馆里的文物，陈列在广阔大地上的遗产“活”起来，丰富社会的历史文化涵养。讲到这里，我突然之间想起来，在56个民族里面，只有我们汉族没有自己的民族服装，我们今天在座的所有男士穿的服装，没有属于汉族的。除了汉族，其他55个民族都有自己独特的民族服装。

让所有这些历史文化遗产活起来的广阔途径，就是通过大力发展传统与现代相结合的文化产业，以现代文化产业发展方式推动文化传承的创造性发展与创新型转变，这是中国文化产业发展和中国优秀传统文化传承的康庄大道和科学之路。

展现新时代文化建设的徐州新担当

李程骅
江苏省《群众》杂志社副总编辑

文化自信是更基础、更广泛、更深厚的自信，与道路自信、理论自信和制度自信，是中国特色社会主义必须坚持的四个自信。习近平总书记在党的十九大报告中进一步强调，文化是一个国家、一个民族的灵魂。文化兴国运兴，文化强民族强。没有高度的文化自信，没有文化的繁荣兴盛，就没有中华民族的伟大复兴。在中国特色社会主义语境下来认知总书记关于文化自信的丰富内涵与建构逻辑，可以更好地向世界阐明文化自信的中国底气，文化自信的中国建构，文化自信的中国力量。

一、“轴心时代”话语下中华文化复兴的新认知

人类文明是由世界各国各民族共同创造的。中华民族有着强大的文化创造力。一个民族的复兴需要强大的物质力量，也需要强大的精神力量。没有先进文化的积极引领，没有人民精神世界的极大丰富，没有民族精神力量的不断增强，一个国家、一个民族不可能屹立于世界民族之林。

德国哲学家雅斯贝尔斯在《历史的起源与目标》一书中写到，公元前 800 年至公元前 200 年是人类文明的“轴心时代”，是人类文明精神的重大突破时期，当时古代希腊、古代中国、古代印度等文明都产生了伟大的思想家，他们提出的思想原则塑造了不同的文化传统，并一直影响着人类生活。

雅斯贝尔斯的“第一轴心时代”所说的文明的标志全部出自地中海世界、黄河—长江、印度河—恒河等三个文明带。其中对后世影响最大、内涵最丰富的就是地中海文化。它包括上古时代以降的东部地中海的西亚文化和埃及文化，以及后起的希腊罗马文化。中华文化是第一次轴心文明的参与者，是中华文明物质形态的创造者。秦汉文化是春秋战国时期“百家争鸣”总结的直接产物，是中华传统文化成熟的标志，它突出的基本特征是多元文化基础上的统一和统一条件下的文化多样性，共生并存。

“轴心文明”是世界级文化交流、文明对话的顶级话语平台。因为在书写文

明史的过程中，每个文明都会把自己视为世界的中心，并把自己的历史当作人类历史主要的戏剧性场面来撰写。中华文明史是人类历史上从未中断的文明，具有建构新的“轴心文明”话语的基础与特有的优势。世界文明进入近代工业革命后，出现了现代性文化，现代技术主导的文化发展范式发生了重大变化，以中国为代表的东方世界落伍了，西方文明主导世界。如果把第二次“轴心文明”假定为工业革命带来的产业与科技对人类社会发展的重大贡献，以及由此带来的西方主导的思想文化统领世界，从“日不落国帝国——英国”到美国的崛起，可以说是最突出的特征。在第二次“轴心文明”时代，近代中国是抗拒者、学习者，现代中国是引进者、改造者，也是受益者，但总的说来是追随者。进入21世纪，在这个文明体系下发展的世界，进入一个危机全面集中爆发的阶段，但形成鲜明对比的，是中国的全面崛起，从站起来到富起来、强起来，中国特色社会主义道路的成功，表明了在第二次“轴心文明”进入衰退期之际，中国正孕育着新的文明思想、空间载体和引领世界文明发展方向的动能和力量，预示着世界第三次“轴心文明”时代——协同构建“人类命运共同体”的到来。

从20世纪后期，新儒家倡导的人类文明东方时代的到来，到亚洲太平洋板块的崛起等，都预示着世界现代文明的中心在向东方迁移。当年的日本以及亚洲四小龙等的巨大变化，都曾引起西方世界的关注，但西方世界认为这只是对西方世界体系的补充，并不能代表其文化对世界的普适性。直到中国改革开放取得了巨大成就，才引起了西方世界的震动、恐惧，直至围剿、封杀。因为这不仅是经济发展的问题，“两大奇迹”的背后是中国特色社会主义的伟大胜利，体现的制度优势，实际上是文化的力量，是中华文化与马克思主义的完美结合，使21世纪的马克思主义、当代马克思主义统领的中国道路、中国之治，开辟了建设现代化国家、现代化文化强国的新路径。习近平总书记提出的“构建人类命运共同体”，在世界应对危机、开辟全球携手发展新篇章方面，引起了共鸣。中国应该为人类作出更大的贡献，就是在百年未有之大变局、世界新千年时代中，冲脱第二次“轴心文明”的羁绊，在建构第三次“轴心文明”中展现自身的新担当，达到和超过第一次“轴心文明”的高度并对世界作出贡献。

新时代的中国提出构建“人类命运共同体”的理念并付诸行动，就是要达到或超越中国在第一次“轴心文明”的地位和贡献，也预示世界第三次“轴心文明”时代，将是体现中华文化价值的以东亚为中心区域的新文明时代，从世界文明的地中海时代，到中国及东亚地区为中心地带的文化新高地，以实现人类“轴心文明”的大迁移。要达到这个新的高峰，必须通过现代化国家建设来推进文化现代化，铸就中华文化新辉煌。因而，就目前我们现有的国家影响力尤其是文化软实力来看，显然是有巨大的生长空间的。亨廷顿说：物质的成功带来了对文化的伸张，硬实力衍生出软实力。有了硬实力的基础，才可能培育出文化软实力。新时代的文化建设，要践行习近平总书记提出的“两创”原则——创造性转化、创新性发展。铸就中华文化新辉煌，必须知行合一，付诸行动，以开放的胸怀和视野，创新文化发展与传播的转化的叙事话语体系和实践路径，走出文化资源—文化资本—文化实力的创新路径。第三次“轴心文明”时代的前夜，正是新技术颠覆传统工业文明的爆发期，信息网络、大数据以及人工智能等，使人们对世界与生产生活的认知发生了彻底的改变，“算法”技术统治世界，新生的科技企业在全球发挥的作用，改变了美国、欧洲对世界文化思想的绝对统领的格局。中国的创新文化，提升了中华文化的影响力，也有了技术上的支撑和保障，在“铸就中华文化新辉煌”上，将发挥前所未有的作用。

二、拥抱新“轴心文明”：展现文化建设的徐州新担当

有5000多年文明史和2600多年建城史的徐州，是汉文化的发源地，是汉民族的“祖庭”。“大风起兮云飞扬”，两千多年前汉高祖刘邦《大风歌》中展现出的壮志豪情、博大胸襟穿越历史时空。在世界第一次“轴心文明”时代，以徐州为中心方圆几百里的地域，是诸子百家的活跃地区，他们堪称“轴心文明”时代文化的重要参与者、建构者。如今，在第三次“轴心文明”时代即将到来之时，徐州如何重振汉文化雄风，再现当年的荣光？在“铸就中华文化新辉煌”的文化复兴召唤之下，这是徐州展现新时代文化建设新担当需要书写的新答卷。2017年12月，习近平总书记在党的十九大之后首站考察徐州，开启了徐州新时代发展的新辉煌。2018年，时任江苏省委书记的娄勤俭对徐州提出要求：徐州要弘扬大汉文化、运河文化和以马庄为代表的乡村文化，打造世界级文化名片，巩固和提升徐州文化重镇的地位，创造文化振兴的经验和典型。作为中华文化的核心主体汉文化的发祥地，徐州如何打造世界级的汉文化名片？本人认为应该积极探索学术梳理、践行“两创”“活态”呈现和复兴力量的路径，将当前和未来的徐州，打造成国际“汉学”研究的聚焦点、国际旅游的目的地、汉文化符号的文创产业高地，系统搭建地方性汉文化资源与全球化、网络化时代的汉文化发展需求对接的叙事话语体系和新场景，从而更生动、更全面地向世界、向未来推介汉文化、推介徐州，讲好中华文化的故事。

首先，做好学术梳理。借助“轴心文明”的世界学术话语，对作为中华文化源头的汉文化进行系统观照，推介以徐州为中心的汉文化发源地。汉代文化是春秋战国时期“百家争鸣”的直接产物，是中华传统文化成熟的标志，它突出的基本特征是多元文化基础上的统一和统一条件下的文化多样性，共生并存。汉字、汉语所代表的汉文化，是中华民族巩固和发展的恒久力量。在百年未有之大变局和中华民族复兴全局中，作为中华汉文化发源地之一的徐州，具有打造世界汉文化的标志性城市、汉文化世界级旅游目的地的基础条件和独特优势。

其次，践行“两创”要求。徐州应对拥有的区域汉文化资源进行创造性转化、创新性发展，把文化资源转变为文化资本，凝练成促进城市创新的文化实力。亨廷顿说，物质的成功带来了对文化的伸张，硬实力衍生出软实力。有了硬实力基础，才可能培育出文化软实力。国家如此，城市也是如此。当然，也要理性认识徐州打造世界级文化名片存在的问题。比如，由于在长三角地区自身经济发展的阶段性、滞后性，造成文化建设的超前引领作用不足的问题；因城市行政层级不高、地方财力不强，造成地方文化发展资源投入不足的问题；徐州自身的汉文化平台打造与江苏省域文化高地建设未能协同发展等问题。

再次，做好“活态”呈现。徐州作为江苏省的地级市，城市的实力与能级与省会城市存在一定的落差。按照省会城市的标准来规划建设徐州，文化建设不仅要对应，还要等高甚至超越周边的省会城市。进入新时代，旅游消费需求也发生了本质变化，体验、休闲、康养、游学的集成需求，使活态化呈现汉文化的空间、场景以及对人的“带入”，成为一种新的选择。徐州的汉文化建设项目一定要有国家站位，而不仅仅是地方的一个项目。从陕西汉中的汉文化新城到贵阳孔学堂街区，从西安的大唐芙蓉园到长沙的马栏山视频文创产业园，这些文化建设项目的成功打造，无不证明空间体验定位的重要性。必须具有一步到位的极致视觉感受与体验，才能具有吸引游客的独特魅力。

最后，凝聚复兴力量。在人类历史演进中，几乎每个文明都会把自己视为世界的中心，并当作人类历史重要的戏剧性场面来撰写。未来的世界，构建人类命运共同体，中华文化的责任担当将体现在方方面面。要让作为中华文化本源和主脉的汉文化在徐州发扬光大，就必须让徐州成为新时代文化创造创新的实践者、探索者和成功者，让汉文化力成为推进中华文化全局复兴的重要力量。徐州是一座英雄城市，从《大风歌》到淮海战役，广大干部群众身上有一股革命斗争精神，珍视发扬好这种精神，传承好红色基因，将会在新时代开辟徐州发展的新境界，加快提升城市的发展能级，凝聚建设世界汉文化高地的磅礴力量。

以文旅深度融合助推两汉文化创新发展

李凤亮

南方科技大学党委副书记，深圳大学文化产业研究院院长

2020年是全面建成小康社会和“十三五”规划收官之年，也是谋划“十四五”规划的关键之年。进入新时代，习近平总书记为江苏擘画了“经济强、百姓富、环境美、社会文明程度高”①的新蓝图，为江苏发展赋予了新的使命和责任。徐州是国家历史文化名城、全国重要的综合性交通枢纽、淮海经济区中心城市，应抓住时代发展机遇，充分发挥两汉文化资源优势，以文旅深度融合为动力，助推徐州两汉文化创新发展。

一、新趋势：文旅深度融合符合新时代发展需求

习近平总书记指出：“中国特色社会主义进入新时代，我国社会主要矛盾已经转化为人民日益增长的美好生活需要和不平衡不充分的发展之间的矛盾。”②这一重大政治论断，反映了我国社会发展的客观实际，指明了解决当代中国发展主要问题的根本着力点。近年来，我国恩格尔系数持续下降，见证了我国居民消费升级的步伐，也反映出当今居民消费观念和消费结构从物质型、生存型消费向发展型、享乐型消费的转变。根据国家统计局公布的宏观数据显示，2019年中国大陆总人口突破了14亿，人均GDP突破1万美元，拥有世界上最大的中等收入人群。

习近平总书记强调：“旅游是传播文明、交流文化、增进友谊的桥梁，是人民生活水平提高的一个重要指标，出国旅游更为广大民众所向往。”③当前，服务业成为第一大产业的优势在不断展现，旅游、文化、体育、健康、养老“五大幸福产业”快速发展，既拉动了消费增长，也促进了消费升级。2018年，国家旅游局和文化部进行职责整合，组建文化和旅游部，把原来分属于两个不同部门的资源进行科学整合，使文化和旅游的优势充分发挥，进一步推动原有产业边界消融，从而更好地提升我国旅游业的文化内涵，推动我国文化产业和旅游业迅猛发展。

一是产业规模不断扩大。文化产业和旅游产业正在成为经济增长的重要引擎，表现为总量规模稳步增长，产业结构逐步优化，发展质量逐步提升，市场主体持续发展壮大，产业投资持续增长，产品和服务更加优质丰富，国际合作成效显著，

居民文化和旅游消费日趋活跃，消费潜力进一步释放。二是新兴业态不断涌现。以更加注重沉浸式体验、休闲体验、文化体验的数字展览游、文化遗址游、游轮游艇游、研学知识游等为代表的新兴旅游业态兴起，文旅消费呈现多元化趋势。三是文旅融合不断加深。新技术、新应用的发展为中国文化产业和旅游产业的发展带来了新的平台、新的供给和新的市场，不断推动文化内涵和旅游属性有机融合，真正让游客体验到“诗”和“远方”走在一起。

二、新业态：跨界融合激发文旅产业高质量发展

2020 年，一场突如其来的新冠肺炎疫情给全球经济、政治、文化发展带来了极大不确定性，形势仍然不容乐观。半年来，疫情给严重依赖人员聚集型消费的文旅业带来巨大冲击，但与此同时也催生了“宅经济”“云经济”的崛起，文旅业面临新的发展契机。在疫情防控常态化背景下，中国依靠坚强的意志和制度优势，率先走出了疫情阴霾，全面复工复产复销持续向好，文旅业加快恢复。根据文化和旅游部数据中心统计，2020 年国庆中秋 8 天长假，全国共接待国内游客 6.37 亿人次，实现国内旅游收入 4665.6 亿元，按可比口径同比恢复 69.9%。

数字经济变革为文旅业数字化底层逻辑的建构，以及管理模式创新提供了关键技术和经济生态，为文旅产业跨界融合提供了强大的技术支撑。文旅产业的业态裂变与跨界融合突出表现为产业之间界限趋于模糊，行业之间不断交叉渗透，通过减去边界、减去壁垒、减去同质化，实现了从“文化＋旅游”到“文化 × 旅游”，从“文化旅游资源”到“文化旅游资本”，从“文化旅游产品”到“文化旅游 IP”，从“静态文旅”到“动态文旅”的转变。

一是跨行业，打造文旅“新物种”。这种融合多表现为文化内容和创意设计服务等向第一产业、第二产业和第三产业的延伸和渗透。以湖南长沙的超级文和友为例，其致力于传统民俗餐饮文化的研究，挖掘地方民间小吃，结合潮流文化，形成“文和友餐饮模式”，受到消费者的追捧，这对徐州进一步挖掘和讲好两汉美食和文化故事具有重要的启示。

二是跨时空，通过夜间文旅进一步释放消费热情。夜间文旅体现了从有限领域到无限空间，从物理空间到多维空间，从观光到更加注重体验和分享的市场转型。例如，刚刚过去的 8 天超级长假让各地夜间文旅消费场所持续爆热。徐州举办“国潮汉风 · 夜彭城暨 2020 徐州文旅惠民消费季”活动，但是如何打造徐州夜间文旅新地标，还需要进一步探索。

三是跨要素，不断提升文旅产业发展能级。跨要素主要表现为以文化、科技、信息、创意、资本、市场、人才、品牌、渠道等为代表的产业要素通过集聚创新形成的融合发展模式。比如“文化+科技”模式、“文化+创意”模式、“文化+金融”模式，或多种要素的组合模式等。当前，徐州亟须打通要素壁垒，通过要素集聚和大项目的牵引，来撬动两汉文化的文旅开发。

三、新未来：两汉文化传承发展需坚持守正创新

新时代党的宣传思想工作从正本清源进入了守正创新的阶段，推动中华优秀传统文化创造性转化、创新性发展是“兴文化”的一项重要使命任务。徐州拥有丰富的两汉文化资源，具有打造世界级汉文化旅游目的地的独特优势，但是如何将这些资源转化为资本，坚持守正创新尤为重要。

一是扭转观念偏差。推动徐州两汉文化创造性转化、创新性发展，离不开对两汉历史的认知和运用。但是在发展文旅的过程中，我们要处理好历史与当下的关系。习近平总书记强调，“不忘历史才能开辟未来，善于继承才能善于创新。”[④]我们在学习、研究和应用传统文化时，要坚持古为今用，要“有鉴别地对待、有扬弃地继承”“去粗取精、去伪存真”，使之更好地与时代结合。如此才能更好地让两汉文化展现出跨越时空的永久魅力和时代风采。

二是转变传承思路。传承两汉文化，要避免两个误区。一是只强调保护而不活化，只对历史遗址、建筑、文物、藏品、壁画、古籍等复制存储、编修档案，使很多文物丧失了活态传承的最好时机。二是止步于传承而不创新，以为传承就是原封不动地传下去，一味地寻找传承人，没有做到推陈出新、与时俱进。对一些文化遗产，我们不仅要守护好、传承好这些宝贵物质和精神财富，还要学会运用好传统文化，对其进行创新。

三是更新弘扬方法。首先，展示载体要多元。要不断通过“以文促旅、以旅彰文”，为弘扬两汉文化提供更加丰富多元的载体。其次，传播方式要多样。要多以短视频、流行音乐、影视动漫、文创产品等群众喜闻乐见的形式融入日常文化生活，这样才能真正深入人心，抓住年轻群体。最后，产业开发要合理。弘扬两汉文化，还要用好文化产业手段，借助数字创意、文化演艺、主题公园等新兴业态，让文化经典重回大众视野。

总之，徐州不仅要做“两汉发祥地”，还要成为“文旅创新源”。经过文化与城市、文化与生活、文化与旅游的深度融合，徐州逐渐形成了“楚韵汉风、南秀北雄”的文化特质，使这座区域性中心城市的衍射效应进一步彰显。未来，应该以文旅深度融合为动力，不断推动徐州两汉文化创造性转化与创新性发展，助力徐州文旅产业在高质量发展道路上迈向一个新的台阶。

【注释】

① 娄勤俭：《建设“经济强、百姓富、环境美、社会文明程度高”的新江苏》，《人民日报》2021 年 5 月 15 日第 5 版。

② 习近平：《决胜全面建成小康社会　夺取新时代中国特色社会主义伟大胜利：在中国共产党第十九次全国代表大会上的报告》，人民出版社，2017，第 11 页。

③ 习近平：《在俄罗斯“中国旅游年”开幕式上的致辞》，《人民日报》2013 年 3 月 23 日第 2 版。

④ 习近平：《在纪念孔子诞辰 2565 周年国际学术研讨会暨国际儒学联合会第五届会员大会开幕会上的讲话》，人民出版社，2014，第 11 页。